하나님의 행

쓰러진 청소년들의 삶을 일으켜 세우는 희망 에피소드

하나님의 캠

초판 1쇄 찍은 날 · 2004년 12월 20일 | 초판 4쇄 펴낸 날 · 2006년 1월 27일

지은이 · 한영호 | **펴낸이** · 김승태

편집장 · 김은주 | **편집** · 박지영, 최문주 | **디자인** · 이승희, 홍지영 | **제작** · 한정수
영업본부장 · 오상섭 | **영업** · 변미영, 장완철 | **홍보** · 주진호
드림빌더스 · 고종원 | **물류** · 조용환

등록번호 · 제2-1349호(1992. 3. 31.) | **펴낸 곳** · 예영커뮤니케이션
주소 · (110–616) 서울 광화문우체국 사서함 1661호 | **홈페이지** www.jeyoung.com
출판유통사업 · T. (02)766–7912 F. (02)766–8934 e-mail: jeyoungsales@chol.com
출판사업부 · T. (02)766–8931 F. (02)766–8934 e-mail: jeyoungedit@chol.com

ISBN 89-8350-337-8 03230

값 9,500원

- 잘못 만들어진 책은 교환해 드립니다..

쓰러진 청소년들의 삶을 일으켜 세우는 하나님의 러브콜

하나님의 캠

한영호 지음

예영커뮤니케이션

추천사 ● 1

한영호 목사께서 나눔선교회를 이
끌면서 경험한 일들을 기록한 책을 출판하게 됨을 진심으로 축하드린
다. 이 책은 나눔선교회에 참여한 모든 이들과 그 가족들뿐만 아니라
모든 코리언 아메리칸(Korean American) 사회에 큰 영향을 미칠 것
을 믿어 의심치 않는다. 지난 9년 동안 나눔선교회를 이끌어 온 목회
자로서 도움이 필요한 젊은이들에게 한 목사가 베푼 사랑과 정열은 우
리 사회를 치유하는 첫걸음이 되었다.

이 책이 약물 남용으로 고민하는 많은 사람들에게 감동과 희망을 줄
것을 기대한다. 이러한 희망의 메시지를 담은 책을 집필한 한 목사의
헌신과 수고에 깊은 감사를 드린다. 또한 캘리포니아 상원을 대신하여
피곤함도 잊고 이 사회의 발전을 위해 고군분투하는 한 목사의 노력에
갈채를 보낸다.

캘리포니아 상원의원
케빈 머레이(Kevin Murray)

추천사 ● 2

　　이번에 출판된 책에 대해 한영호 목사와 나눔선교회에게 축하의 글을 쓰게 되어서 기쁘게 생각한다. 한 목사가 하고 있는 약물 남용과 폭력의 예방을 위한 노력들, 그리고 그러한 일들을 한인 사회에 알리기 위해 헌신하는 일은 진심으로 치하할 만하다. 이 책에 담긴 내용들이 한인 사회에 널리 읽혀져서 다른 사람들을 감동시켜 우리 사회를 치유하는 촉매로 쓰이기를 기대한다. 다시 한 번 이 귀한 일을 성취한 한 목사께 심심한 축하를 드린다.

로스앤젤레스 부장검사

제리 베익(Jerry Baik)

추천사 ● 3

한에릭 목사는 오늘날 미국에 살고 있는 한국 젊은이들이 겪고 있는 마약 중독에 대한 심각한 상황을 소개할 것이다. 많은 사람들이 미국이 기회의 나라이기 때문에 미국에 와서 열심히 일하면서 성공을 했다고 하지만 자신의 자녀들이 지하의 범죄 세계로 빨려 들어가고 있는 것을 깨닫지 못하고 있다. 부모들이 자신의 성공을 위해 많은 시간을 들여 일을 하다 보니 자녀들은 감정적으로 의지할 데가 없어서 자연스럽게 마약에 빠지는 경우가 많다.

이 책에서 독자들은 마약중독자가 되는 과정이 자기 스스로 빠지게 되는 경우, 조직적인 범죄를 통해 빠지는 경우, 그리고 갱들의 의해 빠지는 경우가 있다는 것을 알게 될 것이다. 또 젊은이들이 이러한 갱단의 생활을 왜 그렇게 좋게 보는지에 대해서도 알게 될 것이다.

불행하게도 많은 부모들은 자녀들이 마약에 빠지거나 갱단의 일원이 되어 가고 있음에도 불구하고 이러한 문제에 무관심하거나 그 심각성을 깨닫지 못하고 있다. 한 목사는 한인 사회의 근본적인 문제는 한국에서 이민 온 부모가 미국에서 태어나 이미 미국화되어 있는 자녀들을 미국에서 바로 이끌어 주지 못하는 데에 그 원인이 있다고 지적한다.

한 목사는 악명이 높은 "와칭"이라는 갱단에서 높은 위치에 있었던 사람으로서 1.5세들이 느끼고 있는 부모에게서 분리된 감정이나 이질감에 대해 설명한다. 1.5세들이 한국의 전통적인 사고방식을 이해하고, 반항하는 미국의 한국 청소년들과 함께 소속감을 가져야 할 필요성에 대해서도 언급할 것이다. 이 책에서 우리는 한인 청소년들이 한국에 대한 문신을 새겨 한국인이라는 것에 대한 자부심을 갖는 이유와 그들에 대한 부모의 기대에 반항하는 이유를 배우게 될 것이다. 또한 한국인이 아니더라도 왜 마약 중독이 청소년들의 삶을 파괴하는지 그 원인을 깨닫게 될 것이다.

마지막으로 한 목사는 크리스천 지도자로서 마약에 중독되고 갱으로 살고 있는 비참한 생활에 대한 구원과 재활은 믿음과 영적 생활에서 나오는 힘이라는 자신의 경험을 나누어 줄 것이다. 그는 수많은 청소년들을 약물 중독의 파멸의 늪에서 희망이 넘치는 생명의 길로 구원해 내는 데 성공했다.

사회학이나 약물 중독을 연구하거나 한때 절망의 나락에 빠졌던 사람들의 재활의 길을 찾는 모든 사람들에게 이 책의 필독을 권한다.

변호사
스테파니 홀츠(Steffeny Holtz)

추천사 ● 4

책의 제목이 그렇듯이 이 같은 책은 특별한 사람만이 쓸 수 있다. 한영호 목사님과 같은 분이 아니면 쓸 수 없는 이야기들이다. 첫 장에 저자 스스로 자신의 경험을 내놓고 오늘의 나눔선교회가 시작된 역사를 말해 주고 있다.

이 책은 6부로 구성되어 있는데 제1부는 저자 자신과 나눔선교회에 대한 간단한 소개가 그 내용이고, 제2부는 나눔선교회에서 살고 있는 형제자매들의 일상생활의 애환과 따뜻한 인간미를 회복해 나가는 과정을 진솔하게 담고 있다. 제3부는 마약 복용 경험자들에 대한 실제적인 이야기들이다. 그 같은 경험을 했거나 그들의 현장에 들어가 보지 못한 사람에게는 매우 생소하고 접하기 어려운 사람들의 행태와 실상이 적나라하게 소개되어 있다. 그들의 처지를 이해하는 데 중요한 도움을 주는 부분이다. 제4부는 사랑을 받아본 경험이 없던 형제자매들이 고마움과 사랑을 나누는 이야기를 담고 있다. 제5부는 2003년 한국일보 미주판에 연재되었던 글을 중심으로 모은 것으로 부모들에 대한 이야기와 함께 나눔 선교회 안에서 일어나고 있는 사건들을 생생하게 소개해 줄 것이다. 부모들이나 이들의 세계에 부정적인 선입관을 가진 사람들이 반드시 읽어야 할 이야기들이다. 마지막으로 제6부는 부모들의 가슴 아픈 경험담으로서 자녀를 둔 모든 부모들에게 경각심을 갖게 하고 그 같은 처지에 있는 부모들을 관대하게 이해하고 그들에게 따뜻한 동정심을 갖게 할 것이다.

한영호 목사님은 첫 장에서 밝힌 대로 자신의 경험을 통하여 누구보다도 이 문제와 그 사람들에 대해 잘 아는 분이다. 또한 수많은 마약 복용자들의 재활에 헌신해 오면서 이들과 이들의 현실에 대해 누구보다도 깊고 바른 통찰력과 이해심을 갖고 있다. 그냥 냉대하고 배척받기 쉬운 사람들에 대한 애정 넘치는 이야기들이라 감동적이다.

이 책은 이 시대의 우리 사회에서 도움과 친절과 온정을 나누어야 하는 이들에 대하여 우리의 새로운 관심과 더 적극적인 이해심을 갖도록 안내하는 귀한 책이며, 종교적 배경에 상관없이 우리 모두가 읽고 유익한 깨달음과 지혜를 얻을 수 있는 귀한 책이라 확신한다.

미주한인장로회 신학대학 총장
서정운

나눔선교회의 봉사자들

한영호 목사: 목둘레가 17.5인치이고, 허리둘레는 38인치이다. 남에게 말할 땐 언제나 36인치라고 한다. 바지를 입을 때 주름이 두 개 이상 잡힌 속칭 배기바지일 경우는 36인치가 맞지만, 일자바지나 주름 없는 바지는 38인치가 맞다. 엉덩이둘레는 45인치이다. 간신히 허리보다 엉덩이가 커서 다행스럽다. 오리궁둥이니까. 몸무게는 82킬로그램이다. 다른 사람들은 한 목사의 무게가 자신들보다 조금 많이 나가는 줄 안다. 키는 171센티미터로 열두 살 먹은 셋째 아들보다 조금 크다.

김영일 목사: 나이를 먹을 만큼 먹었다. 한번 칼을 뽑으면 절대로 끝내는 법이 없다. 앞에 서서 이야기했다 하면 "이제 마지막으로...." 하고 30분은 계속한다.

김성신 전도사: 언제나 꽃띠이며, 자칭미인, 타칭미인이다.(거의 억지와 협박이다.)자기에게 예쁘다고 하는 아이들에게 솔직해졌다고 칭찬하며 캔디를 준다.

유한승 전도사: 김성신 전도사가 누나이다. 모든 선교회 식구들은 이 구동성으로 고기 안 먹고 저렇게 살찐 사람은 처음 보았다고 한다. 통풍이 걸려서 고기를 먹을 수 없다. 허리둘레 42인치인데 허리둘레를 밝히는 이유는 혹시 누가 바지라도 사줄까 해서이다.

백쥴리 전도사 : 천하장사, 걸걸녀이다. 힘이 아주 세다. 백 전도사를 여자로 보는 이는 한 명도 없다.

박웅대: 봉사자로서 선교회에선 고령자이다. 일명 가미가제로 무조건 하고 본다. 해병대 출신으로 지령이 내려지면 무엇이든 한다.

마마 제인(Mana Jane): 유 전도사와 동갑이다. 엄마가 해야 하는 일은 무엇이든 다 잘한다.

데이빗 김(David Kim): 위의 분들보다 한참 어리다. 미래의 김영일 목사다. 지금도 대빵이다. 나눔선교회 형제들의 우상이며, 큰 형님이다. 싸움을 무지 잘한다.

나눔선교회 식구들 모두: 치즈, 바둑판, 13틴 포르노, 랭자이, 띠리리, 털보, 마마 제인, 뺀질이, Mr번, 베이비덕, 디제이/DJ, 홀리맨/Holy Man, 위그제니, 중광, 펭귄, 창고, 토끼, 용가리, 사오정, 오클랜드, 차이나, 맛사지 가이, 헤럴드 아빠, 발바닥 아저씨, 무쇠인간, 먼스터, 천년호, 코딱지, 킹콩, 변사또, 쥬시, 먹쇠, 우동, 사오정, 마리오, 산적, 홀스훼이스, 슈퍼팝, 짱가, 꼭껴, 꽉껴, 스마일리, 해피보이, 맛동산, 쥐똥, 꺼벙이, 저팔계, 멍크 등등

차 례

추천사 1-케빈 머레이(캘리포니아 상원의원) | 4
추천사 2-제리 베익(LA 부장검사) | 5
추천사 3-스테파니 홀츠(변호사) | 6
추천사 4-서정운(미주한인장로회 신학대학 총장) | 8

1장 마약쟁이 목사님 되다 | 15

하나님은 외모로 사람을 취하는 분이 아니시다 | 16
사랑 가득한 영혼의 쉼터-나눔선교회 | 35

2장 황무지에서 아름답게 피어나는 야생화들 | 47

원치 않았던 굶식 | 48

우린 그런 거 안 해 | 57

뜨거운 깡통 밴 속의 아이들 | 64

한낮의 총격전 | 68

라미라다 갱 호태 | 78

갱들이 "깽, 깽, 깽" | 87

스트리트 파이터 | 93

끝까지 너를 포기하지 않을 거야 | 98

돼지갈비 2대 | 108

괴팍한 박 집사는 질투의 화신 | 117

99마리의 양을 풀은 대부 예수님 | 122

13세 포르노 감독 | 125

문신을 하는 깊은 뜻은 | 129

3장 가장 무서운 현대병 마약 중독 | 133

예배실의 벌거벗은 아담 | 134

우리들의 마스코트 | 151

너 내 남자 친구 빼앗아갔지? | 168

엄마의 질투 | 188

목사님! 아기가…, 아기가… | 199

발바닥 아저씨와 밤무대 여왕 | 211

오클랜드 너 총 맞았니? | 140

분실된 나눔 보물 1호 | 162

슬픈 진실 게임 | 181

크랙하우스 아줌마의 죽음 | 193

목사님은 구약과 신약을 드셔야지요 | 205

약물의 증상 | 213

4장 사랑을 받은 자는 더 큰 사랑을 품는다 | 219

우리들의 목사님, 욕하면 너 알지? | 220   지독한 사랑 1 | 223

지독한 사랑 2 | 227

거울아, 거울아, 이 세상에서 누가 제일 예쁘니? | 230

꺼벙이의 몰래카메라 | 233

5장 부모는 자녀의 인생 교과서이다 | 237

내 자녀는 로또다 | 238
원하는 대로 다 해 주었더니 약물중독자가 되었다 | 243
아버지는 "개새끼" | 247　　아빠였던 나, 아버지인 나 | 252
숨이, 숨이 막혀요 | 255　　엄마의 아픔은 나의 기쁨 | 258
라스베가스의 잠 못 이루는 밤 | 261　　엄마, 아직도 꿈꾸고 있는가? | 264
내 눈에 눈물? 네 눈엔 피눈물 | 267　　슈퍼맨 아빠, 슈퍼우먼 엄마 | 270
Coming out, 아들은 그 남자의 여자였다 | 273
아들을 삼켜버린 채팅 | 276　　사랑의 회초리 | 279
착한 아이가 나쁜 친구 때문에 | 283　　사람 잡는 졸업장 | 287
비정한 아버지 | 290　　아빠, 엄마 제발 밀어붙이지 좀 마세요 | 293
난쟁이가 쏘아 올린 작은 공 | 296　　자기 중심의 끝없는 탈선 | 299
이상한 나라의 사오정 | 302

6장 나눔선교회에서 답을 찾았어요 | 305

쇼윈도 속의 내 딸-정명진 | 306　　이혼의 아픔을 치료하신 하나님-리사 한 | 318
목사님 전상서-그레이스 리 | 325

1장 마약쟁이 목사님 되다

● Gangster of God

● 하나님은 외모로 사람을 취하는 분이 아니시다

● 사랑 가득한 영혼의 쉼터-나눔선교회

하나님은 외모로 사람을 취하는 분이 아니시다

극히 드물긴 하지만 나를 두고 코미디언 이기동 씨를 닮았다고 말하는 이들도 있고, 홀쭉이와 뚱뚱이에서 뚱뚱이를 닮았다고 빡빡 우기는 이들도 있다. 혹자는 요즘 한참 뜨고 있는 개그맨 이혁재 씨를 닮았다고 한다. 그러나 더 많은 이들이 나를 두고 '멋있다.' '잘생겼다.' '호남형이다.' 라고 칭찬한다. 나는 아직 그들이 뒤돌아서서 하는 이야기는 들어보질 못했다. 그래서 나는 다수의 말을 믿기로 했다. 나 역시 매일 거울을 보며 '뜨악' 하고 기절한다. 너무 멋진 나의 몸매 때문이다. 하나님은 외모로 사람을 취하는 분이 아니시다.

나는 참 나쁜 놈이다. 목사가 된 지도 어느새 10년이 넘어가지만 아직도 돈과 예쁜 여자, 그리고 명예가 탐이 난다. 그뿐인가? 사실 나는 약간의 뻥도 치고, 허풍도 위세도 떨며 잘난 척도 곧잘 한다. 가끔 남들이 나에게 어떻게 이렇게 힘든 사역을 하느냐며 존경의 눈길을 보내오면 모르는 척하며 즐기기도 하고, 전혀 세상의 삶과는 상관없다는 듯한 표정으로 다른 이들에게 더욱 관심을 사려고 노력하는 솔직히 속물에 가까운, 아니 속물이다. 그런 내가 무슨 자랑할 것이 있어 글을 쓴다고 나서는지 나 자신도 무척이나 한심스럽지만 몇 가지 목적을 위해서 어쩔 수 없이 이 글을 썼고, 이 글이 반드시 선풍적인 인기를 가져올 것이라는 기대와 자부심으로 한참이나 들떠 있다. 선교회에서 일어났던 사건들을 미화시키기 위해 더하거나, 빼지 않고 솔직하게 쓰려고 했기 때문이다. 그 솔직함에 엄청나게 많은 이들이 숨넘어갈 정도의 감동을 받을 것이라 기대하면서 말이다. 진실은 언제나 통한다고 믿기 때문이다.

지금 나는 그 진실이 로또 복권에 당첨되어 대박이 터지는 꿈을 꾸고 있다. '왜?'냐고 묻는다면, 나는 돈이 필요하기 때문이다. 우리 나눔선교회(뒤에 선교회에 대한 자세한 설명이 나올 것이니 지금부터 궁금해할 필요는 없음)의 형편상 돈이 많이 필요하기 때문에 꼭 이 글을 잘 써서 대한민국 전 국민의 필독서가 되게 하고, 세계의 모든 국가들이 서로서로 앞을 다투어 출판하기 위해 대박이 터지게 싸워 준다면, 아마도 이 책을 출판한 출판사는 대단한 부와 명예를 거머쥘 것이다. 행여 무식한 녀석이 쓴 글이라고 팽개치듯 겉장만 삐죽이 봤던 다른 출판사들은 땅을 치며 통곡하게 될 것이다. 난 이런 엄청난 사명감을 갖고 있다.

✳

난 정말 무식하다. 그러나 그런 무식이 나에게 용기백배하게 만들기도 한다. 옛말에 무식하면 용감하다고 했던가? 나의 한국에서의 학력이라곤 중학교 1학년 퇴학이 전부다. 안국동에 있는 교동초등학교 4학년을 다닐 때까지 공부를 조금은 잘했던 것으로 기억이 된다. 그때 처음이자 마지막으로 상장이라는 것을 받아 보았다. 백일장에서 입선을 했었다. 어렴풋이 생각나는 것은 저녁노을이 빨갛게 지는 것이 감동스러워서 감정이 풍부했었나 보다.

'저녁노을이 왜 저리도 빨갛지? 아마 천사들이 김치 국물을 쏟았나 봐.'

이런 주옥같은 글을 썼던 기억이 희미하게 난다. 난 그때 정말 세상이 다 내 것 같았다. 그때부터 난 타고난 글쟁이라고 생각했었던 것 같다.

그러나 내가 백일장 이후 붓을 꺾었던 이유는 전교생이 모여 조회 시간에 상을 받는 그날 아침에 짧은 미니스커트를 입고 유리구두를 신은 우리 엄마가 학교에 왔기 때문이다. 친구들이 모두 모여들어 우리 엄마를 구경했다. 다른 엄마들은 치마저고리를 갖추어 입고, 다소곳한 모습으로 엄마 냄새가 마구 풍겼었는데, 우리 엄마는 유난히 특별났다. 난 정말 창피했다. 우리 엄마가 아니라고 말하며 뒤로 내빼고 싶었다. 그 후부터 나는 상장은커녕 '말썽꾸러기' '사고뭉치' '깡패'라고 불렸고, 결국 어렵게 뺑뺑이를 돌려 들어갔던 동도중학교에서 '이 학생은 타의 모범이 되지 않기에 더 이상 학교에 나오지 않아도 됨.'이란 퇴학 처분을 받았다. 그까짓 회수권(여기서 말하는 회수권이란 그때 당시 학생들이 버스를 타고 다닐 때 쓰는 코딱지가 아닌 표딱지였다.)을 좀 빼앗았기로서니, '놀부패'라는 지금 말하자면 폭력 서클을 접수하고 친분 확립을 위해 약간의 주먹 교류를 했기로서니, 선생님이 너무 때려서 아프니까 이제 그만 좀 때리시라고 선생님께서 때리는 주

먹을 좀 막았기로서니, 그 정도의 이유만으로 나를 학교에서 쫓아
내야만 했을까! 지금도 이해가 되지 않는 부분들이다. 왜 어른들
은 나의 커다란 포부와 나의 내면의 인간성을 무시했을까? 그래
도 따뜻한 인정도 있고, 잔재주가 많아 그래도 나름대로 괜찮은
아이였었는데 말이다.

이렇게 사람들에게 무시당했던 나를 하나님이 사랑하셨다. 그
리고 목사를 시켜 주셨다. 하나님이 시켜 주신 목사는 대단한 것
이었다. 하루아침에 '마약쟁이' '깡패 새끼'라고 불리던 나의 신
분이 그야말로 '목사님'으로 불리고 있다. 태어나서 처음으로
'님'자가 붙은 호칭을 듣게 됐다. 하나님은 인간을 외모로 취하지
않으셨다.

나는 '딴따라'라고 불리는 가정에서 태어났다. 할아버지는 유
랑극단을 끌고 다니셨고, 최초로 연예인협회를 만드셨다. 그래서
우리 집은 하춘화, 이미자, 박재란, 이난영, 한명숙, 백설희, 신선
삼, 쟈니리, 길옥윤, 이봉조 등등 그때 당시 잘나가는 언니, 오빠
들로 언제나 북적거렸다. 이쪽에서 랄라룰루, 저쪽에서 띠리띠리,
그 북새통 사이에서 배운 것은 음악뿐이었다. 어릴 적 나의 꿈은
세상에서 제일가는 기타리스트가 되는 것이었다. 나는 일곱 살 때
부터 단 한 번도 쉬지 않고 기타를 치기 시작했다. 물론 중학교에
서 일찌감치 잘렸기 때문에 더욱더 많이 기타 연습을 할 수 있었
다. 나는 자면서도 기타를 안고 잤고, 밥을 먹으면서도 기타를 들
고 먹었다. 잘 때는 할 수 없이 기타를 머리 위에 모셔 놓고서 가

수 누나들이 미군 부대에서 얻어온 헤드폰을 귀에 꽂고 음악을 들으면서 꿈에서라도 기타를 연습했다. 그나마 기타라도 쳤기 때문에 어머니가 미국으로 들어가신 후에 용돈이 궁해지자 어린 나이에도 불구하고 나이트클럽 여기저기를 기웃거렸다. 무대 밴드 중 기타 치는 형들이 나오지 않으면 대신 쳐 주고 용돈을 벌어 썼다.

■ 한영호 목사

그 후 열여섯 살이 되었을 때, 이상한 방법을 통해서 미국으로 간신히 이민을 올 수 있었다. 1972년 당시만 해도 한국 사람들이 가난해서 먹고 사는 일이 막막했을 때였다. 배운 것이 기타뿐이라 여기저기 다니면서 기타를 연주했고, 나중에는 라스베가스 라운지 쇼에서도 연주했었다. 그 세상 연주가 지금은 찬양으로 바뀌었고, 40여 년을 연습해 온 기타로 그분을 노래하고 기쁘시게 찬양할 수 있게 되었다. 하나님을 소고와 비파로 찬양하라. 우리 하나님은 찬양을 좋아하신다.

✳

기타는 지금까지의 내 인생에 있어서 가장 귀한 동반자요, 나의 친구요, 나의 분신이었다. 내가 가장 힘들고, 어려웠을 때도, 죽고 싶었고, 절망했을 때에도 기타만은 항상 내 옆에 있었다. 그래서 나는 기타를 그 누구보다 사랑했고, 기타만이 나를 위로해 주었다. 난 너무나 외로웠다. 어머니는 미8군에서 "삐빠빠룰라"를 부르던 그 당시 제법 잘 나가는 가수였었고, 아버지는 마약단속 수사반에서 반장으로 일하셨었다. 그 당시에 아편이 유행했었다고 한다. 그 아편에 사람들이 한 번 빠지면 헤어 나오지 못하는 것을 보고, 아버지는 호기심으로 직접 한 번 해 보았다. 그 후 아편에 심하게 중독이 되었다고 한다. 나는 너무 어려서 자세히 알 수가 없지만, 다른 이들의 말에 의하면 아버지는 추운 겨울 길거리에서 내가 세 살 때 마약 중독자로 생을 마감했다고 한다.

나는 부전자전 소리를 듣지 않기 위해 담배조차도 피우지 않으려고 노력했었다. 어느 날인가 나도 모르는 사이 아버지와 똑같은 길을 걸어가고 있었다. 연예인협회를 주관하셨던 할아버지의 주변에는 많은 사람들로 들끓었고, 집에는 늘 식객들이 줄을 잇고 있어서 식구들은 누구 하나, 나에게 관심을 가져 주는 이가 없었다. 할아버지는 늘 바빴다. 할머니는 늘 바쁜 할아버지를 뒷바라지하는 데 분주했다. 아버지를 잃고, 노래에 어머니를 잃어버린 나는 항상 음지에 서 있었다. 할아버지나 할머니, 더욱이 그렇게 바삐 다녔던 어머니의 눈에는 내가 보이질 않았다. 나는 항상 혼자였고, 나를 아는 척해 주는 이는 아무도 없었다. 난 어떻게든 양지로 나가고 싶었다. 누구로부터인가 사랑과 따뜻한 관심을 끌고 싶었다.

'내가 여기 있습니다. 날 좀 봐 주세요.'

이렇게 몸부림치며 외치고 싶었다. 그러나 그때는 내가 얼마나 외로움에 지쳐 있었는지 생각할 수 있을 만큼 똑똑하질 못했었다. 그런 나를 하나님이 언제나 관심으로 지키신 것이다.

✳

젊은 시절의 기나긴 방황은 계속되었고, 미국에서의 삶은 그야 말로 고통과 괴로움의 날들이었다. 내가 다녔던 LA 하이스쿨에는 거의가 다 흑인 친구들이어서 학교 분위기가 온통 거무칙칙했기 때문에 학교를 다닌다는 것 자체가 나에겐 굉장히 힘든 생활이었다. 더욱이 공부를 안 한 놈이 영어로 씨부렁거리는 공부를 따라간다는 것은 말할 수 없이 곤욕스러운 일이었다. 안 그래도 이렇게 힘들었던 나를 검은 친구들은 못 때려서 안달이 나 있었다. 가끔 몇 명 안 되는 한국 친구들과 점심을 먹고 있을 때 그들은 떼를 지어 다니며, 우리에게 우유를 던지고, 심지어는 달걀을 머리에 던지기도 했다. 그 달걀 세례를 맞으면 한동안 머리를 감아도 찌꺽찌꺽 소리가 나고, 며칠씩 이상스런 썩은 냄새가 나곤 했다. 그때마다 힘을 길러야 한다고 다짐하면서 주먹을 불끈 쥐곤 했다. 그래서인지 가끔 지체 높은 정치인들이 받는 계란 세례는 지난날의 악몽을 되살려주어 나의 올챙이 적 일을 더듬게 하곤 한다. 이렇게 모진 인종 차별과 학대를 견디기 힘들었지만, 힘도 없고, 숫자도 적은 우리들은 참아야만 했다. 어쩌다가 머리끝까지 화가 치밀어 올라 검은 친구 한 녀석과 치고 박고, 싸우기라도 하면 다른 검은 녀석들이 어느새 우르르 달려든 적도 있었다. 그래서 우리들도 모여 다니기 시작했다. 그것은 우리를 스스로 보호하는 일이기도 했다. 화장실 가는 것도 한꺼번에 가곤 했다.

작은 사건이 터지던 그날, 매우 급했던 나는 다른 친구들을 기다릴 틈이 없이 바삐 화장실을 가야만 했다. 다행히 멕시칸 녀석이 화장실을 가는지 앞서서 화장실로 들어갔다. 그 화장실은 꽤 크고, 창도 나 있었지만, 항상 어두워서 낮에도 불이 켜져 있었다.

화장실 문 앞에는 까만 친구들이 무더기로 서서 마리화나를 돌아가며 한 모금씩 빨고 있었다. 기분이 아주 찝찝했지만 급한 것은 해결해야 되지 않겠는가? 그러나 왠지 싸움꾼의 직감이랄까? 뭔가 석연치 않는 느낌이 들었기 때문에 바깥쪽 남자 변기를 사용하지 않고, 양변기가 있는 문이 있는 화장실로 들어갔다. 들어서기가 무섭게 갑자기 화장실 스위치 불이 꺼졌다. 나는 본능적으로 변기를 차고 뛰어올라 화장실과 화장실 벽 사이 위에 몸을 걸쳤다. 다행히도 기계 체조를 했었기 때문에 쉽게 화장실 천장으로 올라갈 수 있었다. 이어서 투다닥 하는 여러 명의 발소리들과 함께 '퍽, 퍽, 윽, 악' 하는 괴성이 터졌다. 나를 찾는지, 화장실 문들을 부서져라 계속해서 차고 두드리는 소리가 들렸다.

얼마 후 불이 켜졌다. 아무 일도 없었다는 듯이 불은 다시 들어왔지만, 먼저 들어왔던 멕시칸 친구는 온몸이 피투성이가 되어 쓰러져 있었다. 다행히 위기는 모면했지만 나는 언제나 불안에 떨어야 했다.

'안 되겠다, 당하고만 있을 순 없다.'

그래서 몇몇 안 되는 한인 아이들끼리 모여서 만든 친목회가 바로 "아메리칸 버거"였다. 최초의 한인 청소년 갱이 탄생되었던 것이다. 하나님은 나쁜 갱을 싫어하신다. 그러나 하나님을 위한 착한 갱(예: 십자가 군병, 기드온의 군사)은 좋아하시는 것 같다.

✻

"아메리칸 버거"라는 갱의 이름은 우리가 지은 것이 아니었다. 그때 당시 우리들이 학교를 땡땡이치고 LA 한인 타운의 아메리칸 햄버거 집에서 담배를 피우고, 마리화나를 말아 피우는 모습을 본 한인 신문 기자가 그 이튿날 신문에 커다랗게 "한인 청소년 문제가 심각하다"란 제목으로 우리를 "아메리칸 버거 갱"이라고 지칭한 것이 이름이 된 것이다. 그 후부터 우리는 우리의 모임을 "아메리칸 버거 갱 AB파"라고 불렀다. 점점 더 많은 한인 청소년들이 모여들기 시작했다. 이후 나온 것이 코리언 킬러(KK; Korean Killers), 비케이(BK; Buger King), 코리언 맙스터(KM; Korean Mobsters), 브라더스(Brothers), 라스트 제너레이션 코리언 킬러(LGKK; Last Generation Korean Killers), 딥사이드 코리언(DKS; Deep Side Koreans), 코리언 플레이 보이스(KPB; Korean Play Boys), 코리아타운 갱스터스(KTG; Korea Town Gangsters), 가든 그로브 보이스(GGB; Garden Grove Boys), 아시안 크리미널스(ACS; Asian Criminal's) 등이다. 10명에서 20여 명만 모이면 한인 청소년 갱 모임을 만들었다. 지금은 한 100여 개 정도가 있는 것으로 추정된다.

갱이라고 하면 많은 이들이 무시무시하고 범죄와 흉악한 일을 일삼는 끔찍한 어깨들의 모임이라고 단정 짓는다. 요즈음 청소년들의 갱이란 의미는 전혀 그렇지가 않다. 단지 옛날 우리들이 서클이나 모임을 만들었던 것처럼 함께 즐기고, 시간을 죽이는 그룹을 뜻한다. 그러나 문제는 올바른 가치관의 부재로 인해 쾌락과 타락으로 연결될 수밖에 없다는 사실이다. 혈기가 왕성한 그들이 자칫 잘못하여 감정이 대립될 때 이들을 중재할 수 있는 올바른 조언자나 지도자가 없기 때문에 폭력과 살인으로 연결될 수도 있다는 것이 바로 문제가 될 수 있다. 하나님은 모이기에 힘쓰라고 하셨다. 그런데 갱 모임은 아닌 듯싶다.

　우리의 활약은 대단했다. 싸우고 또 싸웠다. 그때는 타 인종들과
도 많이 싸웠다. 결국 끈질긴 전투는 누가 이기고, 누가 지는 것이
없이 검은 아이들과 친구가 되기까지 계속되었다. 지금의 아이들
에 비한다면, 정말 아무것도 아니었다. 특별히 범죄를 저지른 것도
아니요, 마약을 했었던 것도 아니었다. 그러나 그 당시는 참으로
문제아들이라고 쓴 소리를 듣고, 손가락질을 받았었다. 자기 눈의
들보는 보지 못하면서 어째서 다른 이들의 티는 그리도 잘 볼까?

　나는 그때 참 용맹스러웠다. 내가 나갔던 교회의 전도사님을 한
방 먹일 정도로 말이다. 사실 친구가 교회에 가면 예쁜 여자아이들
을 만날 수 있다는 꼬임에 넘어가서 OO교회 학생부에 출석하게 되
었다. 한국 사람들을 좀처럼 만날 수 없을 때였기 때문에 교회에서
많은 여학생들을 한꺼번에 볼 수 있다는 사실은 나를 흥분되게 만
들었다. 모임이 있을 때마다 교회에 열심이었던 친구는 나를 불렀
고, 나는 속으로 귀여운 여자아이를 하나 찍어 놓고 그 아이 얼굴
을 보기 위해서 못 이기는 척하면서 교회로 따라나서곤 했다.

　그런데 어느 날 사고를 저지르고 말았다. 그날 예배를 드리고, 기
도를 하는데 좀이 쑤셨다. 도대체 목사님의 설교는 지루하고 길기만
했다. 이제 남은 것은 기도밖에 없었다. 기도 시간이 제일 좋은 시간
이었다. 모두들 눈을 감고 기도하니, 나는 눈을 반짝 뜨고 내가 좋아
하는 그 여학생을 빤히 쳐다보아도 그 누구도 알 리가 없었기 때문
이다. 그런데 그만 기도하시던 목사님이 눈치를 채셨는지 나를 잠깐

교회 밖으로 나오라는 것이었다. 따라 나갔더니 목사님은 다짜고짜 나에게 물었다.

"너 교회에 왜 왔니?"

너무나 솔직했던 나는 어깨에 힘을 주며 말했다.

"저, 여자 만나러 왔는데요."

"뭐? 여자 만나러 왔다고? 이곳은 하나님을 만나는 곳이지, 여자 만나는 곳이 아니야. 너같이 불량스러운 녀석은 말도 꼭 불량하게 하는구나. 너 다시는 교회에 오지 마라. 여기는 너 같은 아이들이 오는 곳이 아니야."

순간 나는 그야말로 화가 났다. 그렇지만 참았다. 그래도 목사님이셨으니까. 그대로 돌아가려니 분이 풀리질 않았다. 난 다시 교회당에 들어가 잠시 젊은 전도사님을 불러냈다. 그리고 아무런 말도 하지 않고 전도사님의 턱주가리를 날려버렸다. 지금 생각하니 아무런 죄 없는 그 전도사님께 너무 미안하다. 그리고 교회하고는 두꺼운 담을 쌓았다. 난 그때 교회는 정말 의인들만 가는 곳이라는 것으로 알았다. 예수님은 의인을 부르러 오신 것이 아니고, 죄인을 부르시려고 이 세상에 오셨다.

＊

그 후 고등학교를 우수한 성적으로 간신히 졸업한 나는 주립대학(UC) 계통의 학교에 입학 허가서를 받게 되었다. 물론 내 실력으로는 턱도 없었지만, 내 시험답안지를 대신 써 준 녀석이 워낙 공부를 잘했기 때문이었다. 그러나 허가서만 받으면 무엇 하나? 답안지를 대신 써 준 녀석이 함께 그 대학에 가 주어야 계속해서 우수한 성적으로 학교를 다닐 수가 있기 때문이다. 할 수 없이 진학을 포기하고, 기타치기와 싸움질밖에 못 했던 나는 미국 전역을 돌아다니며 딴따라 생활을 했다. 그러면서 중국의 "와칭"(Wah Ching)이라는 큰 갱단에 가입하게 되었다. 지금은 와칭 갱단이 와칭(Wah Ching), 켄 사이드(Ken Side), 서니 사이드(Sunny Side), 티 사이드(T Side), 헬 사이드(Hell Side), 폴 사이드(Paul Side), 셰인 사이드(Shane Side)로 나누어졌지만 그때는 하나였다. 서서히 진짜로 암흑세계에 빠져 들게 된 것이다. 하나님은 어둠을 싫어하신다.

✳

참으로 많은 세월을 그야말로 사탄을 위해 열심히 일했다. 어느 정도 갱단에서 자리를 잡자 더 이상 딴따라를 할 필요가 없었다. 낮에는 명분을 위해 사업하는 사업가로서 일을 했고, 밤에는 조직에서 마약을 007가방으로 한 가방을 가져다가 이를 도매업자(Wholesaler)들에게 분배해 주는 중간 마약 딜러(판매상)를 했었다. 돈은 밤에 벌었고, 낮에는 사무실에서 히히덕거리며 노는 것이 나의 일이었다.

대부는 아니었다. 사실 될 수도 없었다. TV에서 나오는 근사한 마피아나 거대한 갱단의 보스가 되는 것을 한때 나도 꿈꿔 보지 않은 것은 아니었지만, 현실은 영화와는 전혀 다르다. 어떤 이들은 자신이 조직의 보스를 했다고 자랑하기도 한다. 그러나 지금까지 이름난 갱단 중에 한국인 보스는 없었다. 시켜 주는 조직이 없다. 그곳에도 인종차별이 있다. 중간 보스 정도될까! 돈도 많이 빌었고, 두려울 것이 없었다. 전화 한 통화면 한 200여 명이 모이곤 했다. 난 그때 내가 잘나서, 힘이 좋아 싸움을 잘 해서인줄 알았다. 우리 모두가 의리에 살고 의리에 뭉쳐 있는 꽤 쓸 만한 집단이라고 생각했었다. 그러나 나중에 알고 보니 나에게 잘못 보이면 약과 돈을 주지 않을까 봐 눈치를 보기 위해 모였던 것이다. 착각은 자유였다. 진정한 의리는 나쁜 일을 함께 하는 것이 아니라, 나쁜 일을 못 하게 하는 것임을 난 몰랐었다.

✳

이렇게 쉽게 돈을 벌어들이면서 생활은 점점 더 무질서해졌다. 하루가 다르게 마약에 빠져 들어갔다. 단 하루도 마약 없이는 살아갈 수 없게 된 것이다. 눈을 떠서 눈을 감는 순간까지 약을 해야만 했다. 약이 나의 생활이요, 목적이고, 전부였다. 마약중독자임을 철저히 숨기기 위해 다른 마음 한편으로는 혹시나 하는 양심의 질책으로 그렇게 싫어하는 교회에까지 나갔다. 그러나 그때까지는 하나님이 어디에 있는지 도저히 찾을 길이 없었다. 교회당에 사람들은 아주 많았지만 나를 도와줄 이들은 그 어디에도 없었다. 예배를 드릴 때에도, 찬양을 할 때에도, 기도를 할 때에도, 난 하나님이 없다고 결론을 내렸다. 그래서 더욱더 막가는 인생의 내리막길을 걷게 되었다. 부엌에는 근처도 가지 않은 내가 도마와 무척이나 친하게 지낸 것처럼 말이다. 도마가 예수께 당신의 못 자국을 보여 달라고 하자, "너는 나를 본 고로 믿느냐 보지 못하고 믿는 자들은 복되도다"라고 예수님은 말씀하셨다.

하루하루가 다르게 깊숙이 마약에 빠져들어 더 이상 생활 자체도 불가능해져서 삼사일씩은 보통이고, 일주일씩 모텔에서 약을 계속하며 다른 이들과 일체 연락조차 하지 않을 때가 많아졌다. 이로 인해 갱에서도 더 이상 신뢰를 받을 수가 없게 되었다. 몇만 불어치씩 조직에서 내려오는 약들을 도매상들에게 넘기고 그곳에서 이윤을 남겨 다시 조직에게 가져다주어야 했다. 그러나 조직이 무섭다는 것을 알고 있으면서도 약에 손을 대기 시작했다. 그 때문에 가져온 약들의 분량만큼 돈을 만들 수가 없었다. 조직에 대한 빚은 더욱더 늘어가기만 했고, 조직에서 갚지 않는 돈에 대해 협박과 위협이 들어왔다. 조직에서의 생활이 더 이상 힘들게 되었다. 갚지 못하는 돈이 점점 늘어났다. 이 때문에 목숨이 경각에 달려 있는 상황까지 이르렀다. 돈을 구하기 위해서 백방으로 노력해보았지만, 친구들과 아는 이들 사이에 마약쟁이로, 거짓말쟁이로 이미 소문나 있었기 때문에 아무도 나를 도우려고 하지 않았다. 그러나 학교 다닐 때 함께 지냈던 지금도 잊지 못하는 한 명의 친구가 나에게 그 당시 거금 5,000불이란 돈을 건넸다. 그러면서 그 친구는 나를 붙잡고 눈물을 흘리며 말했다.

"영호야, 이게 마지막이다. 영호야, 너 왜 그러니? 이러지 마. 제발 정신 좀 차려. 너 이러다 죽어."

그러나 그 돈만으로는 아무런 도움이 되지 않았다. 혹시 식구들이라면 어떻게 하든 더 큰 돈을 만들 수 있을 것이라는 기대를 갖고 식구들에게 '나는 마약중독자'라고 고백하고, 도와달라고 간절히 도움을 청했다. 뒤늦게 이를 안 식구들은 소스라치게 놀라며, 나를 위로하고, 달래며 도움을 주는 듯했다. 그러나 얼마 되지 않아 제각기 뿔뿔이 흩어져 어디론가 모두 떠나갔다. 생명을 담보

로 잡았던 마지막 5,000불까지 챙겨 약을 해 버린 나를 용서할
수가 없었을지도 모른다. 더 이상 돈 때문에 약을 구할 수가 없었
다. 이 때문에 금단현상인 손까지 덜덜 떠는 나를 가망이 없다고
붙잡고 울기만 하던 어머니는 기도원으로 떠나갔다. 검은 머리 파
뿌리 될 때까지 살겠다던 마누라는 아이 둘을 달고 어디론가 내빼
버렸다.

　그야말로 아무것도 남아 있지 않았다. 다시 또 혼자였다. 텅 비
어 있는 집 냉장고를 열어 보았다. 먹다 남은 치즈 한쪽도 없었다.
비참했다. 죽고 싶었다. 그 순간 누군가가 나를 죽여 주었으면 좋
겠다는 간절함이 목 끝을 타고 올라왔다. 세상이 싫었다. 아무도
나를 이해해 주거나, 사랑해 주는 사람도 없었고, 용기를 주는 사
람이나 희망을 주는 사람도 없었다. 나는 결정했다.

　'죽어야겠다. 나처럼 더러운 인생을 사는 이들은 세상에서 없
어져야 한다. 어차피 죽을 것이라면, 다른 이의 손에 죽는 것보다
깨끗하게 나 스스로 죽자.'

　검은 양복을 꺼내 입고, 검은 넥타이를 맸다. 그리고 평소에 마
약을 하러 잘 가던 알바라도 근처에 있는 한 모텔로 갔다. 나는 약
에 대하여서는 누구보다도 잘 안다고 자부한다. 안 해 본 약이 없
으니까. 심지어는 피임약도 먹어 본 나다. 어떻게 하면 죽을 수 있
는지도 너무나 잘 알고 있었다. 마지막으로 다량의 마약과 기타
잡다한 죽음에 도움이 되는 약들을 샀다. 그리고 한꺼번에 그 약
을 삼켰다. 그런데 그 약을 한꺼번에 먹는다는 것이 보통 어려운
일이 아니었다. 삼키면 우루룩 다시 넘어오고, 삼키면 우루룩 또
넘어왔다. 한참을 먹고, 꾹 참고 있다가 또 먹었다.

나의 의식이 점점 흐려지기 시작했다. 앞이 거의 보이지 않았다. 죽었다. 내가 죽었다. 분명히 나는 죽은 나의 모습을 보며 한참을 서 있었다. 누군가 말하는 영과 육의 분리를 맛보며, 순간 인생의 '무'를 체험한 것이다. 어떻게 표현을 해야 할지 난 모른다. 무식해서도 아니고, 방법을 몰라서도 아닌 그것은 도저히 표현할 수 있는 것이 아니기 때문이다. 난 그때의 감정을 정말 표현하고 설명하고 싶다. 그러나 세 치의 혀로는 도저히 설명할 수 없는 '무'의 세계였다. 지금도 나는 그 시간을 분명히 기억한다. 그리고 그 세계와 그 시간을 누군가에게 설명하고 싶다. 그러나 나는 아무것도 설명할 수 없는 하찮은 존재일 뿐이었다. 하나님의 거대하심만을 느낄 따름이다. 그때 나는 어디론가 가야만 했다. 그곳이 천국인지, 지옥인지, 그러나 갈 수가 없었다. 사람의 삶과 죽음은 하나님이 주관하시기 때문이다. 참새 한 마리도 하나님의 허락이 없이는 떨어지지 않는 법이다.

깊은 잠에서 깨어난 것처럼 몽롱한 기운에 정신이 들기 시작했다. 다시 살아난 것이다. 죽어야만 하는 내가 다시 살아난 것이다. 그런데 이상한 것은 분명히 죽겠다고 자살을 했는데, 무의식적으로 살아야겠다는 의지가 발동하는 것이었다. 속이 울렁거리고 미식거려서 간신히 화장실로 기어갔다. 속에 있는 더러운 것들을 양변기에 가득 쏟아 부었다. 온통 피범벅이었다. 핏덩이가 쏟아져 나와 양변기는 넘치기 직전이었다. 물을 내렸다. 다시 몸에서 더러운 것들을 쏟아냈다. 거의 탈진 상태로 몸을 가누지 못할 정도로 기운이 없었다. 그러나 간신히 일어서서 거울을 보았다. 순간 너무나 끔찍했다. 휑하니 들어간 눈, 새까만 얼굴, 뼈만 앙상히 남은 듯한 해골 모형의 나의 얼굴은 귀신의 얼굴이었다. 무서웠고 끔찍했다. 두렵고 떨렸다. 부들부들 온몸이 그렇게 춥고, 떨릴 수가 없었다. 살긴 살아야겠는데 어떻게 해야 할지 몰랐다. 나는 그때 언젠가 교회에서 들었던 하나님을 떠올렸고, 피 묻은 옷을 모두 벗어 버리고, 욕조에 벌거벗은 채로 무릎을 꿇고 앉아 기도했다. 어떻게 기도하는지도 모르던 나는 그저 이렇게 외칠 수밖에 없었다.

"하나님이 만일 계시다면, 아무것도 필요 없으니, 나, 약만, 약만 끊게 해 주십시오. 만일 약을 끊게 해 주신다면 하나님께 남은 인생을 다 드리겠습니다. 시키는 대로 무조건 무엇이든지 하겠습니다. 죽는 것도 마음대로 안 되고, 살아야 된다면 제발, 제발, 약만 끊게 해 주십시오."

어린아이와 같이 유치할 정도로 매달렸다. 누구에겐가 매달려야만 살 것 같았다. 그때 하나님께서 나에게 오셨다. 아니 그전부터 계셨었는데 내가 죄 속에 있었기에 그것을 몰랐을 뿐이었다. 하나님은 어리석은 나를 끝까지 기다리고 계셨던 것이다. 기다리시는 우리 하나님은 나를 만나주셨다. 나에게 기회를 주셨다. 그리고 가슴 깊은 곳에서부터 인간의 말이 아닌 그분만의 언어로 분명히 말씀하셨다.

'네가 죄 사함을 받았느니라!'

그 음성을 들은 나는 두렵고 떨렸다. 가슴이 뜨거워졌다. 그 음성은 네가 약을 끊었다가 아니라 '죄 사함을 받았다'는 말씀이었다. 그 말씀 속에서 나는 확신을 갖기 시작했다. 뿐만 아니라 하나님께서는 그 시간 나에게 천국과 지옥이라는 곳을 보게 하시고, 가슴과 온몸이 태양 불에 타는 듯한 엄청나게 뜨거운 성령 체험을 허락하셨다. 그리고 사도행전 20장 24절 말씀도 주셨다.

"나의 달려갈 길과 주 예수께 받은 사명 곧 하나님의 은혜의 복음 증거하는 일을 마치려 함에는 나의 생명을 조금도 귀한 것으로 여기지 아니 하노라"

그날 나는 엄청난 눈물과 콧물을 흘리며 회개를 했고, 하나님의 아들로서 새롭게 태어났다. 더러운 거짓과 어둠의 자녀를 강권적으로 끌어내어 당신의 자녀로 삼으셨다. 나의 엄청난 과거의 죄악에도 불구하고 하나님께서는 당신 것으로 인 치셨던 것이다.

✽

그 사건이 있은 후, 나는 거의 6개월을 울고 다녔다. 하늘을 보면 하늘이 너무나 눈부시게 파랗고 아름다웠다. 나무를 보면 잎사귀 하나하나가 너무나 소중하게 느껴졌다. 개미를 봐도 하나님이 창조하신 엄청난 피조물이란 사실이 깨달아졌다. 사람을 보면 '하나님이 이 사람도 사랑하겠지' 하는 생각이 들었다. 세상은 너무나 아름다웠고, 하나님의 사랑이 온 천하를 뒤덮고 있음을 깨달았다. 감동에 겨워 나의 눈물이 도저히 멈추질 않았고, 걸음을 걸을 수가 없었다.

'이제 하나님을 위해서 죽어야 하는데, 어떻게 죽을까?'

내가 아는 것이라곤 마약, 갱, 범죄 같은 것밖에 없었다. 그때까지도 나는 하나님의 뜻을 알 수가 없었다. 나 같은 놈을 도대체 어니에 쓰시려는 것일까! 결국 하나님의 부르심으로 나는 신학교에

갔고, 졸업해서 목사가 되었다. 이제는 옛날의 나와 같이 죽을 수밖에 없는 사람들을 돕는 나눔선교회를 운영하게 되었다.

나에게 누군가가 조금만 더 빨리 하나님을 소개해 주었다면, 누군가 나와 동행해 주는 이가 있었다면 절대로 마지막인 죽음의 길을 택하진 않았을 것이다. 나와 같은 이들은 자살, 다른 갱들로부터의 피살, 교도소(Jail), 신체장애(Handicap), 정신 이상자가 되지 않는 한 마약과 갱에서 벗어나기가 매우 힘들다. 마약 중독은 각기 다른 이유에서 시작되었을지 몰라도 결과는 다섯 가지 중 하나로 끝이 나게 되어 있다. 나 또한 예외는 아니었으며, 그 결과로 자살을 선택했던 것이다.

그때 누군가가 내 곁에 함께 있었다면, 나의 인생이 그렇게까지 비극적으로 가지 않을 수도 있었음을 깨달은 나는 새로운 비전을 갖게 되었다. 인생의 가장 밑바닥에서 간절히 그리워했던 사랑과 관심을 약물 중독자들과 나누고, 그들에게 가장 필요한 함께 동행하는 사람이 되는 것이다. 그들이 세상으로부터 버림받아 가장 외롭고 힘들고 어려울 때, 그들의 곁에 있어 주는 것이다. 예수께서 나사로의 죽음에 마리아와 마르다와 함께 우셨던 것처럼, 사도 바울의 말씀대로 즐거워하는 자들과 함께 즐거워하고, 우는 자들과 함께 우는 그 일이 바로 동행하는 것이다. 하나님께서 이 귀한 기회를 다시 허락하셔서 지금쯤 짊어지고 있어야 할 그 뜨겁고 무시무시한 지옥의 어느 한 구석에서 나를 건져내셨다. 그리고 죽을 수밖에 없는 나를 당신의 영광된 일에 사용하고 계신다. 나에게 사랑과 행복이 가득한 삶을 다시 허락해 주신 하나님께 진심으로 감사드린다. 그래서 나는 오늘도 그들과 함께 웃고, 울고 있다.

사랑 가득한 영혼의 쉼터-나눔선교회

대부분의 보통 사람들은 우리를 가리켜 무시무시한 '깡패 선교회'라 부르거나, '목사도 무식하고, 성도들도 무식하고, 쓸 데 없는 이들을 돕는 밑 빠진 독에 물을 붓고 있는 사람들'이라고 손가락질하기도 한다.

'차라리 불쌍한 장애인을 돕는다면 모를까? 자기들이 좋아서 한 것을 왜 도와줘? 쓸데없이."

물론 옳으신 말씀이다. 그러나 신체적인 장애인만 불쌍한가? 겉은 멀쩡하지만 영적으로 장애인인 것이 더욱 불쌍한 것임을 왜 생각하지 않는단 말인가! 그뿐인가? 수준이 있다 하는 이들은 이렇게 말한다.

"그곳에 가니까, 굉장히 겁나더라. 여기저기 문신하고, 머리 빡빡 깎은 덩치 큰 아이들이 왔다 갔다 하는 게 여간 살벌한 곳이 아니야."

약간 수준비닐인 이들은 이렇게 말한다.

"마약쟁이, 술주정뱅이, 도박꾼, 사기꾼, 깡패새끼, 인간 잡종들은 다 모여 있는 곳이야."

정말 그럴까? 이곳에 모여 생활을 하는 청소년들은 종종 이렇게 억울함을 호소한다.

"목사님, 우리는 정말 억울해요. 나는 단지 마약(각종 범죄)하는 것을 걸렸을 뿐이고, 함께 했던 제 친구들은 안 걸렸다는 이유로 나와는 틀린 착한 아이라는 소리를 들어요. 그뿐인가요? 재수 없어 걸린 저는 질이 나쁜 아이라고 친구 부모들이 저랑 놀지 말래요. 불공평해요. 오히려 그 친구들에게 약도 배우고, 도둑질도 배웠는데, 그 친구들은 시치미 떼고 착한 척하고 학교에 잘 다니니까 문제가 없다고 해요. 더욱 밥맛 없는 것은 그 부모들이 자기 자식은 특별한 것처럼 입에 침을 튀겨가며 칭찬하는데, 그 친구들이 얼마나 무서운지 몰라서 그래요. 어떻게 아닌 척 거짓말 잘하는 아이들은 칭찬 받고, 우리처럼 거짓말을 잘 못 하고, 숨기는 것도 잘 못 해서 걸리면 죄인 취급받나요?"

그렇다. 이들이 말하는 것은 억지소리요, 자기 합리화로 들릴 수도 있다. 그러나 사실이다. 선교회에 와 있는 이들의 대부분이 혼자 약을 하고, 혼자 도둑질을 하고, 혼자 나쁜 일을 한 경우보다는 친구와 함께, 다른 이들과 어울려서 타락된 행동이나 나쁜 일들을 하다가 부모에게 걸렸거나, 법적으로 문제가 되었을 때 입소하게 된다. 그러므로 그들은 '왜? 하필이면 나만 걸렸을까!' 하며 재수 없다는 생각을 한다.

그렇다면 선교회 형제들과 함께 문제를 일으켰던 이들은 어디에 있는가? 단지 남의 눈에 띄지 않고 부모에게 발각되지 않아서 정상적인 이들로 가면을 쓰고 살아가고 있다. 비록 나쁜 짓과 부끄러운 일을 저지르고, 아직도 자신들의 잘못을 남의 탓으로 돌리고 싶어하며, 다른 이들까지 물고 늘어지는 이들이지만, 그래도 최소한 자신의 잘못을 솔직히 고백한 이들이 모여 있는 곳이 바로 나눔선교회이다. 이러한 고백을 한 이들이 자신의 죄를 시인하고, 회개하여 하나님을 만날 수 있도록 예배드리고 기도하고, 성경 말씀 공부를 하면서 어려운 인생의 고비들을 함께 이길 수 있도록 믿음과 소망을 주는 일이 바로 나눔선교회의 사역이다. 예수님은 의인을 위하여 온 것이 아니라 죄인을 위하여 오셨다.

✳

　나눔선교회는 13세부터 60세까지 70명의 형제자매가 함께 생활하는 기독교 재활원이다. 이들은 주로 마약, 갱, 폭력, 음주, 도박, 자살, 행동장애, 추방 위험 등 서로 다른 이유와 원인으로 이곳을 찾았다. 주로 청소년들이 대부분인데 도저히 부모가 감당할수 없어서 온 경우가 대부분이고, 극소수는 부모가 반강제적으로 선교회에 입소시킨 경우이다. 그리고 나머지는 범죄나 범법 행위로 인해 법정에서 본 선교회로 보내서 들어온 이들이다. 이늘의 부모나 식

■ 나눔선교회

구들은 행여 자신들의 자녀나 가족이 선교회에 와 있다는 사실을 숨기려고 전전긍긍하는 경우가 있다.

마약은 병이다. 심각한 불치병이다. 이 병을 숨기려고만 한다면 결코 치유가 될 수 없다. 병은 알려서 좋은 의사를 찾고 치료를 받아야 고칠 수 있다. 설령 그 병이 완치가 되지 않는다 하더라도 병이 걸린 이들을 그대로 방치해 둘 수는 없는 것이 아닌가? 그러한 차원에서 약물과 나쁜 습관을 바라보는 관점이 필요하다. 무조건 배타적이 되어 나와는 전혀 상관없는 일로 치부할 것이 아니다. 마약은 현대의 가장 무섭고, 무서운 병이라는 사실을 인식하고, 그 바라보는 관점 자체를 수정해야 할 필요성이 있다. 약물과 기타 중독성이 있는 나쁜 습관들을 새롭게 생겨난 신종 질병으로 구분한다면 훨씬 많은 이들이 치료를 받고, 도움을 받을 수 있는 기회를 가질 수 있음을 기억해야 할 것이다.

일단 선교회에 들어오면 어떠한 이유를 불문하고 입소한 지 6개월 이상을 선교회에서 무조건 살아야 한다. 물론 도망가는 일도 있고, 중도에 포기하는 이들도 간간이 있다. 그러나 대부분의 이들은 1년에서 2년 이상 사는 경우가 허다하다. 본인이 원해서인 경우도 있고, 어쩔 수 없어서 그런 경우도 있다.

한 가지 분명한 것은 선교회에서 생활을 오래 할수록 성품이 바뀌고, 생각이 바뀌며, 가치 기준이 참으로 많이 바뀐다. 하나님을 모르던 이들이 하나님을 만나고, 그 안에서 새로운 기쁨을 얻으며, 가장 편안한 안식을 얻음으로써 그 속에서 만족을 얻는 이들도 있다. 믿음이 성숙해지기 때문이기도 하지만, 무엇보다도 공동체 생활을 통해 남을 이해하고, 배려하는 것을 배우게 된다. 특히 메말라 있는 사랑의 실체를 한솥밥을 먹으며, 한 이불을 덮고 자면서 느끼게 된다. 또한 몇십 명의 각기 다른 사람들끼리 부딪히고 살면서 인내심이 생기고, 인간의 냄새를 맡을 수 있는 사람으로 변해 간다. 처음에는 상처투성이로 아름다운 것을 보고 아름답다고 느끼지 못했고, 나쁜 것을 보고 왜 나쁜지를 인식하지 못했던 형제들이 상한 감정의 치유를 받으면서 세상을 바라보는 눈이 따뜻해져 간다. 정말 놀라운 기적이 아닐 수 없다. 벙어리가 말을 하고, 눈먼 이가 눈을 뜨는 것만이 기적이 아니다. 완전히 사탄의 올무에 사로잡혀 있던 이들이 하나님을 만나고, 자신의 과거에 대해 눈물을 흘리며 가슴을 치고 회개한다는 사실이 놀랍기만 한 기적의 역사이다.

나눔선교회의 하루 일과를 살펴보면, 새벽에 일어나 하이킹으로부터 시작해서 그룹 QT(Quiet Time: 조용히 묵상하는 시간), 성경 쓰기, 성경 공부, 예배, 기도회 등으로 이어지면서 오직 말씀 중심으로 이루어진다. 그러나 그 이외의 시간들은 자신들의 과거 속의 모습들이 속속들이 드러날 수밖에 없다. 하루아침에 모두들 성자가 될 수 없기 때문에

■ 기도하는 아이들

시궁창의 물처럼 시커먼 우리들의 속내가 수면 위로 떠다닌다. 옳지 못한 행동을 하고, 수치스러운 말들을 내뱉어 서로가 상처를 주곤 한다. 그럴 수밖에 없다. 24시간 함께 먹고 자며, 좁은 공간에서 얼굴을 맞대고 있기 때문에 좋은 모습만 보이는 것은 거의 불가능하다. 목사인 나도 아침에 일어나자마자 잠옷 바람에 슬리퍼를 신고, 화장실에 간다. 사실 그러한 내 모습을 보면서 누가 나를 그리도 존경할 것이며, 어렵게 생각하겠는가? 그러나 그러한 모든 것을 다 내놓는 선교회이기 때문에 하나님께서 기뻐하실 것이라 확신한다. 우리들의 연약함을 있는 그대로를 드러내 놓고, 하나님 앞에 드리기를 원하기 때문이다.

✳

그래서 솔직하게 나눔선교회에서 일어났던 사건들을 소개하고자 한다. 숨기고 싶은 사건도 있고, 선교회를 조금 더 미화시키고 싶은 일들도 있지만, 그렇게 하지 않기로 했다. 비록 선교회의 별의별 사건을 통해 선교회의 이미지가 약간의 손상을 입더라도, 하나님 앞에서 솔직하고 싶다. 마약 중독자인 나를 목사로 만드신 하나님이시다. 하나님 앞에서 무엇이 부끄럽겠는가? 아무리 폼 잡고, 점잖은 척해도 그 똥 폼

■ 세례식

이 얼마나 가겠는가? 남들은 깜빡 속을지 몰라도 나의 뱃속까지 모두 읽으시는 그분에게 얼마나 내가 꼴불견이겠는가? 그저 내 모습을 그대로 받아 주신 하나님이시기에 설령 다른 이들이 무식하고, 은혜스럽지 못하다고 욕한다 해도 우리의 모습을 있는 그대로 전하고 싶다. 혹시 하나님의 은혜로 용기와 격려를 주고픈 이들이 있다면 기도를 부탁드린다.

'어떻게 선교회에서 저런 일이 일어날 수 있을까?'

본문 중에는 이처럼 차마 입에 담지 못할 사건도 있다. 이런 희한한 사건들까지 너그럽게 이해하고 읽어 주기 바란다.

선교회에서는 이제 어떠한 사건도 엄청난 일이 아닌 것이 되었다. 세상을 아주 오래 사신 어르신들의 경험처럼 인생살이에 도가 튼 것 같다.

'이래도, 아무것도 아니요. 저래도 아무것도 아닌 그럴 수 있는 일이지.'

죄에 대하여 둔해졌기 때문일까? 그것은 죄에 둔해진 것이 아니라 사람들 뒤에 숨어 계신 우리 하나님을 보기 때문이다.

✴

어쩌다 한 번씩 실의에 빠졌을 때 자문해 본다.

'과연 내가 하고 있는 이 사역이 하나님이 기뻐하시는 일일까? 애를 쓴 만큼 뭔가 열매가 확확 보여야 할 것이 아닌가?'

그러면 마음 저편에서 아주 조그마한 목소리로 속삭이곤 한다.

'아니야. 네가 하는 일은 밑 빠진 독에 물 붓기야. 네가 열심히 안 나고 몇 명이나 변화 받고 들어오는데? 쓸데없이 시긴 낭비히

지 말고, 너나 잘 먹고 잘 살아. 왜 남의 일에 참견이야. 잘하면 본전이요, 조금 못 하면 욕이나 실컷 먹는데 왜 이렇게 사서 고생이야? 누가 알아나 준대? 차라리 돈을 벌어. 그 돈으로 얼마든지 좋은 일을 많이 할 수 있잖아. 얼른 훌훌 털고 몸 고생, 마음 고생을 털어 버리라구.'

'과연 그럴까! 차라리 그게 낳겠지!'

나는 순간적으로 포기하고 싶은 마음이 가슴 밑바닥부터 치밀어오를 때가 있다. 그러나 하나님은 나를 그냥 두지 않으신다. 아주 큰 목소리로 꾸짖으신다. 뿌리는 것은 사람이 할지라도 그 열매를 거두시는 이는 하나님이시다.

'네가 뿌려야 할 씨앗들을 주었건만 왜 너는 나의 일에 순종치 않느냐? 네가 언제는 나를 위해 죽겠다고 했으면서 왜 지금은 다른 곳을 바라보느냐?'

하나님의 세미한 음성이 나의 가슴팍을 예리하게 한 번씩 흔들곤 한다.

'그럼 저보고 어떻게 하라고 하는 것입니까?'

나는 다시 엎드러져 하나님 앞에서 뗑깡을 놓고 소리쳐 기도할 때가 한두 번이 아니다. 이럴 때 사람들을 만나면 그들은 칭찬과 위로라고 생각하면서 말한다.

"대단한 일을 하시는군요. 참 어려움이 많으시겠습니다. 다 하나님 나라를 위한 일이지요. 그분께서 매우 기뻐하실 것입니다. 이 사역은 역시 한 목사님의 사역입니다."

난 이런 말을 들으면 매번은 그렇지 않지만, 괜히 심통이 나거나 울화통이 터지기도 한다. 사실 하나님을 위한 것이라고 말하지만 진실을 말하자면, 이 사역을 안 하면 내가 죽으니까, 이 사역이 아니면 난 다시 그 어둠의 세계, 악의 세계로 돌아갈지도 모르니까 하는 바로 나를 위한 사역이기 때문이다.

종종 마약을 끊었다는 이들의 간증을 접한다. 그러나 마약은 끊는 것이 아니라 안 하는 것이라고 말하고 싶다. 술도 끊은 것이 아니라 안 하는 것이다. 담배도 끊은 것이 아니라 안 하는 것이다. 오늘은 안 했지만, 내일은 할 수도 있다. 단지 스스로 안 할 뿐이다. 그것은 바로 하나님을 만났기 때문에 하나님이 마약보다 좋아서 안 할 수 있는 것이다. 나는 아직도 마약이 주는 쾌락이 얼마나 환상적인가를 기억하고 있다. 이 기억은 아마도 죽을 때까지 지워지지 않을지도 모른다. 그러므로 나와 하나님과의 관계가 단절된다면, 다시 또 그 쾌락을 잡고자 쫓아다닐 수도 있다. 마약은 인간의 의지로써 그만 할 수 있는 것이 아니기 때문에 두렵고 겁이 난다. 그래서 하나님을 떠나서는 단 하루도 살 수 없으며, 다른 이는 몰라도 나에게 있어서 하나님을 떠나지 않을 수 있는 길은 이길 뿐임을 알기 때문에 이러지도, 저러지도 못한다고 말하고 싶다. 그러나 입 벌려 말하지 못하는 답답한 내 가슴이 부끄러울 따름이다. 겉으로는 꽤나 그럴 듯한 포장을 하고 속으로는 또 다른 이중적인 나의 모습이 한심할 때가 가끔 있다.

물론 나는 선교회 사역을 자랑스럽게 생각하며 하나님께서 주신 사명으로 알고 최선을 다하여 사역하고 있다. 사역의 회의를 느끼기보다는 더 많은 행복함을 맛보고 있다.

✻

앞서 말한 내 심정을 읽고서 어떤 이들은 '시험에 듭니다.'라고
말할지도 모른다. 내가 매우 적나라하게 이 글을 쓰고 있기 때문
이다. 그러나 나는 목사이기 전에 한 인간이요, 또 너무나 많은 죄
악을 행해 왔던 죄인이다. 어느 날 예수님을 나의 주인으로 모셨
다고 하여 근엄해지거나, 모든 것을 기쁨과 즐거움으로 받을 만큼
대단한 이가 아직은 되지 못했다. 나의 밑바닥에 있는 인간의 더
러운 그곳까지 모든 것을 드러내 놓고 말하는 것이 오히려 나에게
어울린다고 생각한다. 그래서 전혀 창피하거나 부끄럽지가 않다.
나도 다른 이들처럼 좋은 말과 아주 고급스러운 말로 포장하여 읽
는 이들에게 거짓 감동을 줄 수도 있을 것이다.

"저 사람은 진정한 사역자야."

"야, 정말이지 기가 막혀, 헌신된 저 삶, 말씀 한 마디 한 마디
가 은혜구나, 은혜야."

이런 말을 듣고 싶지도 않다. 있는 그대로 나의 속을 뒤집고 털
어놓고자 한다. 화를 참지 못한 적도 있었고, 이 사역에 회의를 느
끼고 돌아서고 싶었던 적도 있었다. 너무나 기진맥진하여 지쳐 있
었던 적도 있었고, 무지무지 슬펐던 적도 있었다.

'우리 하나님이 정말 기뻐하시는구나!'

이런 기쁨과 확신을 뼛속까지 체험한 적도 있었고, 인간적인 감
동을 뜨겁게 느낀 적도 있었다. 그러므로 담담하게 우리들의 언어
로 이야기하고 싶다. 난 가식적인 것이 싫다. 우리 하나님은 나의
이 모습을 그대로 사랑하신다. 나의 감정과 생각까지도 사랑하셔
서 내가 보챌 때면 다독거리시고, 슬퍼하면 위로하시며, 화를 내
면 너그럽게 품으시는 그런 분이시기 때문이다.

선교회는 머리를 빡빡 깎은 녀석들과 여기저기 문신을 하고 폼을 잡는 형제들 때문에 조폭들의 아지트처럼 보이기도 한다. 한술 더 떠서 피어싱을 젖꼭지에까지 하고 있는 녀석들을 볼라치면 가끔씩 웬만한 일에 눈 하나 꿈쩍하지 않는 나도 끔찍하게 느껴질 때가 있기도 하다.

■ 문신한 모습들

이런 녀석들이 처음에 들어올 때는 더욱 험상궂게 보인다. 쭉 찢겨 올라간 눈(약물을 많이 복용하는 이들은 눈 끝이 약간 올라가고, 눈 밑에 검은 그림자가 있으며, 눈빛에 살기가 돈다. 또한 검은색 동공 안에 까만 점이 매우 커지고, 빛이 튄다. 마치 야생동물의 눈빛과 흡사하다. 그래서 섬뜩함을 느끼게 한다.)으로 날카롭게 쳐다보고 뒷목에 완전히 힘을 주고 행여 텃세 놓는 이들이 없는가 두리번거리면서 목사인 내 앞에서까지 무게를 잡는다. 가끔 총을 차고 들어오는 사람도 있다. 예배 시간에 마당에서 소리를 지르기도 하고, 벌떡 일어나 나가버리기도 하며, 욕을 퍼붓고 대드는 것은 아주 흔히 일어난다.

그런 녀석들이 어느 순간부터인가 선교회에서 일하는 이들에게

뿐 아니라 부모, 방문객들에게까지 공손히 인사하기 시작한다. 예배 시간이면 '할렐루야!'를 외치며 눈물로 찬양과 기도하는 모습을 보면 그야말로 저절로 "하나님! 감사합니다."는 말이 나오지 않을 수 없다.

'정말 이 사역을 하길 잘했어!'

나 스스로 기쁨 속에서 이런 확신을 느낄 때도 많다. 왜 이랬다 저랬다 하는지 궁금한가? 사람이기 때문이다. 화가 나고, 속상하면 그만 두고 싶다가도, 가끔씩 보람과 감동을 느끼면 그 모든 고통을 잊고 사역을 감당할 수 있는 것이다. 하나님은 이러한 모든 것을 아시기에 사역이 힘들지 않도록 감동의 원자폭탄을 선물로 간간이 내려주시곤 한다.

쓰·러·진·청·소·년·들·의·삶·에·다·가·가·는·사·랑·의·치·유·와·희·망·에·피·소·드

2장 황무지에서 아름답게 피어나는 야생화들

Gangster of God

- 원치 않았던 굶식
- 뜨거운 깡통 밴 속의 아이들
- 라미라다 갱 호태
- 스트리트 파이터
- 돼지갈비 2대
- 99마리의 양을 품은 대부 예수님
- 문신을 하는 깊은 뜻은

- 우린 그런 거 안 해
- 한낮의 총격전
- 갱들이 "깽, 깽, 깽"
- 끝까지 너를 포기하지 않을 거야
- 괴픽한 빅 집사는 질투의 화신
- 13세 포르노 감독

원치 않았던 굶식

우리 선교회는 미국 캘리포니아 주 로스앤젤레스(Los Angeles)에 있다. 한국 교포가 100만 명이나 밀집해 있는 한인 타운의 끝자락에 여러 인종이 잡다하게 섞여 있는 어중간한 위치에 자리 잡고 있다. 선교회 근처는 어수선하고, 여기저기 버려진 쓰레기들로 지저분하기 짝이 없다. 바로 선교회 문 밖에는 창녀들이 지나가는 이들을 유혹하고 있고, 거리의 부랑자들은 오가는 이들을 험악하게 쳐다보며 잔돈을 요구하기도 한다. 몇몇 집 없는 이들은 공중전화 박스 옆에서 길게 누워 잠을 청하고 있을 때도 있고, 마약 거래하는 멕시칸들이 하나둘씩 길가의 골목마다 둘러서서 경찰의 눈치를 보면서 손님을 찾곤 한다. 이러한 모습들은 전혀 미국의 풍요와는 거리가 멀게 보이지만, 오히려 숨겨진 미국의 한 단면이 아닌가 싶다.

선교회에서 몇 블록 떨어지지 않은 가까운 곳에는 유명한 맥아더공원(Mac Arthur Park)이 있다. 이곳은 수년 전만 해도 정말로 아름다운 곳이었다. 높게 품어내는 시원한 분수와 그 물살 아래로 오리 배를 타고 한참이나 다닐 수 있는 커다랗고 파란 호수도 있다. 눈부신 하늘을 조각조각 볼 수 있도록 여기저기에 서 있는 팜 나무(Palm Tree; 나는 처음 미국에 왔을 때 팜 나무에서 바나나와 파인애플이 열리는 줄 알았다.)도 많다. 공원은 온통 초록으로 덮여서 정결하게 끝도 없이 깔려 있는 잔디는 그야말로 '여기가 미국이구나.' 하는 것을 실감할 수 있는 곳이었다. 그렇게 아름다운 이 공원이 언제부터인가 마약중독자들이 노숙하는 곳으로 바뀌었고, 하루가 멀다 하고 갱들 간에 세력 다툼을 하는 전쟁터가 되어 버렸다. 이 아름다웠던 맥아더공원이 이제는 헬리콥터 소리, 총소리가 자주 들리고 왕왕거리며 싸우는 소리로 뒤죽박죽이 되어 어둡고, 칙칙한 색깔로 바뀌고 있다.

　나눔선교회에서는 형제자매들에게 자연과의 친화력을 길러 주기 위해 종종 밖으로 캠프를 나간다. 자연을 통해 하나님께서 창조하신 귀한 역사를 체험하게 할 뿐만 아니라 24시간 갇혀 있는 그들의 답답한 마음을 풀어 주기 위한 이유도 함께 있기 때문이다. 그러나 더 디욱 중요한 것은 텔

■ 해마다 열리는 약물 예방 캠페인

레비전, 영화, 쇼핑, 컴퓨터 등 사회 문화의 전반적

인 모든 흐름이 지극히 팽배한 개인주의에 빠져 있고, 사람과 사람의 따뜻한 정보다는 기계와 더 친숙해져 가는 각박함이 싫어서 나눔선교회에서는 일 년에 네 번씩 계절마다 자연 속으로 꼭 캠프를 간다.

다행히 레익타호로 캠프를 떠나던 해는 약물 예방 캠페인의 시기와 맞물렸다. 그때 캠페인은 우리 형제 중에 한 아이가 자신의 직접 겪었던 이야기를 간증극 형식으로 꾸며 온 나눔의 식구들이 다 출연했고, 조명, 음악, 의상, 소품 등으로 모두가 함께 참석하여 만든 연극으로 많은 사람들에게 은혜를 끼쳤다. 더욱이 이 연극을 연출하고, 각본까지 써 주신 분이 이효영 장로이시다. 이효영 장로께서는 오래 전 한국에서 연출(PD)을 했던 분이다. 그의 대표작으로는 조남사 작 "정", 김수현 작 "당신", "청춘의 덫" 등이 있다. "신부의 일기"로는 대통령상까지 받은 분이다. 이런 굉장한 분께서 거칠고, 볼품없는

■ 드라마, 연극 공연 중

형제들을 사랑으로 품으면서 일일이 연극의 동작 하나하나까지 정성을 다해 가르쳐 주셨다. 피곤한 가운데서도 몇 달 동안이나 거의 매일 나와서 우리를 지도하셨다. 이렇게 신실한 분을 모시고 연극을 하게 되어서 그런지 이곳저곳에서 초대하는 곳이 있었고,

LA를 시작으로 샌프란시스코, 더 멀리 새크라멘토에서도 연극을 공연하기로 일정이 잡혔다.

나눔선교회의 식구 모두는 깡통 밴 2대, 큰 밴 3대로 나누어 탔다. 그래도 차가 부족해서 승용차 2대까지 동원해야 했다. LA에서부터 장장 7시간 이상이나 차를 타고 그곳까지 갈 수 있는 꺼리(?)가 되었던 것이다. 우리는 신나게 노래를 부르며 출발했다. 우리가 가는 곳마다 연극을 관람한 모든 분들이 적잖은 감동을 받았기 때문에 나눔선교회의 형제자매들은 기세가 등등했다.

새크라멘토에서 캠페인 연극 공연을 마치자 늦은 밤 10시가 되었다. 그러나 우리는 그 늦은 시간임에도 불구하고 레익타호로 출발했다. 그 많은 숫자가 잠을 잘 수 있는 곳이 없었기 때문이었다. 새크라멘토에서 레익타호까지는 보통 2시간 정도가 소요된다. 그러나 너무나 늦은 시간이었고, 초행길이었기 때문에 더 많은 시간이 소요될 것이라 짐작이 갔지만 다른 방법이 없었다. 서둘러 연극 장비들을 챙겨 차마다 짐을 구겨 넣다시피 억지로 실었다. 마음이 급했다. 거기다 밖에는 부슬비까지 내리고 있어서 제법 날씨가 싸늘했다. 마음 같아선 뜨끈뜨끈한 아랫목을 차지하고 누워서 늘어져라 잠을 푹 잤으면 하는 생각뿐이었다. 그러나 새끼들이 많으니 내색도 할 수 없었다. 차는 줄줄이 서서 느릿느릿 기어오르듯 가고 있었다. 밖이 너무나 어두워서 하나도 보이지 않았고 한 번도 쉬지 않았다. 그래도 그렇게도 굉장하다는 높은 산 위에 바다같이 넓은 레익타호를 본다는 설렘 때문인지 형제자매들이 용케 아무도 군소리를 하지 않았다.

한참을 간 것 같았다. 꼬불거리는 길을 열 번도 더 넘은 것 같은

데 도무지 화장실도 보내 줄 생각을 하지 않는 것이었다. 참다못해 어느 한 아이가 쌀 것 같다며 차를 세웠다. 일곱 대의 차량의 행렬이 모두 섰다.

"화장실 가고 싶은 사람?"

말이 끝나기가 무섭게 줄지어 차 밖으로 나가더니 세워진 차량 뒤쪽으로 수십 명이 나란히 서서 작은 폭포 수십 개를 만들어 냈다. 어느새 비가 그쳤는지, 유난히 큰 별들이 수없이 쏟아져 내렸다. 우리 아이들 쉬하는 소리도 수없이 쏟아져 내렸다. 그날 밤은 정말 낭만적이었다. 여자들은 어떻게 해결했는지 나는 기억도 나지 않는다.

얼마를 더 갔을까. 나는 차만 타면 코를 고는 습관이 있어서 잘 모르겠지만, '다 왔다'는 환호성을 지르는 아이들의 치대는 소리에 깨서 차 밖으로 나왔다. 이미 정해 놓은 캠프장 자리에 텐트를 치고, 한쪽에서는 배가 고프니 밥을 해야 한다며 난리법석들을 떨고 있었다. 남자아이들이 많은 덕분에 순식간에 텐트는 쳐졌고, 누가 했는지는 뜨끈뜨끈한 밥이 만들어졌다. 새벽 2시! 밥을 그야말로 코로 들어가는지, 귀로 들어가는지 모르게 정신없이 먹고는 아이들이 무엇을 하는지 지킬 여력도 없이 그냥 깊은 잠에 빠져들었다. 첫날은 피로 때문에 아무 일 없이 넘어간 것 같다. 아침의 햇살은 LA의 햇살과 전혀 틀렸다. 햇살도 무공해의 싱그러움이 느껴졌고, 스쳐 지나는 바람도 상쾌하기가 그지없었다. 그때가 한여름으로 기억되는데 레익타호의 물은 막 두꺼운 얼음을 깨고 흐르는 물처럼 손이 아플 정도로 차가웠다. 나는 호숫가 바로 앞쪽으로부터 곱게 깔려 있는 자갈이 맑고 투명하여 하나도 깊이를 측정할 수 없었다.

✻

　'이까짓 정도 차가운 것쯤이야!'
　잘난체하듯 첨벙첨벙 들어갔다가 보기와는 달리 몹시 깊어 죽
는 줄 알았다. 하나님의 사랑도 그 깊이를 측량할 길이 없다.
　여기저기 있는 이상한
부리를 가진 온갖 새들도
우리들이 문제아인 것을
아는지, 신기한 듯 우리
를 쳐다보고 있었다. 높
디높은 이 산 속에 바다
같이 넓은 호수, 그리
고 별별 모양으로 생긴
새들, 내 작은 지식과
머리로는 도무지 상상

■ 레익타호 캠프

하기 힘든 작품을 하나님께서는 이리도
특이하게 만들어 놓으셨다. 특히 에메랄드 호수에 올라가서는 그
누구도 탄성을 지르지 않을 수 없었다. 그야말로 그림 같은 그 아
름다움에 탄성이 저절로 나왔다.
　"하나님이 지으신 세계는 너무나 놀랍고 아름답다!"
　선교회에서 하루 온종일 말썽을 부리던 녀석이나, 궁시렁대며
사사건건 불평만 하던 녀석이나 할 것 없이 감탄과 감탄의 연속이
었다. 대강 주변을 둘러보고 우리는 맛있는 햄버거를 구워먹었다.

조개탄에 구운 햄버거 고기는 한 마디로 죽였다. 빵에 마요네즈를 바르고, 양파를 얇게 썰어 넣었으며, 그 안에 양상추와 토마토, 그리고 베이컨까지 넣어 먹었으니 부러울 것이 없었다.

든든하게 배를 채우자 아이들은 뭘 하고 놀아야 할지 궁리를 시작했다. 늦은 오후에 몇몇 아이들이 낚시를 가겠다고 졸라서 나름대로 믿을 만한 녀석으로 대장을 시켜 말썽꾸러기 아이들과 함께 딸려 보냈다. 밤이 깊어 오자, 우리들은 함께 모여 찬양도 드리고, 예배도 드렸다. 자야 할 시간이 됐는데 녀석들이 도무지 잘 생각을 하지 않았다. 한여름이라 해도 이곳은 산이어서 점점 추워지고 계속해서 모닥불을 피워도 더 이상 따뜻해지지도 않는다. 그런데 왜 이 녀석들이 잘 생각을 하지 않나! 이 녀석들이 쑥덕쑥덕 작당을 하는 것 같아 아무래도 찜찜한 구석이 있어 눈을 부릅뜨고 지키고 있었다. 아이들이 목사님들의 번뜩이는 눈빛에 어쩔 수가 없다고 느꼈는지 거의가 자기 팀 텐트 속으로 들어가 잠을 청하는 듯싶었다.

특히 나와 함께 사역하시는 김영일 목사께서는 자나 깨나 불철주야 아이들을 일거수일투족을 하나도 빠짐없이 체크하시는 분이다. 그분도 아이들의 행동들을 보아하니 모두들 자는 것 같아, 별다른 의심 없이 텐트로 들어가셨다. 이내 김 목사의 작게 코고는 소리가 간간히 들렸다.

그런데 문제는 그 다음에 일어났다. 이튿날 아침에 일어나 보니 레익타호가 완전히 얼어붙은 듯 온통 냉기 어린 분위기였다. 아침도 거른 채 QT가 끝나면서 짐을 챙기라는 김 목사의 명령이 떨어졌다. 어젯밤 김 목사와 내가 잠든 틈을 타서 몇몇 녀석들이 야간

파티를 감행한 것이었다. 김 목사는 아무래도 이상했는지 한 시간쯤 자다 말고 일어나 아이들이 자고 있는 텐트를 급습했다. 전등을 들고 각 텐트를 확인하여 다리가 몇 개며, 행여 여자 다리가 섞여 있지는 않는지 일일이 체크하다가 결국 한 텐트가 모조리 비어 있는 사실을 발견했다.

'이놈들이 어디를 갔지?'

김 목사는 없어진 아이들을 찾아 그 늦은 시간 온갖 군데를 헤매고 다녔고, 결국 호숫가에서 두런두런 이야기하는 아이들의 목소리를 포착했다. 전등을 비추자 아이들은 일제히 일어나서 튀었다. 놀란 김 목사는 소리치며 쫓아갔다.

"거기 서! 거기 서! 움직이지 마."

혼비백산한 아이들은 제각기 여러 갈래로 튀었다. 그런데 그 중 멍청한 한 녀석이 술기운에 비몽사몽간 아득히 들리는 김 목사의 목소리가 '김 목사 신드롬'인 노이로제에 걸려서 들리는 환청인 줄 알고 별다른 두려움 없이 소변을 보다가 김 목사에게 붙잡히고 말았다. 그놈으로 인해 상황의 전모는 완전히 드러났다.

"어젯밤에 술 먹은 놈들 다 나와!"

화가 날대로 난 김 목사의 호령에 따라 녀석들은 풀죽은 모습으로 앞으로 나와서 고개를 90도로 푹 숙였다. 그들의 얼굴은 하나같이 고개를 갸우뚱했다.

'정말 이상하다. 김 목사님이 주무시는 것을 확인했는데⋯. 코까지 골고 주무시는 것을 분명히 들었는데⋯. 진짜 무섭다.'

김 목사는 화가 머리끝까지 났다. 술 먹은 것은 둘째고, 왜 도망했는가가 더 큰 이유였다.

"움직이지 마!"

아이들은 이 소리를 듣고 경찰인 줄 알았단다. 경찰이라면 자다 가도 벌떡 일어나 치를 떠는 녀석들이니 그럴 수밖에 없었을 것이다. 그 벌로 우리 모두 아침을 굶고 대신 QT를 하고 텐트를 걷어 남은 캠프 일정을 포기하고 다시 LA로 돌아와야만 했다. 그 몇 놈들 때문에 우린 점심도 굶었다. 정말 배가 고팠다. 그런데 아이들은 못 먹게 하면서 어떻게 나만 먹겠나? 원치 않은 굶식으로 우리 모두 LA로 내려오는 동안 내내 허기가 져서 아무 말도 못 하고 조용히 잠만 자면서 왔다. 그 중 몇몇 얄밉게 배신 때린 녀석들은 김 목사 몰래 숨겨 놓은 비상 스낵을 꺼내 먹었다고 한다.

'나쁜 놈들. 의리 없는 놈들.'

김 목사는 다시는 캠프를 가지 않겠다고 결심을 한 것 같았다. 술 먹으려면 왜 캠프를 가냐는 것이었다. 그래서 한동안 나눔선교회는 캠프를 갈 수 없게 되었고, 우리는 삭막한 맥아더공원만 가끔씩 바라보아야 했다. 술 때문에 밥도 굶고 말이다. 그러나 아이들은 "너 밥 먹을래? 술 먹을래?"라고 물어보면 술이 좋단다. 술이 완전히 체질화가 된 아이들의 상태를 어떻게 바꿔야 할까? 너무나 술 문화에 익숙해진 우리들은 그 아름다운 자연에서도 자연 그 자체를 즐기지 못하고, 왜 꼭 술을 안주 삼아야 하는지 모르겠다.

우린 그런 거 안 해

나눔선교회를 시작하고 한 3년 정도 지났었나 보다. 세코야 국립공원으로 나눔 식구 모두가 3박 4일 일정으로 캠프를 하기로 하고는 들뜬 마음으로 몇 날 며칠을 손꼽아 기다렸다. 그때는 별로 식구가 많지 않아 한 30여 명 정도가 가벼운 마음으로 가기로 했다. 마켓에 가서 큰마음을 먹고, 고기, 꽁꽁 얼린 햄버거, 빵, 김치, 멸치조림, 오뎅볶음, 김 등 호화 찬란하게 음식을 준비했다. 뿌듯한 마음으로 이제 떠나는 시간을 기다리고 또 기다렸다. 식구들에게는 나눔선교회를 떠난다는 것 하나만도 기쁨이요. 즐거움이었다.

"어? 그러면 캠프 취소한다."

식구들의 조그만 실수가 있어도 이 말 한마디면 꼼짝을 못 한다. 캠프에 가기 얼마 전까진 그야말로 손가락 하나로 식구들을 움직일 수 있었다.

'매일매일 이런 날만 같아라.'

그러나 캠프의 날짜는 어김없이 다가오고, 드디어 캠프를 떠나는 날이 오고야 말았다. 우리는 15인승 밴 한 대에, 깡통 밴 2대, 그리고 김 목사의 미니 밴에 짐짝같이 여기저기 비좁게 올라탔다. 그래도 신이 나서 콧노래도 부르고, 차창 밖으로 '바이바이' 손도 흔들어대며 즐겁게 순조롭게 출발했다. 그러나 세코야 공원까지는 거의 4-5시간 정도를 운전해야 했고, 곧이어 하품이 터져 나왔다. 지겨운 것은 둘째고 사람이 너무나 빽빽이 타서 숨도 제대로 쉬지도 못하고 흐르는 땀만 계속 닦아내야 했다. 간간이 휴식을 위하여 내렸던 휴게소도 나눔선교회의 식구들에겐 아무런 위로도 되지 못했다. 돈이 없었기 때문이다. 시원한 음료수를 한 잔이라도 사먹을 수 있어야 휴게소의 의미가 있는 것이 아닌가? 화장실만 다녀와서 서로 얼굴만 멀뚱멀뚱 바라보며 남들이 시원한 음료수 먹는 것을 멍하니 보고 서 있는 것보다 차라리 차를 타고 가는 것이 훨씬 더 나은 듯싶었다. 모두들 그렇게 생각했는지 빨리빨리 출발하자고 난리였다. 배도 고프고, 피곤도 하고, 신나게 출발했을 때와는 달리 다들 지쳐있는 모습들이었다.

차는 달리고, 또 달렸다. 그러나 갑자기 김 목사의 밴이 점점 속도가 줄기 시작했다. 차 앞쪽에서는 뿌연 연기도 나고, 덜컹거리며 차가 맥을 못 추는 것이었다. 앞서 가던 차들도 모두 세우고 얼른 내려서 김 목사의 밴을 살펴보니 심각한 것 같았다. 마침 캠프를 떠나기 전에 자동차 정비사 한 명이 선교회에 입소했는데 이 친구 이야기로는 고장이 심해 자동차 딜러에 가져다주어야 한다고 했다. 그렇지 않으면 차가 완전히 망가질지도 모른다는 것이다. 우리는 정말 난감했다. 안 그래도 배가 고픈데 언제까지 차를 고칠 줄 알고 30여 명이나 되는 대식구들을 데리고 기다린단 말인가! 우리는 함께 의논한 끝에 공원 근처까지 가서 딜러를 알아보고, 그곳에서 캠프장까지 사람을 두 번에 나누어 나르든가, 아니면 함께 끼여 타고 캠프장까지 무조건 가든가 하는 방법을 강구했다. 우리는 하나님의 도우심으로 무사히 공원 근처까지 갈 수가 있었다. 김 목사의 밴을 맡기고, 캠프장에 도착하니 벌써 저녁때가 다 되었다. 아직 점심도 제대로 못 먹었는데 어느새 저녁이었다. 다들 이제는 배가 고픈지도 모르고 짜증만 냈다. 계속 물만 들이켜 화장실만 수없이 간다고 하는데 미안하기도 했다.

그런데 문제가 또다시 일어났다. 잘 나가던 깡통 밴의 브레이크가 갑자기 말을 듣지 않는다는 것이다. 앞차를 거의 받을 뻔한 것을 운전하는 형제가 순발력을 발휘하여 기어를 파킹에 놓으면서 사고를 모면할 수 있었다. 그러나 그 다음부터는 도저히 운전을 할 수 없다는 것이다. 큰일이 아닐 수 없었다. 다시 정비사 형제가 차를 이리저리 살피더니 말했다.

"브레이크가 다 나갔어요. 지금 드럼까지 깎아먹어 바꾸지 않으면 이 차는 더 이상 못 갑니다. 아니 목사님! 캠프 오기 전에 차량 점검 안 했습니까?"

그때 내 대답이 가관이었다.

"그런 거 왜 해요? 우린 그런 거 안 해요."

"아니 장거리 여행을 오면서 차량 점검도 하지 않았습니까?"

'과연 내가 이렇게 준비성 없이 무계획적인 선교회에 의탁하고 있어도 되는 것인가?' 하는 의심의 눈초리로 나를 쳐다보았다.

나눔신교회는 계획이라는 것이 따로 없다. 그냥 하고 싶으면 하고, 하기 싫으면 하지 않는다. 남들이 우리를 보고 어떻게 그럴 수 있는지 의아해하기도 하지만, 우리는 계획을 세워서 그 계획에 맞추어 어떻게든 그 목적을 이루기 위하여 발버둥치려고 애쓰지 않는다. 그저 하루하루를 충실하게 살아가는 것이 마약 하고, 갱, 도박, 술 하는 이들에게 가장 중요한 일이기 때문이다. 오늘 하루를 잘 견디면, 내일 하루를 견딜 수 있는 힘이 생긴다. 나쁜 습관이 있었던 이들에게 계획과 목적은 많은 스트레스와 불안을 가져오기 때문이다. 일반적 상식으로는 도저히 이해되지 않는 부분일지 몰라도, 적어도 약물 중독자들이나 나쁜 습관이 있는 이들에게는 장기적인 부담감보다 단기적인 성취감이 그들의 치료에 더욱 좋은 영향을 미친다는 사실을 깨달았기 때문이다.

물론 이러한 이유 때문에 차량을 점검하지 않았던 것은 아니다. 차가 없어서 남에게 겨우겨우 사정해서 빌려왔기 때문에 점검할 시간적 여유가 없었다. 어디 미국에서 차를 그리 쉽게 빌려주겠는가? '마누라는 빌려줘도 차는 빌려주지 않는다.' 는 곳이 바로 이곳 미국 아닌가! 선교회 차를 일렬로 일반도로 한쪽에 세웠다. 해는 이미 자취를 감춰 어둑해지고 있었다. 육안으로 간신히 사물을 구별할 수 있을 정도였다. 형제자매들은 모두 차에서 내려 한쪽 길가에 집 없는 거리의 사람들처럼 배고프고, 지친 모습으로 벽을 의지해서 쭈그리고 옹기종기 앉았다. 그러나 누구하나 불평하는 이는 없었다. 모두 함께 고생하고 있기 때문이었다.

근처의 자동차 부품 가게들도 거의 문을 닫았는데 이곳저곳을 헤매 간신히 브레이크를 구입해 왔고, 정비공 형제는 그 큰 깡통 밴을 열심히 자키로 들어올리고 타이어를 뺐다. 온몸을 차 밑으로 밀어 넣어 그 안에서 브레이크를 뜯어내기 시작했고, 우리는 언제 끝이 날지도 모르는 그 작업을 옆에서 지켜보고 있어야만 했다. 아무래도 이 상태로 형제자매들을 굶겼다가는 큰일이 날 것만 같아서 거금을 쓰기로 어려운 결정을 내렸다. 저녁으로 햄버거를 사먹기로 한 것이다. 모두들 박수를 하고 좋아했다. 마침 근처에 99센트짜리 햄버거를 찾아내 30개를 주문해서 한 사람씩 모두에게 나누어주었다. 먼지를 흠뻑 뿌리며, 차들은 연속 지나가고, 우리는 그 한쪽 길거리에서 30여 명이 쭉 늘어선 채로 여기저기 모여 앉아 햄버거를 행여 먼저 먹는 이에게 빼앗길까 봐 열심히 먹었다. 간에 기별도 가지 않는 양이어서인지, 엄청나게 맛있는 햄버거였다. 마치 한국 전쟁의 피난민들을 연상하게 하는 장면이었다.

희미한 가로등 불빛과 빠르게 달리는 차들의 불빛을 의지해서 몇 시간을 길거리에서 보내고 있으려니 이것은 웬 고생인가 싶고, 아주 끔찍한 생각이 들었다. 그래서였는지 그때의 그 캠프는 캠프장에서보다 길거리에서의 그 짧은 몇 시간이 더욱 생생하게 기억이 나곤 한다. 그래도 우리의 그런 일들이 생길 것을 아시고 하나님께서 그 정비공 형제를 예비하여 놓으신 듯했다.

'만일 그 형제가 없었다면?'

생각만 해도 끔찍했다. 두 시간이 넘게 새 브레이크로 갈아 끼우는 작업을 하고 우리는 세코야 캠프장에 도착했다. 도착 시간이 아마 밤 11시가 훨씬 넘었던 것 같다. 우리의 캠프 자리를 찾아서 열심히 텐트를 치고, 몇 시간 전 햄버거 하나로 달랜 허기진 속을 채우기 위해 밥까지 해먹으니 벌써 새벽 3시가 가까웠다. 모두들 그때서야 잠자리로 들었는데 동이 트기도 전 아마 6시도 되기 전이었던 것 같다. 텐트를 뒤흔드는 소리에 잠에서 깼다. 순찰차가 이곳은 우리의 캠프 자리가 아니라는 것이다. 빨리 자리를 찾아서 옮기라는 것이다.

'아! 웬 날벼락인가!'

그 어두운 밤에 간신히 텐트를 치고, 이제 겨우 잠자리에 들었건만 그 고생을 또 하라는 것인가! 어쩔 수 없이 모두 다 새벽같이 일어나 텐트를 또 주섬주섬 걷어 내어 자리를 옮길 준비를 했다. 옆에 있어 보았자 걸리적거리기만 하는 자매들과 김 전도사는 먼저 밴을 타고 있었다.

각기 자기 텐트를 걷느라고 정신들이 없는 사이 여자들이 타고 있던 밴에서 잊지 못할 재미있는 사건이 일어났다. 선교회 형제 중 '포레스트 검프'(Forest Gump ; 수년 전 미국 영화의 주인공으로 톰 행크스가 주연을 맡았다.)라는 별명을 가진 약간 어벙한 친구가 있었다. 나이는 40대 초반으로 얼굴이 약간 검고 팔다리가 유달리 가늘고 길어서 전체적으로 좀 기형적으로 길다. 이 친구는 주로 동문서답을 하는 약간 정상에서 비껴나간 듯한 인상을 갖고 있는 영락없는 〈포레스트 검프〉 영화 속의 바로 그 주인공이었다. 그런데 이 형제가 텐트를 걷다가 나름대로 일하기 싫으니까 꾀를 냈다. 몰래 숨어서 담배도 피우고 싶고, 일도 하기 싫어서 눈치를 살피다가 살그머니 빠져나갔다. 우리들의 눈을 피해서 간다는 곳이 하필이면 여자들이 타고 있는 밴 옆이었다. 물론 밴은 검은 틴트가 되어 있어서 밖에서는 안쪽이 전혀 보이지 않는다. 그러나 밴 안에서는 밖이 훤히 다 보인다. 아무런 생각이 없었던 포레스트 검프는 그 밴 옆에서 양옆을 살피며 두리번거리고는 아무도 없는 것을 확인했는지, 양말 사이 틈에서 담배 한 개비를 꺼내 들고 라이터에 불을 붙였다. 굉장히 맛있는 듯한 표정과 매우 만족스러운 낯빛으로 몇 모금 담배를 빨더니 연기를 뿜어냈다. 마침 아침 시간이라 화장실이 가고 싶었는지 다시 한 번 양옆을 살폈다. 그리고는 밴의 옆으로 더욱 바짝 다가섰다. 점점 밴에 가까이 다가오니, 차 안에 있는 이들의 시선에 그에게 집중됐다. 입에는 담배를 물고, 양 손으로는 바지의 지퍼를 내리면서 드디어 밴에 가까이까지 와서는 완전히 지퍼를 내리고 소변을 본 것이다. 밴 안에서는 난리가 났다. 여자들과 여전도사가 그 모습을 숨죽이며 보고 있다가 도저히 참지 못해 웃음이 터져 버렸다. 일시에 웃음이 터지면서 떠들썩해지자 포레스트 검프는 더더욱 놀라고 말았다. 아무도 없다고 생각했었는데, 그 밴 안에 있는 여자들하고 계속해서 눈동자가 마주치기 시작했던 것이다. 소변을 보다가 끊을 수도 없고 계속할 수도 없었다. 살다 보면 우리는 정말 이러지도, 저러지도 못할 상황을 맞이할 때가 종종 있다.

뜨거운 깡통 밴 속의 아이들

부단히도 노력해도 참 힘든 것이 바로 아이들이 술과 담배를 끊게 하는 것이다. 물론 아이들도 술과 담배가 나쁘다는 것도 알고 있고, 하면 안 된다는 것도 알고 있다. 아주 어릴 때부터 길들여진 나쁜 습관들이다. 뿐만 아니라 통상적으로 사회에서 술, 담배는 어른이 되었다는 상징으로 여겨 이를 심각하게 다루지 않는다. 대부분의 사람들이 술을 마시고 취기에 일어나는 실수를 이해하고, 묵인을 하기 때문에 이들을 설득시키기란 여간 어렵지가 않다.

일단 나눔선교회에 입소하면 술, 담배, 마약, 도박 등을 강하게 금지시킨다. 마약과 도박은 일단 자신들의 직접적인 문제의 핵심이기에 이를 끊기 위해서 부단히 노력한다. 그러나 술과 담배는 문제라는 의식 자체가 없기 때문에 이를 단절시키기가 매우 어렵다. 즐거운 일이 있으면 즐거워서 한 잔 하고, 슬픈 일이 있으면 너무 슬퍼서 한 잔 하고, 화가 나는 일이 있으면 화가 나니까 한 잔 한다. 이유 아닌 이유를 달아 놓고 사람들은 술과 담배의 보편 타당성을 주장한다. 이런 사고방식 때문에 생일이나 혹은 특별한 기념일들을 맞이할 때면 온통 선교회는 비상사태에 돌입한다. 그러나 경찰 백 명이 도둑 한 명을 지키겠는가? 하겠다고 마음먹은 이들은 도무지 막을 길이 없다. 나쁜 습관을 단절하는 것은 스스로 하지 말아야겠다는 결단과 이를 위한 피나는 노력으로부터 시작되는 것이다.

한번은 아이들과 함께 피스모 비치(Beach)에 간 적이 있다. 모두들 에어컨이 나오기 때문에 15인승 밴을 타려고 하는데, 유달리 세 녀석이 깡통 밴을 타겠다고 했다. 그 중 한 명은 운전을 해야 하니까 그렇다고 하겠지만, 다른 두 녀석이 그리 양보심이 많은 녀석들이 아닌데 굳이 에어컨도 없는 깡통 밴을 타겠다는 저의가 의심스러웠다. 그러나 누군가는 타고 가야 했기 때문에 그 세 녀석이 깡통 밴을 타게 하고, 서둘러 출발했다. 한 시간 정도 운전을 했나 보다. 어느새 더워져서 밴의 차 안은 완전히 땀 냄새와 후끈후끈한 열기로 숨이 막혀 오기 시작했다. 에어컨을 강하게 켜 놓아도 소용이 없었다. 워낙 한창때인 젊은 식구들이라서 그런지 에어컨을 최고로 높여도 덥기는 마찬가지였다. 그래도 15인승 밴은 다른 깡통 밴보다는 훨씬 나았다. 뒤쪽에 처져서 간신히 고개를 기어오르는 깡통 밴은 보기에도 너무나 힘겨워 보였다.

'에어컨도 없이 얼마나 더울까?'

그 안에서 땀을 뻘뻘 흘리고 있을 그 세 녀석들을 생각하니 걱정도 되고, 안타깝기도 했다.

'내가 탈 걸.'

후회도 됐다. 그런데 힘겹게 오르막길을 오르던 그 깡통 밴이 갑자기 보이지 않았다. 잘 따라오겠거니 생각했었는데 어느 순간부터인지 보이지 않았다. 한쪽 갓길에 비켜서서 한참을 기다려도 오지 않았다.

'혹시 무슨 사고가 난 것은 아닐까! 고갯길이니까 오래된 차라서 힘이 없어서 그렇겠지.'

기다리다 무전을 쳤다. 고갯길이어서 힘들어 천천히 올라오고 있다는 말을 듣고 안심하며, 다시 한 30분쯤 간 것 같다. 그런데 그때까지도 깡통 밴이 따라오지 못하는 것이었다. 걱정이 돼서 다시 무전을 쳤는데, 이젠 무전까지도 받지 않았다. 아무래도 무슨 일이 생겼나 싶어 다른 밴들을 고속도로 중간의 휴게소에 세워 놓고, 똑똑한 놈 몇을 뽑아 한 차에 태워 다시 왔던 길로 돌려보냈다.

■ 문제의 깡통 밴

숨을 쉬지 못할 정도로 뜨거운 날씨에 아이들은 오만가지 인상을 쓰며 차에서 내려서 삼삼오오 그늘을 찾아들었다. 아마 한 시간쯤 지났던 것 같다. 그 한 시간이 마치 24시간보다도 더 길게 느껴졌던 것은 솔직히 그 세 놈이 걱정되어서라기보다 무더위에 미칠 것 같아서였다. 무전이 왔다. 그 깡통 밴이 문제를 일으켰다는 것이다. 원인 모를 고장으로 시동도 걸리지 않고, 완전 먹통이 되어 아무것도 없는 고속도로 중간에 서 있다는 것이다. 그나마 다행인 것이 안쪽 차선으로 차가 다니지 않는 곳에 간신히 차를 대놓았는데 세 놈이 완전히 다 뻗었다는 것이다. 거의 탈진 상태로 눈이 뒤집어져서 입에 거품을 물고 있다는 것이다. 거의 화씨 110도를 오르는 날씨에 그늘 한 점 없는 뜨거운 아스팔트 위에서 깡통 밴 안에 들어 있었으니 오죽했겠는가!

견인차를 부르고, LA에 계신 선교회를 후원하시는 다른 분에게 부탁을 해서 성능이 좋은 깡통 밴을 부랴부랴 빌렸다. LA까지 다시 돌아가 밴을 빌리고, 다시 문제의 깡통 밴에서 음식, 침낭, 캠프 장비를 옮겨 실었다. 두 번 다시 하고 싶지 않은 중노동을 하고서야 다시 캠프장으로 향할 수 있었다. 모두들 더위를 먹어서인지, 점심조차도 별로 먹고 싶지 않던 아이들이 끽끽거리며 속닥거렸다. 가만히 들어보니 바로 그 세 놈들이 깡통 밴을 타고, 목사님들과 봉사자들 몰래 마음껏 담배를 피울 수 있을 것이라는 잔머리를 굴리다가 혼쭐이 난 것이다. 그 녀석들, 담배 좀 피우려다가 먼저 저 세상으로 갈 뻔한 것이다.

한낮의 총격전

몇 년 전 일이다. 선교회 아이들을 데리고 LA 다운타운에 다녀올 일이 있었다. 그날 우리는 돈이 없어서 배를 쫄쫄 굶다가 호주머니에 있는 잔돈까지 털어 가장 가격이 싼 아이스크림을 사서 하나씩 손에 들고 천천히 아껴 먹느라고 온통 신경이 집중되어 있었다.

'한시라도 빨리 선교회에 돌아가서 라면이라도 끓여먹어야지.'

아이들의 뱃속에서 이상스런 꾸르륵 소리가 여기저기서 계속 나고 있었다. 그래서 빠른 지름길로 질러간다고 이 골목, 저 골목으로 꺾고, 꺾어 돌다가 아마도 그 사건과 마주쳤다.

우리 선교회 주변이 워낙 환경이 좋다 보니까 언제나 사고가 일어나기 때문에 웬만한 일에도 아이들이 놀라는 일이 거의 없다. 오른쪽으로 돌아 조금만 더 가면 선교회가 보이는 바로 몇 블록 떨어지지 않은 곳이었다. 우리 밴은 가로지르는 차들이 계속 있어서 건널목에서 기다리고 있었다. 무심코 차창 밖을 내다보니, 한 멕시칸 갱 녀석이 벽에다 스프레이 페인트로 크게 낙서를 하고 있었다.

갱들 사이에는 자신의 영역과 구역을 넓히거나, 확인하기 위해 수시로 이곳저곳에 낙서를 한다. 마치 개들이 자기 영역을 알리기 위해 조금씩 소변을 보고 동네를 돌고 다니는 것처럼 말이다. 또한 다른 갱들과 싸움을 요구할 때도 상대방의 구역에 있는 커다란 건물 벽 혹은 교각, 난간 등에 자신들만이 알 수 있는 은밀한 기호로 장소와 시간을 알리기도 한다.

선교회를 중심으로 동북쪽으로는 라미라다(Lamirada) 갱, 서북쪽으로는 에이틴 스트리트(18th Street) 갱, 남서쪽으로는 크레이지 라이더스(CRS:Crazy Riders) 갱, 동남쪽으로는 마다 사바 투루챠스(MS:Mada Sarba Turuchas) 갱들이 활동한다. 그래서 선교회를 우리는 비무장지대라고 칭한다. 이 갱들이 휴전 협정 비슷하게 서로의 구역을 경계하는 곳으로 만들어 놓았기 때문이다. 근처에 있는 네 갱단들은 모두 히스패닉(남미를 지칭) 갱들이다.

흔히들 이들을 가리켜 '촌로'라고 부른다. 촌로라는 것은 미국에서 태어난 남미 인종의 2세, 3세들을 의미하는 것으로, 영어권에 있으나 남미 사람들이 모여 사는 곳에서 정체성을 확립하지 못하고, 미국인도 남미인도 아닌 채 살아가는 이들을 지칭하는 말로 그다지 좋은 의미는 아니다. 촌로들 대부분이 갱들에 연루가 되어 있다. 이들의 숫자는 어마어마하게 많다. 로스앤젤레스 동쪽으로 보통 30만 명 이상이 갱 단원으로 집계된다. 이들은 보통 때는 각자의 일터에서 일을 하고 무슨 문제가 있거나 갱 조직의 명령이 하달될 때 신속히 움직이는 잠정적(Part Time) 갱들이다.

갱들의 말로는 대부분이 장애자(Handicap)가 되는 경우가 허다하고, 범죄자로 낙인이 찍혀서 수감 생활을 하는 경우는 그나마 운이 좋은 편에 속한다. 다른 갱단의 총에 맞아 일찍 죽는 경우도 많다. 이들의 세계는 마약, 범죄, 섹스(Sex), 도박 등으로 연관이 되어 있다. 이들의 관계는 매우 조직적이고 방대해서 한국 사람들이 간혹 그 갱 단원 정도는 될 수 있을지라도, 그들을 상대로 대항하거나 대립한다는 것은 상상할 수도 없는 일이다.

일대일 개개인으로 볼 때는 한국인들이 훨씬 우세하다. 모든 면에서 월등하다. 그러나 한국인들은 뭉치고 하나가 되어 거대한 조직력을 키우는 데는 훈련이 되어 있지 않다. 그 때문에 아무리 갱이라 하더라도 제대로 된 조직을 형성하지 못하고 있다. 결국 오합지졸식의 갱들이 들쑥날쑥할 수밖에 없다. 그래서 한국 청소년들이 만든 갱 조직만 100여 개가 넘고 있다. 이들은 주로 10명에서 15명 정도가 평균 규모이다. 이렇게 형성된 갱들은 다른 인종 갱들과 세력 다툼을 하는 것이 아니고 꼭 한국 갱들끼리 싸운다. 한국인들끼리 옹기종기 사이좋게 모여 살아도 시원치 않은데 왜 그리 서로서로 싸움질을 하는지 이해가 안 간다. 기왕에 한번 갱이 되었으면 멋지게 야쿠자나 마피아처럼 영화 속의 근사한 갱이되어 무림의 천하통일을 꿈꾸면 좋겠다. 그래서 멋지게 멕시칸, 차이니스, 블랙 갱들을 쳐부수든가, 그렇게 못할 바에 왜 오합지졸로 놀고들 있는지 한심하기 짝이 없다. 오죽하겠는가? 나랏일을 하시는 높으신 양반들에게 배운 것이 그것인데.

✳

여하간 그 멕시칸 녀석이(한국인들이 멕시칸을 비하시키는 말로 '멕작'이라고 부르기도 한다.) 열심히 스프레이 페인트를 하고 있는 사이에 그 동네의 다른 갱 단원이 이 광경을 목격했다. 시커멓고 작은 체구의 깡다구 있게 생긴 다른 멕시칸 녀석이 발바닥에 땀이 나도록 뛰어 우리 밴 옆을 지나 뛰어가면서 바로 앞에 보이는 아파트에 대고 큰 소리를 질렀다. 3층 꼭대기의 아파트 창문이 열리고, 덩치 큰 20대 가량으로 보이는 한 녀석이 하얀 티셔츠에 둘둘 말은 것을 던졌다. 우리의 밴 옆에 떨어진 것을 그 녀석이 재빨리 잡더니 티셔츠를 풀어 가며 왔던 쪽으로 다시 뛰어갔다. 밴에 타고 있던 우리들의 시선은 쏜살같이 뛰어가는 그 녀석의 뒤를 따라잡았다.

어느새 그 녀석의 손에는 권총이 들려 있었고, 그것을 발견한 순간 "탕탕탕" 하며 수발의 총성이 울렸다. 낙서를 하던 다른 갱 녀석이 온힘을 다해 도망갔지만 그보다 빠른 총알을 피할 수는 없었다. 그러자 낙서하던 녀석을 차 안에서 기다리던 같은 갱 소속의 또 다른 녀석이 맞서서 총을 쏘아댔다. 우리 선교회 밴을 가운데 두고 총싸움이 벌어진 것이다. 마치 전쟁 영화 속의 한 장면처럼 우리는 불안과 초조와 두려움에 떨며 이 순간을 넘겨야 했다.

아파트에서 총을 던져주었던 녀석도 밖으로 뛰어나왔고, 함께 또 다른 몇몇의 갱 단원들이 뛰어나왔다. 그들은 뛰어가면서 한 녀석 쪽이 가까울 것 같으면 그 녀석에게 총을 던져주고, 다른 녀석이 쏘기 쉬울 것 같으면 다시 총을 던져서 계속해서 총을 쏘아댔다. 단 몇 분 사이에 일어난 총격전이었다. 어느새 헬리콥터가 떴다. 경찰차의 요란한 사이렌 소리가 바로 귓전을 때렸다. 경찰

차들이 벌떼처럼 몰려왔지만, 그 장소에는 이미 아무도 남아 있지 않았다. 운전하다 말고 넋을 잃고 바라보던 나는 그제야 안도의 숨을 내쉬었다.

✳

한순간이나마 옛날의 끔찍했던 악몽이 다시 생각났다. 내가 젊었을 때 하나님을 만나기 전에 마약과 와칭 갱이라는 중국 갱에 연루가 되어 있을 때였다. 1970년대만 해도 와칭 갱이라는 중국 갱은 다른 나라 사람들을 갱 단원으로 인정하지 않았을 때였다. 거의 처음이다시피 그들과 연결되어 인정받기 시작했을 때, 나는 중국인들이 얼마나 무서운지를 경험했다.

나의 친한 갱 단원 친구 하나와 함께 차이나타운 식당에 식사를 하러 갔었다. 그때까지만 해도 나는 그다지 그들과 깊숙이 연결되어 있지 않은 상태였고, 그들도 나를 그다지 신뢰하지 않고 있을 때였다. 점심시간이 거의 끝날 무렵이었고, 우리는 몇 가지 요리를 시켜서 먹고 있었다. 나는 마음을 놓고 맛있게 핫 티(hot tea)를 마시고 있었다. 그런데 앞에 앉았던 중국 친구 녀석이 벌떡 일어나 식당 구석 테이블에 앉아서 식사를 하고 있는 두 명에게 다가가 총을 꺼내 순식간에 쏘아댔다. 밥 먹다가 웬 날벼락인가? 나는 밥을 먹던 손이 떨려 수저를 놓쳤고, 멍하니 총을 쏜 친구와 총 맞은 이들을 쳐다보았다. 너무나 갑자기 벌어진 일이었다. 그 친구는 총을 계속해서 쏘았고, 쓰러진 그들의 가슴에서는 피가 솟구치고 있었다. 그러나 나의 친구는 죽은 듯한 그들 테이블로 걸어가더니 다시 확인 사살을 했다. 끔찍한 일이었다.

난 도저히 다리가 후들거려 일어설 수가 없었다. 도망가야 하는데 일어설 수가 없었다. 그 친구는 혼자서 중국말로 중얼거리더니 뛰지도 않고 아주 유유히 식당 밖으로 걸어 나갔다. 난 그 친구 뒤를 따라 가야 하는데 의자에서 엉덩이를 뗄 수도 없었고, 일어설 힘이 나지 않았다. 어떻게 그 식당을 나왔는지 도저히 생각조차 나지 않았다. 그러나 식당에서 간신히 나와서 그 친구의 차로 가고 있는 동안 아주 더러운 꿈을 꾸는 것 같았고, 오랜 시간이 흐른 것 같았다. 꽤 오래 기다렸을 텐데도 그 친구는 차 안에 앉아 끝까지 나를 기다리고 있었다. 나는 차 안에 앉아서도 그 친구에게 왜 그런 일을 했는지, 어떻게 그런 끔찍한 일을 할 수 있는지, 단 한마디의 말도 물어볼 수 없었다. 너무 무서웠다. 그 후 나는 그 갱과 깊이 관계를 맺기 시작했다. 솔직히 무서워서도 그랬던 것 같다.

그러나 그와 비슷한 일이 나에게도 생기리라고는 그때까지만 해도 상상조차도 못했다. 그 후 한 5년 정도가 흘렀다. 실질적이고, 꾸준한 수입의 직장하고는 성격이 맞지를 않아 밤무대에서 기타를 치고, 음악을 하며 여러 주를 돌아다녔다. 기타로 내 생활을 하면서 꽤 많은 돈을 벌었고, 좋아하는 음악을 할 수 있었다.

시애틀에서 한 6개월을 머물 때였다. 일을 마치고 잠시 머무는 숙소로 돌아오는 길이었다. 나는 차를 운전하다가 정지해서 신호등이 바뀌기를 기다리고 있었다. 옆쪽에서 갑자기 내 이름을 부르는 소리가 났다.

"영호야."

무심코 옆쪽 창문을 쳐다보는 순간 엄청난 굉음과 함께 나는 통증을 느낄 여유도 없이 운전석 바로 옆자리로 붕 떠서 날아가 쓰러졌다. 내 왼쪽 팔 전체에 구멍이 수없이 뚫려 분수같이 피가 솟아올랐다.

'이 피를 지혈해야 하는데….'

'이쪽 팔을 다른 한 팔로 묶어야 하는데….'

그러나 그것은 그저 내 생각일 뿐, 손가락 하나도 움직일 수 없이 맥이 풀렸다. 온통 기운이 한꺼번에 빠져나가는 것 같았다. 영화에서 보면 주인공들은 총에 맞고도 한쪽 다리를 질질 끌거나 피 흘리는 한쪽 손을 끈으로 질끈 묶고, 악당들을 향해서 총을 쏘아댄다. 그뿐인가? 사랑하는 여인까지 한쪽 어깨에 메고 나오는 순간 폭탄이 터져서 무너져 내리는 건물을 뒤로 한 채 여유자적하며 승리의 미소를 짓기도 한다.

'그런데 나는 왜?'

눈을 떠 보니 병원이었다. 누가 나를 이곳으로 데리고 왔는지도 모른다. 어느새 삼일 정도를 꼬박 깨어나지 못하고 있었다고 한다. 내 팔은 붕대로 친친 감겨 있었고 머리는 무겁고, 기운은 하나도 없었다.

'X팔, 어떤 새끼인지 내가 꼭 잡아서 복수를 하리라.'

이를 꽉 악물고 다짐했지만 곧 잠에 빠져들어 갔다. 다시 내가 깨어났을 땐, 의사가 내 팔을 가리키며 레지던트 의사에게 금을 그으며 말했다. 그러다 깨어나는 나를 보더니 그 의사는 말했다.

"만일 당신 뼛속에 총알이 박혔다면 그 박힌 곳에서부터 당신의 팔을 잘라내야 합니다. 확인을 계속 해 보아야겠지만 아마도 이 정도는 잘라내야 합니다."

그가 가리킨 곳은 내 어깨 정도였다. 절망이었다. 아니 나에겐 죽음이었다. 기타를 쳐야 할 이 팔은 내가 살아 있는 이유였고, 유일한 나의 기쁨이었다. 그 팔을 자르고 다시는 기타를 치지 못한다. 난 죽어야 했다.

"정말 팔을 잘라야 합니까?"

"뼛속에 총알이 박혔을 경우는 반드시 잘라야 합니다. 만일 자르지 않을 경우는 썩어 들어가기 때문에 생명을 위해서 어쩔 수 없습니다."

의사의 대답은 매우 간단하고 사무적이었다. 나의 충격에는 아랑곳하지 않았다. 정말 냉정했다. 의사는 내가 샷건(Shotgun;작은 총탄이 수백 발 들어 있는 총)을 맞아서 총탄 수백 발 이상이 박혀 있단다. 우선 급한 대로 너덜너덜해진 살을 임시로 듬성듬성 꿰매 놓고 다시 수술을 감행해야 하는데, 분명히 팔을 잘라야 할 것이란다.

'그 수백 발이 넘는 탄환이 어떻게 뼈를 피해서만 총알이 박혔겠는가?'

난 죽기로 결심했다. 팔을 자르는 순간, 죽음과 만나기로 약속했다. 결과가 나오는 며칠 동안은 죽음보다 더 지독한 고통의 순간들이었다. 그 결과가 나오기까지 두 사람의 크리스천이 나의 병실을 다녀갔다. 한 분은 목사님이신데 나에게 오셔서 외쳤다.

"하나님께 의지하십시오. 기적을 이루시는 하나님을 믿으십시오. 하나님은 형제님을 너무나 사랑하십니다."

다른 한 분은 신부님이셨다.

"형제님! 하나님께서 형제님을 너무나 사랑하셔서 형제님을 선택하셨습니다."

모두 내게는 실없는 소리로 들렸다. 지금 나는 팔을 자르느냐 마느냐 하는 기로에 서 있는데 얼어 죽을 하나님 소리나 해대고 가니 낯짝도 보기 싫었다. 그러나 마음 한 구석으로는 이런 생각도 들었다.

'혹시나 정말 하나님이 있다면 나를 …, 내 팔을 …, 아니야! 설령 하나님이 있다손치더라도 하나님은 크리스천이라 떠들어대는 자기 신도들 챙기기도 바쁠 거야. 나까지 신경 쓸 리가 없지.'

그냥 무시하기로 했다. 그러면서도 다시 마음속으로 기도인지 협박인지를 늘어놓기도 했다.

'하나님이 있다면 내 팔을 자르지 않게 해 주쇼. 그렇다면 혹시 내가 당신을 믿을지도 모르잖소?'

며칠 후 결과가 나왔다.

"기적이다, 기적이야. 이건 정말 기적이다."

의사는 아주 경이에 찬 목소리로 흥분해서 나에게 말했다.

"미스터 한! 당신은 매우 운이 좋은 사람입니다. 어떻게 수백 개의 탄환이 뼈 사이사이로만 지나갈 수 있었는지 모르겠습니다. 대단합니다. 정말 당신 같은 사람은 처음 봅니다."

내 눈에는 눈물이 한없이 흘러나왔고, 누구에게인지 모르지만 그저 감사와 또 감사의 소리를 질러댔다.

바로 그때 내가 하나님 앞에 무릎을 꿇었어야 했다. 그러나 나는 내가 엄청나게 운이 좋은 녀석이라고만 생각했다. 그리고 이제 남은 것은 복수뿐이라고 생각했다. 누군지 나에게 총을 쏜 그놈들을 잡아서 내 손으로 완전히 박살내는 것이 내가 반드시 해야 할 일이라고 다짐했다. 지금도 내 몸은 비 오는 날이나, 우중충한 날에는 절반을 제대로 쓰지 못하고 뼈가 부수서지는 듯한 통증에 시달린다. 그 후 나는 걷잡을 수 없이 더욱더 마약에 빠져들어갔다. 뼛속을 갈기갈기 찢어놓는 듯한 통증이 약으로 씻어지길 원했고, 언제나 약은 내 기대를 외면하지 않았다. 오직 약으로만 통증을 잊을 수 있었고, 모든 걱정과 근심에서 위로 받을 수 있었다. 그전까지는 가끔씩 소량의 마약을 취미 삼아 하던 약이 이제 없어서는 안 되는 나의 유일한 희망이 되어 가고 있었다. 난 그 사건이 하나님이 주신 기회였음을 깨닫지 못했다.

라미라다 (Lamirada) 갱 호태

　점심으로 비빔국수를 맛있게 먹고 있는데 뒷마당에서 이상한 소리가 들렸다.

"우당탕! 쿵! 악!"

어느 아이가 허겁지겁 식당으로 뛰어 들어와서 외쳤다.

"목사님! 목사님! 싸워요. 큰일 났어요."

비빔국수를 이빨로 끊을 틈도 없이 입에 꼭 물은 채로 뛰어 나갔다. 불과 몇 분 사이에 호태 형제의 머리통은 머리가 한 개 더 달린 괴물처럼 부어 있었다. 몇몇 아이들의 눈동자는 이미 이성을 잃고 죽음을 각오한 듯 덤벼들고 있었고, 호태 형제는 이에 맞서서 들어오는 주먹을 피하고 막느라고 정신이 없었다. 1대 몇 명인지도 모르겠다. 호태가 얼마나 많이 맞았는지 온몸은 거의 피투성이였고, 나이든 올스터(선교회에서는 20대 후반부터의 형제들을 그렇게 부른다.) 형제들도 감히 오늘 싸움에는 뛰어 들어 말리는 사람이 하나도 없었다. 한 녀석은 각목을 손에 쥐고 호태를 향해 돌진하여 뛰어 들어가고 있었다. 자칫 잘못하면 호태 녀석은 오늘로서 세상 끝이겠다 싶을 정도로 아이들 전체가 분노로 떨고 있었다.

"그만해, 그만하라구! 이 새끼들아 정신 차려!"

아무리 큰일을 벌이고 이성을 잃은 아이들일지라도 나의 말 한마디면 선교회의 아이들은 순진한 양처럼 꼬리를 내린다. 그러나 여전히 씩씩거리며 무슨 철천지원수가 되었는지 아이들은 눈을 부릅뜨고 호태를 노려보고 있었다.

마침 그때 경찰이 들이닥쳤다. 선교회의 담벼락에 붙어 있는 아파트에서 싸움을 지켜보던 사람들이 경찰에 신고를 한 것이다.

"무슨 일입니까?"

경찰은 어느새 사태를 모두 다 파악한 듯했다. 문제였다. 선교회 많은 아이들이 보호 관찰, 집행유예(Probation), 가석방(Parole) 기간에 있어서 어떤 사건에도 연루가 되면 집행유예 위반(Probation Violation)으로 무조건 감옥으로 돌아가야 하기 때문이다.

범죄는 크게 두 가지로 나뉜다. 먼저는 연방법(Federal Case)에 저촉되는 것으로 주(State)에 상관없이 미국 전역에 걸쳐서 죄가 인정되는 범죄들이다. 경제사범, 정치범, 살인범, 사기, 의료사기, 중범 등이 있으며, 이런 범죄를 저지르면 연방교도소(Federal Jail)에 보내진다. 이 연방법에 저촉되었을 경우는 정부 관련 기관이나 큰 회사에 취업할 때 필요한 자격증(Licence)과 관련된 기록이 문제가 될 수 있어서 전문직을 잡기가 매우 어렵고 미국 내 어디를 가든 기록은 따라다닌다. 기타 경범(Misdemeanor)이나 마약, 사기, 강도, 강간, 도둑질, 폭행, 살인 등의 중범(Felony)은

각 주의 법으로 집행되어 주교도소(State Prison)로 보내지게 된다.

교도소(Jail)는 크게 세 가지로 나뉜다. 첫째는 구치소(Men's Central Jail)인데 이곳은 주로 판결이 끝나지 않은 미결수가 복역하거나 짧은 기간의 선고를 받은 이들이 복역하는 곳으로 각 시(County Jail)마다 있다. 둘째가 연방정부 교도소(Federal Jail), 셋째가 주 교도소(State Prison)이다.

주 교도소에는 네 단계(Level)까지 있다. 죄질이 비교적 가벼울 때는 1, 2단계의 교도소에서 복역을 하게 된다. 죄질이 무겁거나, 사형수, 무기징역 등의 죄수들은 3, 4단계의 교도소에 수감된다. 아울러 학력, 가정이 있는지, 자녀가 있는지, 개선의 여지가 있는지 등등 꽤 많은 조건을 모두 종합하여 교도소의 레벨을 정하게 되어 있다. 그래도 1단계와 2단계 정도는 몇 년 정도만 있으면 사회로 복귀할 수 있는 희망이 있는 사람들이기 때문에 함께 복역하는 이들의 수준이 비교적 양호한 편이다. 그러나 3단계와 4단계는 죄질이 극악한 사람들이 대부분이다. 평생을 감옥에서 생활해야 하기 때문에 모두가 거칠고, 될 대로 되라는 식으로 막가는 인생들이 대부분이다. 이들은 감옥에서 술도 만들고, 마약도 거래하며, 동성 간에 상습적인 성 폭력을 자행하기도 한다. 그만큼 매우 위험한 곳이다.

이곳에서는 특히 동양인 남자들이 살아남기가 힘들다. 그 이유는 동양인들은 서양인들(흑인, 백인, 남미) 쪽보다 여성스러운 피부와 작은 신체적 조건 때문에 심한 구타와 폭력을 당하거나, 거의 매일 밤 다른 죄수들에게 성적으로 유린당하기 때문이다. 이로 인하여 3, 4단계의 감옥에서 출소했다 하더라도 그 후에 따르는 후유증으로 정상적인 생활은 거의 불가능하게 된다. 물론 한인들이 3, 4단계의 감옥을 가는 경우는 거의 드물지만, 미국에는 삼진법(Three Strike)이 있어서 같은 범죄를 세 번 되풀이해 저질렀을 경우에는 무기징역을 판결 받는다. 보통의 한인들은 처음에는 거의 음주운전(Driving Under the Influence), 약물, 배우자 구타로 구치소에 가서 별을 하나 달고 나오게 되고, 두 번째는 처음보다 쉽게 또 들어가게 되며, 감옥에서 생활하면서 약간의 다툼, 싸움 등에 연류될 때는 삼진법에 적용이 되기 때문에 뜻하지 않게 3, 4단계의 감옥을 가는 경우가 종종 있다.

감옥은 다양한 인종의 수많은 사람들이 죄를 짓고 들어오는 곳으로 모든 이들이 도덕적이거나 윤리적이지 않다. 또한 이곳은 질서라고는 전혀 없는 약육강식의 밀림의 세계다. 그러므로 자기 스스로를 보호하기 위해서는 무조건 강해져야 한다. 어떠한 문제가 발생하더라도 끝까지 싸워서 이기거나, 아니면 무조건 남 밑에서 성적 노리개나 노예처럼 지내든가 둘 중에 하나를 선택해야만 살아남을 수 있다. 처음 몇 번 이러한 사건들, 즉 교도소 안에서 위법 행위(Violation)에 휘말리게 되면 별로 독방(Holding Tank)에서 지내게 되지만, 정도가 심하면 다시 법정에 서서 삼진법에 따라 더 심한 형량을 받을 수 있는 것이 현실이다.

18세 미만의 청소년들은 청소년 구치소(Juvenile Hall)와 보호관찰소(Camp), 청소년 교도소(Youth Authority ; Penitentiary)로 나뉜다. 이렇게 교도소에 있다가 나온 이들이나 위법을 한 이들에게는 무조건 몇 년 동안의 집행 유예 기간을 두어 그들이 잘못을 뉘우치고 새로운 사람으로 살아살 수 있는지의 행석과 가능성을 지켜보게 된다. 그 동안은 다른 주의 여행은 물론 어디를 가든지 담당자(Officer)가 있어서 보고 혹은 확인을 받는다. 또한 범법자는 일정한 기간마다 자신의 행적을 보고하게 되어 있다.

집행 유예(Probation)는 범죄를 저질러 구치소에 수감되었다가 나왔거나, 아니면 보호, 관찰, 집행 유예를 요하는 판결을 받았을 때 담당자가 정해져서 생활을 확인받는 것을 말한다. 집행 유예의 종류에는 세 가지가 있다. 1주, 2주, 혹은 한 달에 한 번 등 일정 기간 동안 담당자를 만나서 그 동안의 생활 전체를 보고하는 것(Former Probation)이 있고, 담당자가 특별히 정해지지 않은 상태에서 집행 유예 기간 동안 아무런 사고나 문제가 없으면 자연스럽게 집행 유예가 없어지는 것(Informer Probation)이 있다. Former보다 정도가 약하다. Informer와 비슷하지만 기간이 훨씬 짧고 가벼운 것(Summary Probation)이 있다.

가석방(Parole)은 교도소에서 복역을 마친 뒤 사회에 복귀하여 일정 기간 동안 감시를 받는 제도이다.

집행 유예나 가석방 모두가 법에서 정한 일정 기간 동안 아무런 사고 없이 무사히 잘 넘겼을 때에는 다시 자유의 몸이 될 수가 있지만, 이를 위반했을 경우에는 이에 해당하는 법적 처벌을 다시 받게 된다. 위와 같은 상황에서 교통 법규를 제외한 어떤 범죄에도 적용이 된다. 비록 범죄에 연루되지 않았다 하더라도 그 자리에 함께 있었다는 사실 하나만으로도 위법(Violation)이 될 수도 있다.

✳

이런 이유 때문에 경찰이 들이닥친 일은 여간 큰 걱정이 아니었다. 경찰은 '한 건 했다'는 뿌듯한 얼굴로 다가왔다. 호태의 얼굴 상태가 말이 아니었고, 온몸에는 피가 줄줄 흐르고 있었다. 도저히 간단한 사건으로 넘어갈 수 없는 상황이었다. 한 사람을 집단으로 구타했을 경우에는 거의 살인미수에 가깝기 때문이다.

'이 사태를 어떻게 수습해야 하는가?'

모두가 조마조마한 마음이었다. 경찰이 호태에게 맞았냐고, 집단으로 호태를 때렸냐고, 그렇게 신고가 들어왔는데 사실이냐고 물었다. 그러나 호태는 의외의 대답을 하는 것이었다.

"그냥 일대일로 정당히 싸웠고, 내가 맞은 것뿐입니다. 그 외에는 아무런 일도 없었습니다."

피해자가 일을 만들고 싶지 않겠다고 나오면 문제로 삼을 수 없는 것이 미국의 법이다. 경찰은 아쉬운 듯한 낯빛으로 선교회를 나갔고, 나는 그제야 안도의 한숨을 쉴 수가 있었다.

호태 녀석을 안 지는 벌써 15여 년이 되어 가고 있다. 호태는 어릴 적 초등학교 4학년 10세가 넘자마자 길거리에서 알아주는 거리의 싸움꾼(Street fighter)으로 컸다. 그는 십대가 되자마자 이미 유명한 멕시칸 갱인 라미라다 갱에 가입했다. 그 세계에선 아주 힘깨나 쓰는 무시하지 못할 존재로 성장했다. 그런 호태가 아무리 30세를 훨씬 넘긴 나이라고는 하지만 선교회 아이들 몇 명에게 맞고 쓰러질 싸움꾼이 아니었다. 어릴 때부터 싸움으로 몸이 다져져 있기 때문에 웬만큼 맞아서는 끄떡하지도 않을 뿐더러 좀처럼 맞지 않는 싸움의 달인이라고도 할 수 있는 탁월한 녀석이 오늘 무지하게 맞은 것이다. 비겁하게 일대일로는 당할 수 없었기에 선교회 녀석들이 무더기로 덤볐기 때문이다.

"모두들 3층으로 올라가!"

나는 아이들에게 화가 나서 소리를 질렀고 아이들은 슬금슬금 내 눈치를 보며 3층으로 모두 올라갔다. 3층 예배실에 아이들이 다 집합했다. 그러나 여전히 호태만이 외톨이로 누구하나 흘러내리는 피를 닦아 주려고조차 하지 않았다. 도대체 호태가 무슨 일을 저질렀기에 아이들이 저리도 화가 났는지 이유를 설명해 보라고 했다.

한 녀석이 일어나더니 말했다.

"저 새끼가요. 구치소에 있을 때 한국 사람들을 멕시칸 편에 서서 때리고, 괴롭히고 했답니다. 여기 함께 있던 형도 무지하게 당했대요. 그래서 …."

선교회에 조나팔이라는 별명을 가진 한 친구가 있다. 이 친구는 거짓말이 무지하게 셀 뿐만이 아니라 비밀을 간직하지 못하고 여기저기 말을 하고 다닌다고 하여 붙은 별명이다. 이 조나팔이 아마도 호태에게 감옥에서 호되게 탔었던(혼났다, 맞았다의 의미) 것 같다. 그래서 앙심을 품고 아마도 선교회 어린아이들의 엉덩이들을 들쑤셔놓았던 것이다. 어른이 돼서 나이 값도 못하고, 싸움을 말리지는 못할지언정 싸움을 붙여놓다니 한심하기 짝이 없었다. 하여간 호태는 대한민국을 팔아먹은 천하의 역적이라는 딱지가 붙어서 엄청나게 두들겨 맞았다. 호태에게 이러한 여러 사람의 의견에 대하여 본인이 변명을 하고 싶은 말이 있는지 물었다. 그러자 호태는 말했다.

"난 한국 사람을 때리지 않아요. 오히려 맞는 거 옆에서 안 맞게 말려주고 그랬어요. 나도 한국 사람인데 내가 왜 한국 사람들을 못살게 굴어요? 단지 내가 소속되어 있는 갱이 라미라다 갱이니까 우리 갱하고 다른 갱이 싸울 때 상대방 갱에 한국 사람이 있으면 어쩔 수 없이 싸울 수밖에 없잖아요? 그렇지만 그럴 때만 빼고는 안 때렸어요."

호태는 배운 것이 없다. 사실 나보다도 더 무식하다. 초등학교 4학년의 학력이 전부일 뿐이다. 그래서 영어도 제대로 못 하고, 한국말도 못 하고, 스페인어도 제대로 하지 못한다. 잘하는 것이라곤 싸움질하고, 욕하고, 마약 하는 것이 외에는 없다. 그러나 호태에게 참 좋은 장점은 그만큼 순진하고 하나면 하나밖에 모르는 순수함을 아직까지도 간직하고 있다는 것이다. 누굴 속일 줄도 모르고 있는 그대로 표현하고 말한다. 그래서 때때로 오해도 받는다. 또한 어릴 때부터 갱 단원으로 활동해서인지 의리가 대단하다. 한 번 나를 형님으로 모셨기 때문에 무조건 순종이고, 무조건 복종한다. 그래서 오늘도 문제를 일으키지 않으려고 그만큼 맞고도 아무런 행동도 취하지 않았던 것이다. 나는 호태의 생각을 정리해서 아이들을 이해시켰고, 조나팔의 이간질에 일침을 가했다. 어느 정도 오해는 풀렸다. 아이들의 눈빛이 점점 정상적으로 돌아왔고, 많은 아이들이 미안한 표정을 짓기 시작했다. 나는 아이들에게 한 사람씩 돌아가며 호태를 안고 사과하라고 시켰다. 아이들은 한 사람씩 호태를 안고 사과했다.

"형! 미안해."

"아니, 괜찮아, 괜찮아."

이제서야 겨우 나눔선교회의 한 식구로 아이들이 인정하고 믿

아들인 것이다. 호태는 아주 넓은 마음으로 사과를 받아들였고, 아무렇지도 않은 듯 아주 호탕하게 웃었다. 그리고 3일 밤낮을 꼬박 앓아누워 밥도 제대로 먹지 못했다. 아이들은 무척이나 미안한지 돌아가면서 호태의 음식이랑 스낵, 옷가지 빨래, 그리고 몸살 약을 챙겨 주었다. 그때부터 아이들은 호태를 참 좋아하기 시작했다.

'자기들이 그렇게까지 맞았다면 용서할 수 없었을 텐데 ….'

호태는 남자 세계에서 진정한 형으로 인정받기 시작했다. 남자들의 세계는 참 간단하고 단순하다. 그리고 멋있다. 우리 하나님을 믿을 때도 간단하고 단순히 그렇게 믿었으면 좋겠다.

갱들이 "깽, 깽, 깽"

선교회에서는 하루도 그냥 지나가는 날이 없을 정도로 사고와 사건이 꼬리에 꼬리를 물고 일어난다. 그도 그럴 것이 70여 명이 좁디좁은 3층 건물에 옹기종기 모여서 살고 있기 때문이다. 이 정도의 사건이 있는 것만도 기적이고, 하나님의 보호하심이다. 아빠, 엄마, 자녀가 한두 명 있는 단출한 가정에도 허구한 날 말썽과 사건이 일어나 견디지 못하고, 결국 선교회에까지 와서 생활하는데 우리는 오죽하랴? 더욱이 그런 문제 가정에 문제 아이들만 있는데, 이 정도면 하나님의 크신 축복이 아니고 무엇이랴? 나는 너무너무 감사한다. 이렇게 일당백을 하는 대단한 아이들이 모여 있으니 사건이 벌어지는 것은 일도 아니다. 이런 일들을 미리미리 살피랴, 사건 터지면 해결하랴 시간이 어떻게 가는지도 모를 정도로 정신이 없다. 그 이외에도 상담, 전화, 아이들과의 실랑이도 끊이지 않는다.

그날따라 유달리 조용했다. 주일 예배를 드린 오후였는데도 웬

만한 분들은 다 집으로 돌아가고, 모처럼 아늑한 휴일을 만끽하고 있었다. 나는 사무실에서 봉사자들과 잡담을 하면서 그 동안 쌓였던 스트레스를 풀고 있었다. 아이들이 왠지 모르게 조용한 것이 꼭 폭풍전야의 야릇한 기분을 느끼기도 했다. 그러나 그저 대수롭지 않게 생각하며, '이런 날도 때때로 있어야지.' 하는 마음으로 여유를 한껏 즐기고 있었다. 그러나 아무래도 찜찜한 구석은 지울 수 없었는데, 갑자기 아이들의 발 빠른 움직임이 2층, 3층에서 들려왔다. 웬 군단이 이동하는 듯하게 우르르 밖으로 몰려나갔다.

'무슨 일인가?'

우리들은 잡담을 그쳤고, 모두 총알같이 밖으로 튀어나갔다. 밖에서는 아이들이 싸우고 있었다. 나는 아무도 밖으로 나갈 수 없도록 먼저 정문을 닫았다. 그러고는 아이들이 싸우는 건물 뒤쪽의 골목길로 뛰어갔다. 싸움은 이미 정리되고 있었다. 선교회 아이들 셋과 상대편 셋이 대표로 붙었던 싸움이 끝이 난 것이다.

싸움이라 하면 한 가락씩 하는 놈들이 모여 있는 나눔선교회에는 여러 갱 단원들이 한두 명씩 와 있다. 이들이 처음에 입소할 때는 서로 다른 갱이기 때문에 원수처럼 치고 박고 싸우기도 하지만 곧 형제자매가 되어 죽고 못살게 친해지는 곳이다. 그래서 나눔선교회는 모든 갱들의 평화 지대이기도 하다.

이런 곳에 다른 갱들이 덤벼온 것이다. 겁 없이 함부로 나눔을 건드리다니! 열다섯 명 가량의 터스틴 갱들이 나눔선교회를 박살 내겠다고 찾아왔다. 그 이유는 전날 저녁에 나눔선교회 출신의 아이들 세 녀석이 또래의 대여섯 명의 터스틴의 아이들과 시비가 붙었단다. 거친 몸싸움이 있었으며, 터스틴 아이들은 거의 초주검이 되어 쫓겨 갔다. 그 아이들의 형들이 아이들과 싸웠던 아이들의 출신을 뒷조사한 끝에 나눔선교회 아이들이고 주일날 예배를 드린다는 사실을 알고 LA로 원정을 온 것이다.

그러나 문제는 이들이 사전 지식이 너무 없었다는 것이다. 열다섯 명 정도 되는 무리들이 우르르 들어와 시비를 붙으려 하자, 나눔선교회에서 아이들이 삼촌이라고 부르는 권투 선수 출신의 깡패 형제가 무더기로 붙으면 패싸움이 되니까 각각 세 명씩

■ 나눔의 악동들

차출하여 아이들을 정식으로 세 명 대 세 명으로 시합을 붙였다. 스포츠맨십이 너무 강하다 보니 이런 아이디어를 냈다. 선교회에서 시골, 먹쇠, 촌로라는 별명을 가진 아이들이 선발되었다. 시골은 싸울 때 정말 시골 스타일로 싸운다. 앞뒤 재지 않고 무조건 돌격형이고, 끝까지 물고 늘어지는 형인데 일단 한 번 싸움이 붙으면 쉬지 않고 싸우는 형이다. 먹쇠는 한 대 치고, 한 대 맞는 것을 즐기는 녀석이다. 그래야 싸우는 것 같고, 흥분이 된다니 정말 사이코이다. 그러나 덩치가 무지하게 커서 아무리 맞아도 끄떡없을 정도로 매집이 대단한 녀석이다. 이 녀석이 선교회에 들어온 이유도 다른 갱들하고 패싸움을 즐겼기 때문이다. 다른 한 녀석은 촌로라는 별명을 가진 까맣고 멕시칸 스타일로 생긴 녀석

이다. 이 녀석은 정말 싸움을 잘한다. 크지 않은 덩치에 말라 있지만, 얼마나 빠른지 치고 빠지는 스타일로 싸움이 났다 하면 꼭 끼는데 거의 맞지 않고 상대를 KO시키는 싸움꾼이다.

이 세 명의 싸움은 이기고 지고를 떠나서 잠깐 사이에 빅뉴스가 되어 선교회 3층을 휩쓸고 지나갔고, 그렇지 않아도 '뭔가 사건이 없을까?' 라고 기대하던 아이들에겐 최고의 화제가 되었다. 우르르 뛰어 나간 아이들의 숫자에 터스틴 갱들은 그냥 그 자리에서 꼬리를 내렸다. 며칠씩 굶주려 있던 하이에나의 모습처럼 이를 드러내고 그들을 삥 둘러 서 있는 무시무시한 아이들의 눈빛과 아주 재미있는 일이 벌어질 것이라고 잔뜩 기대하고 있는 선교회 아이들의 모습에 완전히 기가 질려버렸다. 한술 더 떠서 목사라고 나타난 사람이 완전히 양아치 출신의 깡패처럼 생겨먹었으니 더더욱 놀랄 수밖에 없었다. 터스틴 갱들이 밖으로 나가려고 정문 쪽으로 달려갔지만 이미 문은 닫혀 있었다. 나눔의 아이들은 천천히 터스틴 갱들을 둘러싸고 좁혀들고 있었다.

그 중에 나이를 제일 많이 먹고 짱 같은 녀석이 속으로 기어들어가는 목소리로 말했다.

"저 목사님! 죄송합니다. 저희가 실수했습니다. 용서하십시오. 제발 문 좀 열어 주시지요?"

"야! 니들 여기가 어딘 줄 알고 왔어?"

"죄송합니다."

"야! 함부로 까불고 죄송해?"

"다시는 안 그러겠습니다."

"야! 니들 여기 선교회인데 어떻게 여기서 싸움질하려고 왔냐?

니들 교회 나가냐?"

"예. 예, 그럼요."

"교회만 나가고 예수님은 안 믿지? 제대로 믿어라. 그리고 지금 나가서 두 번 다시 우리 애들하고 밖에서라도 문제 일으키지 마라."

"예, 예."

몇 번이나 머리를 숙이며 사과한 끝에 터스틴 갱들은 나눔의 문을 나갈 수 있었다. 목사도 깡패처럼 협박을 하니 그 아이들도 꽤나 어처구니없다는 얼굴이었지만 깡패 세계는 깡패가 먹힌다.

사실 그 전날 밖에서 싸웠던 그 녀석들이 내 둘째 아들 녀석을 포함해서 싸움을 한 후 우리집에 와서는 솔직히 자신들이 싸움을 했노라고 고백했었다. 사내 녀석들이라 맞을 땐 맞아야 한다고 생각하는 나는 런닝 셔츠 바람으로 집밖에서 아이들을 몇 대씩 가볍게 손을 봐 주었다. 나중에 아이들이 한 이야기지만 나 같은 목사는 처음 보았단다. 전날 아이들이 싸울 때 내 둘째 녀석도 그 자리에 있었다. 다른 아이들이 내 아들에게 말했단다.

"넌 목사님 아들이니까 싸움 같은 것을 하면 안 돼. 차 속에 가만히 숨어 있어."

그래 아들 녀석은 차 속에 숨어 친구들이 싸우는 것을 구경만 했다고 했다. 그래서 싸우고 온 녀석들은 각각 한 대씩 그리고 숨어 있던 아들 녀석은 죽도록 팼다. 결국 아들은 현관에서 집으로 기어 들어왔다.

"어떻게 친구가 맞고 있는데 혼자만 살겠다고 숨어 있었는지 남자로서 쪽팔리지도 않냐?"

나는 아들을 때리며 맞는 이유를 말해 주었다. 그때 먹쇠라는 녀석이 제일 먼저 한 대 맞으면서 속으로 그랬단다.

'하나님! 오송이(나의 둘째 아들이다.)가 저 때문에 맞아요. 오송이는 아무 잘못 없어요. 차라리 한목사님이 절 때리게 해 주세요. 제가 시비를 걸었어요.'

그때 내가 먹쇠의 배를 한 대 때렸다고 한다. "윽"소리와 함께 배가 아파서 숨을 쉴 수가 없었고, 순간 머릿속에서는 이렇게 부르짖었다는 것이다.

'아! 이제 저는 그만 때리고, 제발 오송이만 때리세요. 오송이!'

단 한 번도 나는 아이들을 주먹으로 때려 본 적이 없다. 필요에 따라 체벌을 가할 때는 거의 손바닥으로 때린다. 그런데 요즈음의 아이들은 체력이 너무나 약하기 때문에 손바닥으로 맞아도 초주검에 이른다. 우리의 어릴 때와는 달리 허구한 날 컴퓨터, TV, 영화만 보느라고 책상에 붙어 앉아 있거나, 소파에 늘어지게 앉아 운동은 하지 않으니, 기초 체력을 다질 틈이 없었기 때문이다. 이렇게 터스틴 갱들은 개 폼 잡고 몰려왔다가 완전 똥 폼으로 물러가선 저녁녘에 다시 정중히 사과의 전화를 했다. 친구들과 다른 소식통을 통하여 나눔에 대해서 알아보았던 것 같다. 이렇게 여기저기 난립해 있는 한인 청소년 갱들을 하나로 모아 그리스도를 위해 죽으라면 죽기까지 의리와 충성을 바치는 그리스도 갱으로 만드는 것이 내 꿈이다. 만일 이들이 그리스도의 갱이 된다면 정말 멋진 일들을 참 많이 할 것이라고 나는 믿기 때문이다.

스트리트 파이터(Street Fighter)

조산이라고 아주 유명한 스트리트 파이터가 선교회에 왔다. 미국에서 가끔 TV에 방영되기도 하는데 진짜 싸움을 하여 결승전까지 올라가는 TV 프로이다. 아주 잔인하고, 쇼가 아닌 진짜 싸움을 그대로 방영하는 것으로 정말 잘 싸우는 프로 싸움꾼들이 나가서 누가 잘 싸우는지를 겨루는 시합이다. 그렇기 때문에 한 시합이 5분을 넘기기가 쉽지 않다. 어떤 이들은 죽기도 하고, 어떤 이들은 팔 다리가 부러지기도 한다. 조산은 그 프로그램에 결승까지 진출했다가 아깝게 1등을 놓치고 2등을 한 진짜 싸움꾼이었다. 가끔 액션 영화에도 출연하는 한인으로서는 꽤나 유명세를 타는 녀석이었다.

선교회에서 싸움을 좋아하는 아이들은 그를 한눈에 알아보았다. 작달막한 키에 넓적한 얼굴, 험상궂은 외모는 보기만 해도 별로 정이 가지 않았다. 이 녀석이 언제나 나를 보고, "목사님! 예! 예!" 하며 예의 바른척한다. 그럴 수밖에 없는 것이 내 동생 이이들의 동생의 동생, 그리고 그 밑에, 밑의 동생이기 때문이다. 이 녀석도 약을 심하게 하는 놈이다. 자기가 은혜를 받았다며 선교회에 자기와 같은 사람들이 있어서 좋다며 종종 찾아왔다. 조산은 약물을 심하게 복용한 후유증으로 정상이 아니었기 때문에 다른 곳에서는 누구도 인정해 주지도 않고 반갑게 맞아 주지도 않았다. 아무리 강해도 친구가 없는 그는 외로워서 선교회를 드나들었다. 언제나 조산은 정신질환처럼 헛소리를 하고, 이상한 행동을 하며, 주위의 사람들을 긴장하게 하곤 했다. 그렇다고 다른 사람들에게 나쁘게 하거나, 겁을 주는 행동은 전혀 하지 않았기에 가끔 선교회에 오는 것을 묵인해 왔다.

그런데 어느 날, 선교회 뒷마당에서 형제들이 보는 앞에서 아마 시가(궐련담배)를 피웠나 보다. 그것을 봉사자였던 길규 형제가 목격한 것이다. 선교회에서는 모범이 되는 선교회 출신 형제자매들을 봉사자로 키우려고 노력한다. 가능하면 이들로 하여금 다른 형제들을 돕도록 하고 있다. 그래서 아직까지 길규 형제도 치유되지 않았지만 선교회를 돕는 일을 하고 있었다. 길규 형제도 성깔 있는 형제인데, 조산이 시가를 피우는 꼴을 보다 못해 가서 한 마디 한 것이 화근이 되었다.

"야! 너 여기가 어딘데 시가를 피우고 그래? 담배 꺼."

그러자 그래도 명색이 자기가 스타인데 공손한 태도도 아니고, 명령하듯이 스타에게 이래라, 저래라 하니까 아마도 조산은 기분이 나빴었나 보다.

"형이 뭔데, 나보고 명령이야."

조산은 대들 것처럼 말대꾸를 했다.

"뭐야? 야! 그럼 네가 어린 애들 앞에서 시가를 피우는 것이 잘하는 일이야?"

"내가 잘했다는 것이 아니라. 왜 나에게 시비조로 나오냐구?"

서로가 자존심이 상했나 보다. 결국 싸움이 붙었다. 말싸움이 시작되면서 점점 거친 말들이 오고갔다. 그러다가 길규 형제가 싸울 듯 다가가니까 조산은 화가 끓어올라 옷을 갑자기 쭉쭉 찢기 시작했다. 옷을 다 찢고 몸에 딱 들러붙는 빨간색 삼각팬티 한 장만 몸에 걸치고 스트리트 파이터 프로그램마냥 거칠게 길규 형제에게 다가갔다. 길규 형제는 자제력을 이미 잃고 있었다. 돌진하듯이 조산에게 뛰어 들었다. 그러자 조산은 길규 형제를 손으로 밀어 버렸다. 길규 형제는 뒤로 힘껏 밀리면서 자존심까지 밀려 버렸는지 대판 붙어볼 양으로 이판사판으로 다시 조산에게 달려들어 머리통을 후려쳤다. 그러나 조산은 전문적인 싸움꾼이었다. 선교회 아이들은 우르르 달려들어 이 싸움을 말리려고 정신들이 없었다. 하도 소란스러워 뛰어나온 나는 조산에게 소리를 질렀다. 그때 조산의 정신이 깜빡 돌아온 것이다. 원래 운동선수, 특히 태권도, 검도, 유도 등 단증을 지녔거나 프로로 운동을 하는 이들이 싸움을 하여 상대방이 크게 다칠 경우는 살인미수가 된다. 그들의 주먹을 무기나 마찬가지로 취급하기 때문이다. 그 생각이 미쳤는지 조산은 꼬리를 내렸다.

"형, 내가 잘못했어. 나 이제 항복할게. OK?"

그러나 이미 제정신이 아닌 길규 형제에게는 이 소리가 들릴 리가 없다. 더욱이 한번 밀린 자존심을 회복해야 한다는 생각으로 머릿속에 꽉 차 있는 길규 형제는 조산에게 더욱 서세게 달려들었다. 조산은 선교회 건물 계단으로 도망치고, 길규 형제는 이를 잡 겠다고 따라 올라갔다. 계단 끝까지 올라가서 더 이상 도망할 곳 이 없게 되자 조산은 번쩍 뛰어 길규 형제를 넘어 도망간다는 것 이 다리가 짧아 따라 올라오는 길규 형제의 몸 위로 퍽하고 떨어 진 것이다. 밑에 깔린 길규 형제가 뒤로 넘어지면서 계단에 머리 를 부딪쳐 그만 기절하고 말았다. 눈동자가 옆으로 돌아가 흰자위 가 나오고 입에 거품을 물었다. 빨리 911을 불렀다. 머리에 피가 나고 있었고 아이들은 걱정스러운 눈빛으로 웅성거리고 있었다. 이미 조산은 벗어놓은 옷가지를 챙기지도 않고 멀리멀리 도망갔 는지 보이지도 않았다. 길규 형제는 911에 실려 갔다. 다행히 별 다른 이상 없이 퇴원할 수 있었지만, 경찰은 계속해서 집요하게 이 사건을 물고 늘어졌다. 그냥 단순한 사고라고 말해도 경찰은 한 건을 해야 한다는 사명의식에 사로잡혀 있는지 계속 길규 형제 를 심문하면서 누가 그랬는지를 묻고 또 물었다. 그러나 병원 응 급실로 실려 간 길규 형제는 동병상련의 중독자인 조산의 심정을 어느새 이해하고 있었다. 자신은 다쳤지만 문제 삼고 싶지 않았기 때문에 그저 단순한 사고라고만 경찰에게 말했다.

나중에 조산은 무릎을 꿇고 길규 형제에게 사과했다. 길규 형제 도 자신이 성급하게 화를 내고, 조절을 못했음을 깊이 사과했다. 그럴 때 조산은 순간 정상인처럼 보였다. 그러나 조산의 뒤이은 한마디가 우리를 경악하게 했다.

"형, 우리 스트리트 파이터에 파트너로 나가요. 오늘부터 연습 해요."

길규 형제는 할 말을 잃었다.

'과연 내가 이렇게 제정신이 아닌 녀석과 왜 싸움을 시작했는가?'

길규 형제의 눈빛은 후회에 가득 차 있었다. 참을 인(忍)자 세 번이면 살인을 면한다는데 그리스도의 사랑이 인내가 아니었던가!

끝까지 너를 포기하지 않을 거야

온몸을 용의 문신으로 거의 감다시피 하고, 얼핏 보기에도 담배빵(담배로 몸을 지진 흔적)을 손목서부터 한 50여 개쯤 지진 흔적이 있다. 이것을 남들이 행여 봐주지는 않을까 하는 우쭐함에 사로잡혀 있는 문제아가 들어왔다. 이 녀석은 눈을 부리부리하게 뜨고 인상을 잔뜩 쓰면서 무게를 잡았다. 목에는 힘을 가득히 넣고 자기보다 어린아이들 앞에서 어깨인 척하며 주름 잡고 다니는 꼴이 한눈에도 한심해 보였다. 뭐라고 자기에게 싫은 소리라도 할라치면 주먹을 쥐고는 일단 싸움부터 하려고 하고, 힘깨나 쓰는 것처럼 자기과시를 했다.

"나, 하나님 안 믿어요. 안 믿어."

이 녀석은 예배 시간에 맨 뒤에 앉아 히히덕거리고, 끼끼덕거리며 쓸데없이 노트에 낙서나 하면서 시간을 때웠다. 이 녀석을 데려온 장 변호사는 믿음으로 살려고 부단히 노력하는 존경 받을 만한 분이다. 그런 분이 지석이 녀석을 부탁했다. 녀석이 마음은 참

착한 아이니까 잘 좀 봐달라고 신신당부를 하며 이 녀석을 두둔했다. 그래도 그 녀석 몰골이 하도 재수가 없어서 그냥 교도소로 보낼까 하는 생각이 여러 번 들었다.

'하나님이 저 화상도 사랑하니까 이곳으로 보냈겠지? 더욱이 변호를 자기 일처럼 하시는 장 변호사님께서 데려왔는데 ….'

나는 돌이켰다. 지석이는 사실 제일 처음 형량을 16년 교도소 복역으로 중형을 선고받았다. 그 이유는 이렇다. 이제 겨우 20대 초반밖에 안 된 녀석이 30대의 여자 친구를 사귀었다. 그러나 그 여자가 헤어지자고 하자 지석이는 이에 격분하여 권총을 들고 식당에 있는 여자 친구를 끌고 나왔다. 주변 사람들이 신고해서 경찰이 출동하여 잡히고 말았다. 미국은 납치가 매우 위험한 중범 중의 하나이다. 납치는 적어도 16년에서 20여 년 이상의 형량을 선고받는 것이 거의 대부분이다. 지석이는 바로 이런 큰 사건을 저질렀다. 대형 사고를 어린 나이에 끝내주게 친 것이다.

이렇게 인생이 끝났다고 생각했을 때 만난 사람이 장 변호사이다. 장 변호사는 최선을 다해 지석이의 형량을 줄이기 위해 노력했다. 사실 돈 받고 그냥 되는 대로 일을 해도 누가 뭐라 하겠는가? 그러나 한국 젊은 아이가 순간의 실수로 인생을 송두리째 망치는 것을 안타까운 마음으로 지켜보던 장 변호사는 40일 새벽 기도를 시작했고, 이 기도에 하나님께서 응답하셨다. 사람의 힘으로는 도저히 16년의 형량을 줄일 수가 없는 상황이었다.

그러나 판사의 마음이 움직여져서 지석이를 불쌍히 보았다. 그 여자를 너무나 사랑하였기 때문에 순간적으로 일을 저질렀을 것이라고 이해해 주면서 단 한 번이자 마지막 기회를 허락했다. 재판 동안 LA구치소에 있으면서 지석이는 앞으로 감옥에서 수많은 나날을 보내야 한다고 생각하니 자포자기가 되어 교도소에 있는 동안 하루에 하나씩 담배 빵을 지져 갔다. 그렇게 세월을 감옥에서 다 보내게 될 것이라고 생각했는데 생각하지도 못했던 나눔선교회로 1년의 형량을 받게 되었다.

처음에는 이 녀석도 뜻밖의 기회에 감사하는 마음으로 잘 해 보아야겠다는 생각을 했던 것 같다. 그러나 사람은 간사해서 화장실 갈 때 마음과 나올 때 마음이 같지 않다는 것이 이 녀석에도 적용이 되었나 보다. 처음에는 열심인 척하더니 며칠이 지나자 지겹다거나 프로그램이 어떻다는 둥, 불평이 많아지고, 점점 바깥 세상 일이 궁금해지기 시작했다. 그러면서도 행동이 점점 불량해져 갔다. 툭하면 말대답에 자기 엄마에게도 큰소리로 욕을 퍼부었다. 만일 내 아들이었다면 반은 죽여 놓고 싶을 때가 한두 번이 아니었다. 그런 녀석이 뭐가 예쁜지 장 변호사는 생일 때, 밸런타인데이 때 커다란 꽃다발을 사서는 안기곤 했다. 이렇게 복에 겨운 지석이 녀석이 나눔에 들어온 지 얼마 되지 않아 도망을 갔다. 자유를 부르짖으면서 말이다. 말 타면 종 부리고 싶은 것이 사람의 심리란다.

이 녀석은 마당발이어서 친구가 많았다. 누군가 몰래 돈을 가져다주어서 항상 호주머니에는 돈이 가득했다. 나눔은 용돈을 형제들이 직접 가지고 있지 못하게 하고 있다. 돈이 있으면 딴 생각들을 많이 하기 때문이다. 또한 돈이 있으면 담배, 술, 마약을 사용할 수 있는 기회가 많아지고 규칙이 엉망이 되기 때문이다. 그래서 개인의 용돈까지도 선교회에서 관리를 해 주고 있다. 가능한 한 돈을 쓰는 출처까지도 점검을 한 상태에서 용돈을 사용하게 한다.

그러나 일부 몰지각한 부모들은 자기의 아들과 딸만은 괜찮을 것이라는 안일하고 이기적인 생각으로 열심히 뒤꽁무니에서 용돈을 집어주곤 한다. 그 돈으로 다른 짓을 한다는 것을 아무리 설명해도 전혀 귀담아 듣지를 않는다. 이런 것이 문제가 되어 사고를 친 경우에도 선교회에 책임을 지라는 식으로 나올 때는 정말 맥이 빠지기도 한다.

✳

지석이도 거의 그 수준이었다. 지석이의 부모가 친구에게 돈을 부쳐주고 그 돈을 친구가 열심히 날랐다. 그래서 지석이는 작은 돈도 아닌 몇백 불씩이나 되는 돈을 갖고 약도 사고, 옷도 샀다. 열심히 나쁜 일에만 끼어들자 선교회에서 발각이 났고, 지석이는 친구 집으로 튀어버렸다. 김 전도사는 난리다. 1년 형량을 선교회에서 받아 록다운(Lockdown : 아무 곳도 가지 못하고 반드시 나눔선교회 안에서만 있어야 하는 제도로 교도소 대신 수감을 의미한다.)이 되었

■ 나눔의 철망

는데, 만일 그 녀석이 밖에서 경찰에 걸리기라도 하면 법원에서 선교회에 대한 불신이 생겨 다른 녀석들에게도 불이익이 될 수도 있다. 선교회의 책임 아래 들어온 아이들을 한 번 용서하기 시작하면 제대로 교육시킬 수 없다. 그러면 지석이와 비슷한 경우의 아이들이 다시 교도소로 들어갈 수 있다.

다수를 위해 소수를 희생해야 한다. 경찰 리포트(Police Report)를 해야 한다. 그것은 분명한 사실이다. 그것은 현실이며, 그렇게 해야만 하는 것이 법이다. 만일 미국 재활원이었다면 나가자마자, 아니 도망가지 않았다 하더라도 선교회의 규율을 지키지 않고 문제를 일으킴과 동시에 경찰 리포트가 들어갔을 것이다. 지석이는 아마도 16년의 형을 고스란히 다시 살아야 했을 것이다.

그러나 김 목사와 나는 그렇게 할 수 없었다. 그렇게 하기에는 그 아이의 인생이 너무나 불쌍했다. 우리는 지석이에게 다시 한 번 기회를 주고 싶었다. 김 전도사는 목사님들이 맺고 끊는 것이 너무 없다고 불평을 늘어놓았다. 지석이는 그날로 잡혀왔다. 신나게 혼나고서 무릎을 꿇고 빌면서 잘못했노라고 다시는 안 그러겠다고 다짐하고, 또 다짐하면서 한 번의 용서를 구했다. 김 목사와 나는 각본에 있었던 것처럼 그 아이를 다시 받아들였다.

그러나 얼마 안 있어서 지석이는 또 도망을 갔다. 이번에는 편지까지 써 놓고 도망갔다. 그 동안 고마웠고 감사하다는 편지를 써 놓고 아주 계획적으로 나갔다. 이번에는 김 전도사의 얼굴을 똑바로 볼 수가 없었다. 그러나 이번에도 김 목사와 나는 지석이를 다시 품었다. 재활원이라는 관점에서 보면 있어서는 안 되는 일이다. 그러나 그리스도의 복음을 전하는 우리의 입장에서는 어쩔 수 없이 다시 사랑을 베풀어야 했다. 김 전도사는 지석이가 또 나갈 것이라고 장담 아닌 장담을 했다. 비교적 김 전도사의 말은 거의 다 맞아떨어지고 있었다. 그렇기 때문에 은근히 불안하고 그 녀석을 바라볼 때 '설마'라고 생각하면서도 걱정이 앞섰다.

그런데 지석이 녀석에게 선교회 내에서 여자 친구가 생겼다. 여자 때문에 들어온 녀석이 웬 여자를 그렇게 쉽게 사귈 수 있는지 도저히 이해가 가지 않았다. 그러나 여자가 생겼다. 제 눈에 안경이라고 콩깍지가 씌웠는지 생각하지도 못할 여자아이와 목하 열애중이라는 것이다. 그러나 그러한 문제를 가만히 보고 있을 수는 없지 않은가? 그 담당인 김 목사는 그날부터 열심히 둘 사이를 떼어 놓으려고 엄포도 놓았다. 혼을 냈다가, 달래기도 하고, 화도 내곤 했다. 그러나 끄떡도 하지 않고 둘은 여전히 가깝게 지냈다. 정말 골칫덩어리였다.

그러던 어느 날 둘은 장문의 편지를 또 한 번 써 놓고 밀월여행을 떠나 버렸다. 그 내용은 자신은 이번에 떠나가면 다시는 돌아오지 않을 것이니 경찰 리포트를 하라는 내용이었다. 기가 막힐 노릇이었다. 자신의 인생을 전혀 생각하지 않는 것 같았다. 만일 잡혔을 경우에는 16년이란 형을 다시 받아야 할 상황에서 여자아이와 도망을 하다니, 도무지 머릿속이 복잡해서 견딜 수가 없었다.

이제 봐주지도 못할 상황이었다. 어디 가서 잡아와야 하는지 도통 그것조차도 알 수가 없었다. 어디 모텔에라도 깊이 숨었는지, 아니면 LA를 떠났는지, 누가 보았다는 사람조차도 없었다. 정말 걱정이 되었다. 하루가 지났다. 돌아오지 않았다. 이틀이 지났다.

돌아오기는커녕 연락이라도 되었으면 싶었다.

'자신의 인생을 저렇게 함부로 포기하다니 아직도 어리구나!'

마음으로부터 정말 지석이가 불쌍해지기 시작했다. 하도 문제를 많이 일으켜 한편으로는 이런 생각도 들었다.

'차라리 저 녀석 없어졌으면 ….'

그러나 어느새 미운 정, 고운 정이 몽땅 들어 버렸다. 도저히 해결할 수 없는 상황에서 피할 길을 내주셨다는 것은 하나님께서 지석이에게 기회를 허락하셨다는 것을 의미한다. 그 기회를 인간의 어리석음 때문에 놓쳐 버렸다. 지석이가 그렇게 미련하고 불쌍한 영혼이라고 생각하니 걱정스럽고 안타까웠다.

그러나 5일이 되었는데도 그 녀석의 소식은 없었다. 같이 도망간 여자아이의 어머니도 가슴이 조이고 타 들어가는 듯싶었다. 어쩔 수 없이 우리는 경찰 리포트를 해야만 했다. 다시 수배령이 내려졌다. 앞으로 지석이의 인생 16년은 감옥에서 비참하게 보낼 수밖에 없다고 생각하니, 밥이 목구멍으로 제대로 넘어가질 않았다.

이틀 후 전화가 왔다. 지석이가 뉴욕에 있다는 것이다. 지석이의 부모는 뉴욕에 사신다. 여자아이와 함께 그레이 하운드(고속버스)를 타고 7일 동안 대륙을 횡단해서 뉴욕까지 간 것이다. 중간에 돈이 떨어져서 매일 핫도그만 먹으며 있는 고생을 다하면서 찾아간 곳이 겨우 자기 부모가 있는 뉴욕이었다. 역시 부모는 어렵고, 힘들 때 안식할 수 있는 유일한 곳인가 보다. 지석이 스스로도 이미 경찰 리포트가 되어 있는 상태였기에 영원히 도망자로 살든가, 아니면 잡혀서 16년을 정식으로 살든가 둘 중에 하나밖에 결정할 수 없는 처지가 되었음을 깨닫고 모든 것을 포기한 상태였다. 많이 기가 죽어 있었다. 너무나 가슴이 아팠다.

　그러나 하나님께서는 이놈을 무지하게 봐주고 계셨다. 이 녀석에게 보호관찰관(Probation Officer)이 마지막 기회를 주겠다는 것이었다. 앞으로 잘하는지를 봐서 한 번의 기회를 주겠다는 것이었다. 보통의 보호관찰관들이 그런 식으로 하는 법이 없는데 이 녀석은 정말 특별한 기회였다. 지석이는 비행기를 타고 곧바로 LA로 돌아왔다.

　지석이는 선교회로 다시 돌아온 후부터 조금씩 변해 가기 시작했다. 이 녀석이 그리스도의 사랑을 조금씩 체험하기 시작한 것이다. 그렇게 자신이 잘못을 거듭하였음에도 불구하고 하나님을 증거하는 목사님들이었기 때문에 자신을 받아들이며 용서했다는 사실을 마음 깊숙한 곳에서부터 인정하기 시작했다. 그래서 목사님들이 믿는 하나님이 어떤 분인가 궁금해졌고, 그런 하나님을 믿고 싶다는 마음이 들기 시작했다. 놀라운 사실이 아닐 수 없었다. 함께 도망했던 여자아이는 한국으로 보내졌고, 지석이와의 관계도 끊어졌다.

　인간은 자신들이 처해 있는 급박하고, 막다른 곳에서도 여자와 남자의 관계가 이루어지고, 처해 있는 상황과는 전혀 상관없이 감정에 따라서 움직일 수 있다는 사실이 나를 두렵게 했다. 이런 감정들 때문에 요즘의 아이들이 서로 죽이기도 하고, 어떠한 끔찍한 일들도 서슴없이 저지른다. 우리의 영혼이 점점 감정에 의해 조절된다. 좋을 때, 싫을 때, 화가 날 때마다 자기가 하고 싶은 대로 하고 산다면 과연 이 세상은 어떻게 되겠는가? 나는 지석이에게 이러한 말을 해 주었다.

"지석아, 네가 나눔에 들어온 이유가 무엇이니? 그것은 네가 하고 싶은 대로 너의 감정대로 움직였기 때문이다. 싫다고 해서 싫은 것을 전혀 하지 않고, 좋다고 해서 무조건 너의 것으로 만들려고 하고, 밉고 화가 난다고 해서 부수고 싸우고 때리고, 그래서 얻어진 것이 무엇이 있니? 만일 모든 사람들이 너처럼 산다면 세상은 온통 살인자, 도둑질하는 자, 강간하는 자들로 가득 찰 것이다.

그렇다면 누군가 너를 좋아하는 이도 있겠지만, 아주 너를 싫어하는 사람도 있을 것이다. 너를 싫어하는 이들이 네가 싫어서 그들의 감정대로 너를 죽이려고 한다면 이 세상에는 살아남을 사람이 어디에 있겠니? 누구든지 그러한 감정이 있어도 그것을 참고 사는 것이 세상이란다. 내 감정을 참고, 다스리는 사람이 조금 더 많아질 때 세상은 더욱 아름다워질 수 있는 거야. 나도 참지 못하고, 너무나 내 중심적으로 내가 좋은 것만 하고 살았기 때문에 총 맞고, 칼 맞고, 결국 자살까지 시도했다.

그러나 그런 나를 하나님께서 받아주셨다. 그렇기 때문에 나 또한 네가 무슨 일을 하든 결코 너를 버리고 싶지 않았다. 그러나 난 하나의 인간일 뿐이다. 정말 너를 사랑하고 아끼고 버리지 않는 분은 바로 하나님이시라는 것을 명심하기 바란다. 난 더 이상 너에게 어떻게 하라고 이야기하고 싶지 않구나. 그저 하나님 믿는 사람이 되길 바란다."

그게 다였다. 지석이는 그 뒤로 도망갈 생각은 전혀 하지 않았다. 이제 얼마 후면 지석이는 세상으로 나간다. 아직 담배를 끊지 못해서 걱정이지만 참 많이 변했다. 자존심이 상할 정도로 야단을 맞으면서도 대꾸 한 마디 하지 않는다. 나눔선교회에서 시간이 흐른 만큼 녀석이 무척이나 성숙해지고 있다는 사실이 참으로 대견하기만 하다.

"지석아, 너를 사랑한다. 끝까지 하나님을 놓지 않기를 바란다."

돼지갈비 2대

한 형제가 있었다. 별로 좋은 이 야기가 아니기 때문에 이름을 그냥 이 형제라고 부르기로 하겠다. 이 형제는 미국에서 대학원까지 나온 고학력자 엘리트였다. 그런 데 대학원까지 나오면 무엇 하나? 제대로 하는 것이 하나도 없을 뿐만 아니라 선교회 내에서도 미운 오리 새끼 마냥 이리 채이고, 저리 채이며 눈치나 살살 보고 다니는 기회주의자로 낙인찍힌 인 물이었다. 목사가 되어 이런 말하면 안 되지만, 별로 마음에 들지 않는 구석이 많은 얄미운 사람이었다.

옛날 우리 할아버지 말씀에 의하면 세상에 삼돌이가 제일 대접 을 받지 못한다고 하였다. 남들이 열심히 일할 때 눈치보고 싹 빠 지는 배돌이, 싸울 때는 끝까지 악착같이 덤비는 악돌이, 먹을 때 는 악착같이 꼭 끼는 감돌이 이 삼돌이의 조건을 완벽히 갖춘 형 제가 바로 이 형제였다. 그는 자기밖에 몰랐다. 그리고 나이가 자 기의 아들보다도 어린 이제 16살, 17살짜리 아이들에게 기회만 있으면 거짓말과 헛소리로 온갖 아첨을 동원해서 어떻게 해서든지 담배라도 하나 얻으려고 했다. 가끔 어디서 돈이 생겼는지 술을 사다가 물을 먹는 것처럼 물 잔으로 위장하여 몰래 먹기도 했다. 또 이 대단한 비밀이 밝혀질까 봐 다른 형제들까지 공범으로 끌어들이려고 많은 공작과 수법을 총동원했다. 그러나 그런 것들이 결국은 다 밝혀질 수밖에 없으며, 자기 스스로를 비하시키고 있다는 사실을 전혀 인식하지 못하는 헛똑똑이었다.

이 형제는 선교회에 오기 전 다른 미국 재활원에서 얼마도 못 있어 그야말로 밉상으로 찍혔고 결국 쫓겨 나왔다. 이 형제는 집행 유예(Probation) 기간이 있어서 만일 우리가 받아주지 않으면 다시 교도소(Jail)에 돌아가야만 하는 딱한 처지에 놓여 있었다. 선교회에 자리가 턱없이 부족한데도 어쩔 수 없이 그를 받기로 결정을 했지만, 다른 한편으로는 선교회에 입소하기 위해 대기 순서(Waiting List)를 기다리는 이들에게 정말 미안스러웠다. 그러나 문제는 이 형제가 들어온 다음날부터 연이어 시작되었다. 청소년(18세 미만)들과 함께 몰래 숨어서 담배를 피우며 야릇한 잡담을 하는 것이었다. 나이가 마흔 살이 훨씬 넘은 중년의 아저씨가 말이다. 그것 때문에 김 목사와 나는 처음에는 점잖게 충고를 했다. 그러나 여전히 '너는 지껄여라, 나는 간다.' '개는 짖어도 기차는 떠난다.' 는 식이었다. 나이를 먹을 만큼 먹었으니 무시할 수도 없어서 조용히 불러서 나무라기도 하고 달래기도 했지만 소용이 없었다.

"어떻게 자식 같은 아이들과 담배를 몰래 피울 수가 있소? 그래노 나이 값은 해야 하시 잃겠소?"

이렇게 계속해서 문제를 일으키는 중에 그의 형이 선교회를 찾아왔다. 사무실 문에 들어서는 순간부터 못마땅하다는 듯한 표정을 짓고 있는 형도 이 형제와 전혀 다르지 않았다.

"어이, 사람 좀 불러주쇼."

어이라니! '실례합니다.' '죄송합니다.' 라는 좋은 말을 놓아 두고 다소 거만했다.

"누구를 찾으시나요?"

사무실 직원이 물었다.

"이 형제요. 나 걔 형이요."

"아, 안녕하셔요. 죄송하지만 지금 성경공부 중인데요. 잠시 기다리시겠습니까?"

대꾸도 하지 않고 기분이 무척이나 상했다는 표정을 지어 보이더니 밖으로 아무 말 없이 나가 버렸다. 사무실의 분위기를 순식간에 흐려 놓았다. 잠시 후 성경공부가 끝나고 형제들이 우르르 몰려나갔다. 좁은 방에 갑갑하게 옹기종기 모였었으니 얼마나 답답했겠는가? 신선한 바람을 쐬기 위하여 형제들은 공부가 끝난 후 모두들 밖으로 나가서 선교회를 한 바퀴씩 돌아보고 들어오곤 한다. 밖에 있던 이 형제와 그 형이 만난 것 같았다. 그런데 잠시 후 그 형이 오피스에 불쑥 들어오더니 김 전도사에게 말했다.

"돈이 얼마요?"

"무슨 돈 말입니까?"

"저 자식 치과치료비 말입니다"

"아, 치과비요. 글쎄요. 제가 알고 있기로는 800불인데요."

"뭐요? 지금 400불을 드리겠고. 나중에 800불을 주겠소."

"저기 800불인데요."

"아니, 내가 400불을 주고 나중에 800불을 준다니까. 거참."

김 전도사는 매우 기분이 나쁜 것을 간신히 참고 대답하는 듯했다.

"치과비는 800불인데요."

선교회의 형제자매들은 치아가 매우 나쁘다. 마약을 하게 되면, 뼈가 삭기 때문에 술, 담배, 마약을 많이 할 경우 신체의 모든 기능이 나빠지지만, 특별히 치아는 쉽게 손상된다. 그래서 선교회의 거의 모든 형제들이 치과의 치료를 받아야 할 처지에 있다. 그러나 보험도 없고, 정부에서 해 주는 것도 아니다. 미국에서는 유난히 치과의 치료비가 비싸기 때문에 제대로 치료를 받지 못하고 아픈 것도 참으며 쩔쩔매며 사는 경우가 많다. 이런 사실을 알게 된 솜씨 좋은 치과의사인 조선생님께서 감사하게도 무료로 선교회의 형제자매들에게 치료를 봉사하셨다. 하나님께서는 반드시 필요한 것을 채우신다. 물론 그분이 직접 하는 일반 치료는 가능하지만 새로 이를 만들어 넣는 것은 돈을 주고 다 사야 한다. 틀니는 사오는 원가만 받고 치료와 수공은 그냥 무료로 해 주시고 계셨다. 그래서 이 형제의 실제 치료비만도 거의 10,000불에 가까운 돈이었으나, 위의 이빨을 모두 뽑고, 새 이빨을 만들어 끼우는 틀니 가격만을 청구한 것이었다.(참고로 선교회와 이빨 값하고는 하나도 상관이 없다) 김 전도사는 이것을 설명하고 싶어하는 눈치였다. 그러나 그 형은 들으려 하지도 않고 무조건 400불만을 맡기겠다는 것이다. 그러자 김 전도사는 800불이라고 말했고, 그 형은 계속적으로 400불로 우겼다. 그러면서 점점 큰소리가 나기 시작했다.

"어이, 내가 말이야. 400불을 준다는데 내가 이런 기관을 한두 군데 아는 줄 알아? 내가 미국 생활이 30년이 넘었어. 누가 모를 줄 알아? 여기 사람들을 이용하구 말이야. 엉?"

그 말속에는 선교회가 형제들을 이용하여 정부에서 돈을 타먹는 영리단체인 것처럼 몰아댔다.

"무엇을 말씀하시는 것입니까? 우리 선교회는 정부에서 돈을 안 받습니다. 더욱이 우리가 언제 이 형제에게 돈을 내라고 한 적 있습니까?"

선교회에서 이곳에 있는 형제자매들을 이용해 돈을 번다고 생각하고 있는 것 같았다. 물론 미국은 모든 재활기관에 1인당 일정액의 돈을 지급하고 있다. 그러나 우리 선교회는 그 돈을 받고 싶어도 받을 수가 없다. 정부에서 인종차별을 금하고 있으며, 종교의 자유를 중요시 여기고 있는 것을 충족시키지 못하기 때문이다.

나눔선교회는 종교의 자유가 없다. 이곳은 오직 하나님의 말씀을 중심으로 모든 프로그램을 운영하고 있다. 선교회의 설립 목적의 우선이 하나님의 복음의 말씀을 전하여 그리스도인으로 구원받게 하는 데 있다. 또한 다른 인종을 받지 않는다. 다른 인종을 위한 재활원은 미국 내에 얼마든지 있다. 설령 받는다 하더라도 그들의 문화와 언어, 그리고 생활상을 온전히 이해하지 못하면서 이 사역을 한다는 것은 많은 부작용이 발생할 수 있기 때문에 우리는 반드시 한국 사람만을 받고 있다. 한국 사람만 받는다는 것은 분명한 인종 차별이며, 성경 중심의 프로그램을 진행한다는 것은 분명한 신앙의 자유를 박탈하는 것이다. 이런 이유 때문에 정부의 보조를 받을 수가 없다. 정부의 보조금을 받기 위해 선교회의 원래 목표와 목적을 잃어버릴 수는 없기 때문이다. 그래서 어쩔 수 없이 선교회에 수없는 경제적인 어려움이 따라도 개인 후원이나, 단체, 교회 후원으로 선교회를 운영할 수밖에 없다.

처음 시작은 말할 수 없이 힘들었다. 김 목사님과 함께 사비를 털어서 시작했고, 이후 5년간 소수에 불과한 후원자들의 작은 정성으로 간신히 선교회가 운영이 되어 왔다. 그러니 그 동안의 그 어려움이야 어떻게 말로 다 설명할 수 있겠는가? 그러니 그 형의 엉뚱한 발상에 분통이 터진 김 전도사는 깜빡 직분자라는 사실을 잊어버린 듯 얼굴이 벌겋게 달아오르면서 씩씩거렸다. 사실 김 전도사는 여자치고는 매우 직선적이고 무서운 성격을 갖고 있다. 그래서 나도 가끔 김 전도사가 무섭다. 사람에게 인정받는 것이 중요한 것이 아니라 하나님께 인정받으면 된다. 사람을 기쁘게 하랴, 하나님을 기쁘게 하랴. 결국 싸움이 붙기 일보직전이었다. 아니 이미 싸움이 시작되었다.

"야! 이게 그냥 뭐 이 따위가 다 있어? XXXXX"

갑자기 그 형이 큰 소리를 치는 것을 듣는 순간, 목사인 나도 그만 직분자임을 깜박 잊어버렸다. 난 아직도 하나님께서 보시기에 어린아이이다. 아직도 멀었다.

"당신 뭐야? 여기가 어딘데 큰소리치고 난리를 부려?"

결국 내가 한 마디를 했다.

"뭐? 목사가 어디다 대고 큰 소리야, 야, 이거 목사가 사람 치겠네. XYYYYYY"

결국 막말을 해대는 그 형에게 결국 옛날 버릇이 나도 모르는 사이 튀어나오게 된 것이다.

"너, 밖으로 나와!"

그 형과 내가 밖으로 나오기가 무섭게 아이들이 벌떼 마냥 몰려들었다. 어느새 마당에는 아이들이 눈을 똥그렇게 뜨고 무슨 일이 벌어졌는지 웅성거리고 있었다. 눈치 빠른 소식통인 한 녀석이 이 형제의 형과 나와 김 전도사의 방금 있었던 따끈따끈한 사건을 아이들에게 모두 말을 한 것 같았다. 그러자 내가 뭐라고 할 틈도 없이 일시에 몇십 명의 아이들이 그 형을 뺑 둘러쌌다. 갑자기 아이들의 눈빛은 적군을 만난 듯이 살벌하게 바뀌고, 벌써 몇몇 아이들은 주먹을 폈다 놨다 했다. 그 분위기는 한두 살 먹은 어린아이라 할지라도 얼마든지 위협감을 느낄 수 있었다. 상대는 순식간에 갑자기 꼬리를 내렸다.

"아니. 나는 싸우려는 것이 아니라 내가 그러니까 잘못 안 것 같은데, 저 녀석이 나한테 뭔가 거짓말을 한 것 같군요. 아주 죄송하게 됐습니다. 그럼 …."

서서히 뒷걸음질을 치며, 말을 더듬더니, 잽싸게 돌아서서 차를 타고 줄행랑을 쳤다. 그 형은 그렇게 집에 갔으니 얼마나 화가 났겠는가? 자존심도 상하고, 화가 풀리질 않았나 보다. 선교회로 전화를 해서 "야! 거기가 깡패집단이야? 뭐야?" 하면서 욕설을 날렸다. 차후에 알아보니, 이 형제가 형에게 거짓말을 했다. 선교회에서 돈을 내라고 강요하는데, 자신이 돈이 없어서 못 내니까 자신만 미워한다면서 중간에서 형에게 이상한 말을 했던 것이다. 거기에다 치과 치료비를 속여서 삥땅을 치려고 800불인 치료비를 1,200불로 불려서 이야기한 것을 김 전도사가 한 것으로 그 형이 오해를 한 것이었다. 결국 오해는 풀렸고 이를 안 형은 정식으로 사과를 했다. 그러나 이 형제의 거짓말과 나쁜 습관은 계속되었다.

＊

　이 형제의 어처구니 스토리는 다시 한 번 그 막을 올렸다. 선교회에서는 다운타운에 있는 중국 도매상인 광동 시장을 주로 간다. 그곳에 가면 싼값에 시장을 볼 수 있다. 무엇이든지 다 도매이기 때문이다. 선교회 식구가 많아서 식당만큼이나 먹어대니 그곳에 가서 언제나 박스 채 음식을 가져다가 한 끼에 몇 박스씩 음식을 하곤 한다. 그날은 특별한 음식을 좀 먹고 싶다고 보채는 아이들을 잠재우기 위하여 돼지갈비를 한 박스에 17불씩 주고 두 박스를 사왔다. 오히려 야채보다 고기 값이 싼 이곳은 고기 한 박스도 20불이 채 넘지 않는다. 돼지갈비를 생강, 된장, 마늘을 넣고 살짝 삶아 달짝지근한 고추장에 맛있게 양념하여 오븐에 3시간 정도 굽는다. 그리고는 숯불에 살짝 바비큐(BBQ)를 해 먹으면 그 입에서 녹는 감칠맛과 혀끝에 도는 살의 맛은 일품이고, 나눔선교회의 최고의 요리이다. 그런 음식을 가끔 특별한 날에 해먹곤 한다.

　그런데 그날따라 돼지갈비에 기름이 많이 붙었는지, 아니면 아이들의 먹성이 너무나 좋아졌는지 보통 때면 두 박스 가지고 그럭저럭 먹었던 양이 많이 모자랐다. 부엌에서 일하는 형제들이 곰곰이 생각하다가 누구는 많이 먹고, 누구는 조금 먹을 수가 없어서 똑같은 양을 배급으로 주기로 했다. 모두다 2대씩을 먼저 받아가고 난 다음 갈비가 조금 남으면 더 주기로 잠정적인 합의를 본 것이다. 그런데 목사들에게 갈비를 3대씩을 준 것이다. 이것이 바로 화근이 되었다. 우리 선교회는 매일 저녁 그날 있었던 사건이나 느낀 것들을 일기를 쓰는 시간이 있다. 이 친구가 자신의 일기에

통분해하며 이렇게 적었다.

'지들은(여기서 말하는 '지들'이란 목사를 지칭하는 것임) 갈비를 배 터지게 실컷 처먹고, 지들 입만 입인가? 나는 겨우 갈비 2대를 주다니, 어떻게 이럴 수가 있단 말인가!'

이 친구는 자기의 이름을 안 썼기 때문에 누가 썼는지 모를 것이라고 생각했겠지만, 선교회에서 식구들의 글씨체를 한두 번 보나? 누구 글씨인지 어떻게 모를 수가 있겠는가! 하여간 목사라는 자가 돼지갈비 3대 먹었다가 형제들에게 시험이나 주고…, 웃기기도 하고, 기가 막히기도 했다. 이 돼지갈비를 형제들보다 한 대 더 먹었다가 정말 배가 터져서 죽을 뻔했다. 배불러서가 아니라 욕을 너무 많이 먹었기 때문이다. 목사 체면이 말이 아니었다. 맞다. 목사는 남보다 덜 먹고, 덜 자고, 덜 입고, 덜 잘사는 것이 은혜스러운 듯하다.

괴팍한 박 집사는 질투의 화신

얼굴이 땅콩형으로 생긴 박 집사는 정말 별난 인물이다. 박 집사는 언제 어디서 누구에게서 집사로 임명을 받았는지 모르겠지만, 자기가 집사니까 집사라고 부르라고 한다. 괴짜인 그는 머리가 이상한 것 같기도 하고, 아닌 것 같기도 하고 정말 희한한 사람이었다. 손재주가 비상해서 못 하는 것 없이 다 해냈다. 선교회 꼭대기의 십자가도 박 집사의 솜씨요, '나눔선교회'라는 간판이 높은 벽에 붙어 있는 것도 박 집사가 꼭대기에서 허리에 줄을 타고 내려와 힘겹게 붙여 놓은 것이다. 선교회를 위해서 애썼던 일도 많았지만 별스러운 일도 함께 벌려 놓았던 이상한 인물이었다.

하루는 박 집사가 엉뚱한 말을 했다.

"목사님, 이 선교회 건물이 옛날 FBI 비밀 요새였던 것 아셔요? 저쪽 부엌 옆 창고 있죠? 그곳이 마약하고, 갱단에 들어 있는 사람들의 자료를 모아 놓았던 비밀 창고예요. 그리고 저쪽 저 방은 FBI들이 고문할 때 썼던 겁니다.”

말도 안 되는 소리를 하는데도 어느새 나도 ‘혹시 … 사실인가?’라고 느낄 정도로 실감나게 이야기하곤 했다. 꼭 홍섭이와 같은 증세를 보이곤 했다. 때때로 홍섭이와 서로 심각하게 이야기도 잘 나누었다.

✳

박 집사는 어금니만 빼고 윗니와 아랫니가 하나도 없었다. 박 집사의 말로는 일 년 전 자신이 아가페기도원에서 홍 목사님을 도와 일할 때였다고 한다. 당연히 꾸며 낸 이야기라고 접고 들었지만, 정말 거짓말이기야 하겠는가? 박 집사가 그 아가페기도원을 몽땅 짓다시피 했다고 한다. 다리도 놓았고, 성전도 지었고, 기도굴도 자기 손이 안 닿은 곳이 없다고 했다. 그래서 자기는 사회에 나와서 살고 싶었는데 홍 목사님이 너무 자기를 필요로 해서 매달리고, 빌어서 어쩔 수 없이 그곳에 있어 주었노라고 말하곤 했다.

그곳에 있을 때였단다. 비가 많이 오던 어느 겨울날 비 때문에 자신이 놓았던 다리가 잠겨서 통행이 되지 않았다. 박 집사는 다리가 비 때문에 끊어질까 봐 무척이나 걱정스러워서 그 다리 앞에 나와 우산을 들고 서 있었다고 한다. 무릎 위까지 철철 넘쳐나는 물살이 거세게 느껴졌지만, 간신히 걸어가며 이쪽저쪽을 살피고 있었단다. 빗줄기는 계속 거세졌다. 박 집사는 걱정이 되어 고개를 숙이고 다리 아래쪽을 내려다보는데 평소에도 헐렁헐렁했던 윗니 틀니가 갑자기 쑥하고 빠져서 그 거센 물살에 휩쓸려갔다. ‘아차’ 싶었고, 순간 ‘아랫니도 빠지면 어떻게 하지?’ 하는 생각이

들어 얼른 아랫니 틀니를 꺼내 호주머니에 넣으려는 순간 손에서 미끌어지며 물속에 풍덩하고 빠트렸다는 것이다. 그래서 박 집사는 윗니와 아랫니가 하나도 없다.

그래도 박 집사는 음식을 하나도 남김없이 잘 먹는다. 그리고 잠도 잘 잔다. 이렇게 이빨이 하나도 없는 박 집사는 웃을 때 이빨에 개의치 않고, 확실하게 입을 벌려서 웃는다. 그리고 여자를 매우 좋아한다. 사진 한 장을 가지고 다니는데 그 사진의 주인공이 자신의 여자친구라고 자주 자랑을 한다. 그 사진의 주인공은 아름답게 생긴 프랑스 여배우 같았다. 그 사진의 인물이 자신을 죽자 살자 쫓아다녀서 박 집사의 골치가 아프다는 것이다. 나이 차이도 있고, 나라도 틀리고 하여 자신은 받아들일 수가 없다고 거절을 해도 여전히 박 집사를 너무나 사랑한다면서 계속 따라다닌다는 것이다. 도저히 믿을 수 없는 이야기였다. 나는 한 번도 그 여자가 박 집사를 쫓아다니는 것을 본 적이 없다.

그런 괴짜 박 집사가 대단한 사고를 쳤다. 우리 선교회에는 호돌이라고 중국의 왕실에서 키우던 개, 차우차우가 한 마리 있었다. 이 호돌이 녀석은 정말 잘생겼다. 멀리서 보면 꼭 사자처럼 갈기를 휘날리고, 위엄과 기품이 넘쳐나는 개였다. 얼마나 집을 잘 지키는지, 우수한 혈통답게 선교회 한 가족으로서 한몫을 단단히 하고 있는 식구였다. 한번은 이 녀석이 갑자기 없어졌다. 선교회는 사람도 잘 없어지고, 개도 없어진다. 사람이야 나갔다 하면 어디 갔는지 거의 안다. 십중팔구 마약이나 도박을 하기 때문이다. 그런데 호돌이 녀석은 하루가 지나고, 반나절이 되었는데도 집으로 돌아오지 않았다. 은근히 걱정이 되고 있는데 껑칠사 한 내가 선교회 마당에 들어섰다. 우리 선교회 사람들은 경찰만 보면 오금을 못 편다. 경찰이라면 숨기부터 하는 이상한 버릇들이 있다.(왜 그런지 이해는 하지만) 그런데 경찰이 내리면서 뒷자리 문을 열었는데 그곳에 호돌이가 점잖게 앉아 있었다. 무슨 일인가 물어보았더니 호돌이 녀석이 맥아더공원에서 왔다 갔다 하더라는 것이다. 맥아더공원은 유명한 마약 시장이다. 그런데 경찰의 말로는 호돌이 녀석이 그곳에 툭하면 간다는 것이다. 호돌이가 특이하게 생겨서 경찰들이 선교회 개인지 알고 있다고 했다. 그래서 데려왔다는 것이다. 사람이나 개나 나갔다 하면 맥아더공원이다.

또 한번은 이 호돌이 녀석이 마약에 취한 적이 있었다. 그때는 선교회 초창기여서 선교회에서 숙식을 하는 이들이 매우 적었다. 아주 깊은 밤이었는데, 선교회에 페인트칠을 하기 위해서 페인트를 꽤나 많이 사놓고 깜박 잊고 마당에다 그 페인트 통을 여러 개 놓아두고 잠을 잤었다. 그날 밤, 멕시칸 밤도둑님들께서 그 페인트에 눈독을 들였다. 그러나 무섭게 생긴 개 한 마리가 왕왕거리며 짖어대니, 그 페인트를 어떻게 가지고 나갈 수 있겠는가! 생각하다 못해서 고기에다가 마약을 섞어 담 밖에서 던져 호돌이에게 주었다. 이것도 모르고 맛있게 그 고기를 먹은 호돌이가 완전히 환각 상태에 빠져 며칠을 밥도 안 먹고, 약에 취해서 이상한 짓을 했다. 물론 그날 저녁 페인트는 몽땅 도둑맞았다. 이렇게 여러 가지 사건을 함께 했던 이 호돌이가 어느 날 저녁 박 집사처럼 이빨이 없어졌다. 윗니와 아랫니가 완전히 박 집사와 똑같은 형상을 하고 있는 호돌이를 보면서 도대체 또 무슨 일이 있었는지 궁금하기만 했다. 드디어 수수께끼가 풀렸다. 깊은 밤이었는데, 어떻게 들어왔는지 잘생긴 암캐 한 마리가 선교회에 숨어 들어왔다. 이유는 호돌이를 만나기 위해서였다. 신이 난 호돌이는 그 암캐와 정열적인 뜨거운 밤을 보냈다. 호돌이는 열심을 다해서 암캐를 사랑하고 있었는데, 마침 그때 그 장면을 박 집사가 3층 유리문을 통해서 발견했다. 그때 박 집사는 열을 있는 대로 받았단다.

"아니, 나도 못 하는 것을 저 개새끼가 하냐?"

소리소리를 지르며 뛰어나가는 바람에 다른 형제들도 잠에서 깨어 따라 내려갔지만 순간적으로 일어난 일이어서 말릴 틈도 없었다. 이미 박 집사가 몽둥이를 들어 호돌이와 여자친구의 결정적인 순간에 방해를 놓아 버렸다. 한참 기분 내고 있던 호돌이의 여자친구는 사랑을 배신하고 줄행랑을 놓았다. 호돌이는 박 집사가 휘두르는 주먹과 몽둥이로 정신없는 구타당했다. 그 일로 인해 호돌이의 이빨은 완전히 박 집사 이빨이 되어 버렸다. 그러나 호돌이는 아무런 반항도 하지 않고 고스란히 그 몰매를 다 맞았다고 한다. 박 집사가 호돌이에게 밥을 주는 사람이었기 때문이다. 아무런 잘못도 없이 그리 얻어 터졌건만, 아무런 반항도 하지 않은 채 주인을 알아본 것이다. 개도 주인을 알아보는데 우리를 창조하신 하나님을 우리는 모르는 체한다. 때로 사람들은 개만도 못할 때가 있다. 그날 이후 호돌이는 한동안 고기를 먹지 못했고 박 집사는 다음날 호돌이를 껴안고 울면서 무지무지 후회했다. 그 후 박 집사는 매일매일 호돌이에게 죽을 끓여 주었다.

99마리의 양을 풀은 대부 예수님

선교회에 아주 재미있고 성격이 '짱'인 아버지가 한 분 있다. 이분은 행복을 전염시키는 바이러스이다. 말하는 것 자체가 코미디이다. 너무나 소탈하면서도 눈물, 콧물 다 뺄 정도로 기가 막히게 웃기는 분이 바로 이분이다. 사람을 만나면 먼저 "저 무슨 띠시죠?"부터 묻고 시작하는 이분은 내가 제일 좋아하는 분 중의 한 분이다.

일일이 그분의 표정과 말씀을 다 옮길 수는 없지만 가장 인상적이었던 것이 부모님들이 화요일마다 모여서 자발적으로 하는 기도회 모임에서 히트를 친 사건이다. 이분은 선교회에 아들 때문에 나오기 시작하다가 거의 자신의 수준과 맞는다며 아예 선교회에 말뚝을 박을 생각까지 가진 분이다.

이분이 전에는 제법 큰 교회의 구역장이었다. 구역장으로 몇 년간 봉사를 했는데 성경 공부도 어느 정도 해서 많이는 아니지만 나름대로 성경 말씀 지식이 꽤 있었다. 그래서 여러 부모들과 함께 말씀을 나누다가 자신이 알고 있는 성경 지식을 총동원해 보았다. '한 마리의 잃어버린 양' 이라는 이야기 말이다. 이분이 아주 심각하게 말했다.

"우리 예수님께서는요. 잃어버린 한 마리의 양을 찾기 위하여 아흔아홉 마리의 양들을 쫙 풀어 잃어버린 한 마리의 양을 찾아오게 하셨습니다."

이때 모두들 웃음보가 터졌다. 예수님께서는 한 마리의 길 잃은 양을 찾기 위하여 아흔아홉 마리의 양을 놓아두시고 당신이 직접 찾으러 가셨는데, 이 일을 예수님이 깡패 조직 두목도 아닌데 한 마리 양을 찾기 위해 남은 99마리 양을 조폭 마냥 풀어서 일을 시켰다니. 웃지 않을 수 있겠는가?

그뿐인가! 한 아이의 어머니가 아주 오래 전에 이태원에서 피아노를 잘 쳐서 여러 클럽을 돌아다니며 연주했다고 말했다. 워낙 피아노를 잘 쳐서 그 시대, 그 시절에는 그룹마다 서로 모셔가려고 '아우성'을 쳐댔었다고 했다. 그 어머니의 말을 듣고 이 아버지께서 한마디 했다.

"아! 그러셨군요. 이태원 클럽에 계셨군요. 저도 클럽에 있었습니다."

"어머, 어머 그래요? 반갑네요. 어디어디 계셨어요?"

"네 뭐 OO 클럽, XX 클럽, YY 클럽 등등 이런 클럽들이었죠."

"어머나, 저도 그곳에 있었어요. 너무너무 반갑네요. 그런데 저무슨 악기를 다루셨죠?"

"아! 예, 저는 클럽에 술 먹으러 다녔는데요."

우리는 모두 배꼽을 잡고 나뒹굴었다. 사람은 만나서 좋고, 즐겁고, 시간가는 줄도 모르며 헤어지기 싫은 사람이 있는가 하면, 만나면 싫고, 될 수 있는 대로 안 만났으면 싶고, 부담스러우며 빨리 헤어지고 싶은 사람이 있다. 이 아버지는 언제나 만나도 함께 있고 싶고, 즐겁게 하는 마음 편한 분이시다. 예수 믿는 이들은 모두모두 만나서 즐겁고 행복한 사람들이 되었으면 한다.

13세 포르노 감독

선교회에서는 열세 살의 아이부터 예순 살의 아저씨까지 아주 다양한 연령층이 모여서 산다. 특히 요즈음은 평균 연령층이 계속 낮아져서 열다섯 살, 열여섯 살이었던 나이가 이제는 열세 살로 되었다. 그만큼 아이들의 문제가 더욱 심각해지고 있음은 두말할 나위가 없었다. 이 심각성의 정도가 이제는 약뿐만이 아니고 다양해지고 있음을 선교회에 들어오는 아이들의 사건으로 미루어 짐작할 수 있다.

열세 살의 정수는 본인이 얼마나 심각한 문제로 들어왔는지조차도 잘 모르는 아이이다. 정수가 나눔에 입소한 지 얼마 되지 않았지만, 한국으로 도망을 가느냐, 아니면 소년원에서 15년 정도의 형량을 받느냐의 기로에 놓여 있었다. 잘못하면 죄질이 아주 나빠서 바로 성인교도소로 갈 수도 있었다.

정수는 얼마 전 자신이 사는 아파트에서 열네 살 먹은 유대인 여자아이와 다른 백인, 아시안 계통의 열세 살 된 친구들과 함께 신나고, 재미있는 일을 찾다가 아무런 죄의식도 없이 포르노를 만들어 인터넷에 올렸다. 출연진들은 모두 네 명이었다. 여자아이 한 명을 침대에 묶어 놓고, 다른 남자 아이 두 명과 함께 돌아가며 열네 살의 소녀를 유린하는 것을 비디오로 촬영을 했다. 결국 마음이 바뀐 여자아이가 경찰에 신고했고, 경찰은 정수네 집을 급습하여 그 증거물로 비디오테이프를 압수해 갔다. 정수의 집은 졸지에 먹구름이 끼고 번개 맞은 집이 되어버렸다.

아무리 정수가 어린 나이라고 하지만, 이것은 미국에서 엄청난 사건이었다. 여자를 상대로 성적 범죄 행위나 구타를 하는 경우는 나이에 상관없이 교도소에 갔을 때 거의 90% 이상 집단 구타를 당하거나, 다른 수감자들의 성적 노리개가 된다. 교도소에서는 오히려 살인, 강도, 폭행 등 거친 이유로 들어온 이들이 대접을 받는다. 좀도둑, 여자 문제 등으로 들어갈 경우 무시를 당하고, 부당한 대우를 당하는 경우가 대부분이다. 그곳에서 자신을 지키며 살아남기란 쉽지 않다. 이렇게 험악한 곳에 열세 살의 남자아이가 들어간

■ 13세 친구들

다면 그것은 앞으로의 인생은 끝이라는 것을 의미했다. 그곳에서 에이즈에 걸릴 수도 있으며, 그곳에서 받은 고통으로 정신적 문제

를 안고 평생을 살아가야 할지도 모른다. 그뿐 아니라 거의 매일 구타와 수모로 시달려야 하기 때문에 평생을 도망자로 살지언정 차라리 교도소에 가지 않고 도망가는 편이 나을 수도 있다.

이렇게 갈림길에 서 있는 상황이었지만, 이 녀석은 도무지 그것이 어떠한 상황인지 파악이 안 되는 것 같았다. 일단 선교회에서 도움을 줄 수 있는 방법을 최대한 모색했다. 그리고는 열세 살의 정수는 선교회에서 생활을 시작했다. 법정에 갔을 때 재활기관에서 재활을 하고 있다는 사실은 매우 큰 도움이 될 수 있기 때문이다. 사실 정수 녀석이 뭔가 계획적이고, 음흉한 마음에서가 아니라 철모르는 어린 행동에서 비롯된 사건이었기 때문에 이 아이의 인생관과 도덕관을 다시 재정립해 주는 시간이 필요했다.

마침 정수가 선교회에 입소하자마자 선교회에서 가을 캠프를 떠나게 되었다. 그 캠프에서 자기들 또래끼리 자연스레 뭉치게 되었는데 우연히 그 아이들의 이야기를 듣게 되었다.

펭귄이란 별명의 꼬마 녀석이 정수에게 물었다.

"야! 너 왜 여기에 들어왔니? 형들이 그러는데 너 몰래 포르노 봤지? 너 그거 되게 나쁜 거야. 그래서 너희 부모에게 잡혀서 여기 왔지?"

그러자 정수 녀석은 아주 우쭐하게 폼을 잡으면서 말했다.

"어린 니들이 뭘 알아! 나는 포르노 보고 들어온 것이 아니야. 나는 감독이었어. 감독. 그리고 출연도 했다."

다른 아이들은 부러운 듯 감탄사를 연발했다.

"우와! 대단하다."

이제 호적초본에 잉크도 마르지 않은 녀석들이 모여 앉아서 하는 이야기가 아주 가관이었다. 요즘의 아이들의 의식은 윤리와 도덕이 엉클어져 있다. 어른들만의 지식이 아이들의 생활을 지배하고 있다. 어떻게든 자신의 자녀가 똑똑한 아이로 빠르게 성장해 주는 것이 자랑인 양 늘어놓는 부모들을 대할 때마다 자녀의 수준과 부모의 수준이 피장파장임을 느낄 수 있다.

문신을 하는 깊은 뜻은

 옛날에는 문신이라 하면 야쿠자나 마피아 등 아주 폭력적이고 조직적인 전문깡패들만의 소유물로 여겨졌었다. 길거리에서 문신을 한 사람들을 가끔 마주치기라도 하면 원숭이를 쳐다보듯이 신기하고, 한편으로는 겁이 나서 옆눈으로 안 보는 척하고 힐끗힐끗 쳐다보곤 했었다. 그랬던 문신이

이제는 너무나 보편화 되어 웬만한 청소년들은 여자나 남자나 할 것 없이 작고 귀여운 것부터 크고 흉악스러운 것에 이르기까지 다양하게 패션인 양 하고 다닌다. 우리 선교회에서도 많은 아이들이 문신을

■ 문신과 피어싱

했거나 하기를 원한다. 왜 하냐고 물으면 아이들의 대답이 의외로 싱겁다.

"그냥요."

목적이 없다. 가끔은 소속감을 표시하기 위해서 하기도 한다. 예를 든다면 눈 밑에 눈물방울을 한 방울 그려 넣는 것은 주로 멕시칸 갱들의 사인이고, 여자들일 경우 주먹을 쥐고 세로로 세워 엄지의 맨 아래쪽 갈라지는 부분에 점 세 개를 찍은 문신을 하면 갱단에서 서열상 위에 있는 보스들의 여자라는 표시이기도 하다. 그 외에도 섹시함을 자랑하기 위해서 배꼽 근처, 엉덩이, 어깨, 넓적다리 등에 가벼운 문신을 넣기도 하고, 남자들인 경우에는 자신들이 소속된 집단의 마크를 넣기도 한다.

그러나 요즘은 그런 경우보다 자신이 원해서 하는 경우가 훨씬 더 많다. 지금의 한인 청소년들은 옛날과는 달리 체력적으로 많이 약해져 있다. 그 이유는 어릴 때부터 집안에만 주로 앉아서 시간을 때우는 컴퓨터, 게임, 학원 수업 등으로 체력을 단련할 기회가 적었기 때문이다. 우리가 어릴 때에는 학교가 끝나면 우르르 동네 어귀에 나가 다방구, 오징어가의상, 딱지치기, 구슬치기, 술래잡기로 체력 단련을 많이 했다. 또 때때로 거들먹거리는 밥맛 없는 친구들을 코피 나게 패 주면서 얼마나 많은 주먹의 힘을 길렀던가? 체력은 국력이었다. 그러나 요즘의 아이들은 전혀 그런 것을 모르면서 큰다. 그래서 체력은 약해지고, 대인 관계는 소홀해져서 자기밖에 모르는 이기적인 아이들로 성장하게 된다.

그래도 남자라고 남들에게 약간 거칠게 보이고 싶은 기질이 아직은 남아 있는지 겉으로 거칠게 보여서 남들을 제압하기 위한 무기로 이런 문신을 사용하기도 한다. 선교회에서도 가만히 보면 남 앞에서 거들먹거리길 잘하는 아이들이 문신을 많이 한다. 남자답 게 한가락 하는 녀석들은 오히려 그러한 것을 기피하는 것으로 보 아 인간이 내적으로 나약해질수록 외적으로 더욱 치장을 많이 하 려고 한다는 것을 느낄 수 있다.

피어싱도 마찬가지라고 생각한다. 여자아이들은 특히 혀에 피 어싱을 하는 아이들이 많다. 왜 하냐고 물었을 때 대부분 싱겁게 대답한다.

"그냥요."

그런데 한 여자아이에게서 꽤 대담한 대답을 들었다.

"남자들이 좋아해요."

그 의미는 무엇인가? 남자와의 성 관계를 할 때 사용하는 것이 다. 이제 십대 아이들이 이미 남자, 여자의 모든 관계를 알아 버려 웬만한 아줌마들보다도 더욱 적나라한 수준이라는 사실이 매우 놀라울 뿐이다. 그러나 그것이 바로 현실이다.

3장 가장 무서운 현대병 마약 중독

Gangster of God

- 예배실의 벌거벗은 아담
- 우리들의 마스코트
- 너 내 남자 친구 빼앗아갔지?
- 엄마의 질투
- 목사님! 아기가..., 아기가...
- 반바다 아저씨와 밤무대 여왕

- 오클랜드 너 총 맞았니?
- 분실된 나눔 보물 1호
- 슬픈 진실 게임
- 크랙하우스 아줌마의 죽음
- 목사님은 구약과 신약을 드셔야지요
- 약물의 금성

예배실의 벌거벗은 아담

일요일 오전 10시 30분이면 선교회는 모두가 예배를 드린다. 주일예배를 우리는 다른 교회에 가서 함께 예배를 드리고 싶지만 대부분의 교회들이 우리가 가서 함께 예배드리는 것을 원치 않는다. 나쁜 습관에 빠져 있는 이들이기 때문에 다른 이들에게 혹시 피해나 오지 않을까 하는 염려와 걱정 때문일 것이다. 그렇기 때문에 매일 성경 공부, QT(Quite Time; 조용히 묵상하는 시간), 저녁 예배, 기도회 등 끊임없는 선교회 수업 프로그램과 쉴 틈이 없는 전화 상담, 만나는 상담, 그리고 법정 출석으로 나와 김영일 목사님은 눈코 뜰 새 없이 바쁘게 움직인다. 이렇게 하루 종일 말을 하다 보면 입안이 바싹바싹 타들어가고, 이 사람하고 상담한 이야기와 저 사람하고 상담한 이야기가 서로 헷갈릴 때도 간간이 있어서 종종 실수를 하기도 한다. 이처럼 바쁜 와중에 설교를 준비하는 것은 보통 어려운 일이 아니다. 그렇지만 어쩔 수 없이 두 주에 한 번씩 돌아오는 주일 설교

준비까지도 하려면 밤잠은 완전히 반납해야만 한다.

　나눔선교회에서는 언제나 예배 전 찬양을 한 30여 분 동안 드린다. 기타를 치고, 피아노를 치며, 드럼을 두드리면서 신나게 드리는 찬양은 선교회에 모인 이들의 가슴을 뜨겁게 열어 놓는다. 어른들의 예배는 한국어로 드리고, 아이들의 예배는 영어로 따로 드린다. 처음에는 어른, 아이 모두

■ 함께 찬양하며

함께 예배를 드렸다. 그러나 시간이 지나면서 영어와 한국말을 섞어가며 이중 언어로 설교를 한다는 것도 어려웠고, 장소가 비좁아 함께 앉을 수도 없었다. 찌는 듯한 더위 때문에 좁아터진 그 장소에서 100여 명이 함께 예배를 드린다는 것은 찜질방에서 밍크오버코트를 입고 있는 것과 다름없었다. 그렇게 몇 번 예배를 드렸지만 그렇잖아도 실력이 없는 설교에 모두들 자고 있는 모습을 보니 그 다음은 도저히 용기가 나지 않아 아이들과 어른들을 나누어 예배를 드리기로 했다. 어른 예배는 거의 나눔에서 숙식하는 성인 몇 명과 아이들의 부모님들이 대부분이다. 출석하는 모든 이들이 공통적인 상처와 아픔을 가지고 있어서 전혀 선교회와 연관이 없는 이는 거의 없다.

　그날도 찬양을 마치고 곧바로 예배를 시작하고 있었다. 심각한

얼굴로 기도를 마치고 설교를 시작하려고 하는데 엊그제 선교회
에 입소한 19살 먹은 현승이가 윗도리를 완전히 벗은 채 예배실로
쓱 들어왔다. 사람들의 머리 때문에 가려져서 제대로 보이지를 않
았지만 분명히 웃통을 홀딱 벗고 있었다.

'아니, 저 녀석이 …!'

그렇다고 설교 시작해 놓고 소리를 질러댈 수도 없었다. 자세히
보니 이 녀석이 윗도리만 벗은 것이 아니라 아래까지 홀딱 다 벗
어 던지고 완전 누드차림으로 예배실을 배회하고 있었다. 예배를
드리는 이들도 바로 눈치를 채고는, 옆을 돌아보고, 뒤를 돌아보
며, 경악을 금치 못하는 표정을 지어 가며 숨을 죽이고 고개를 숙
였다. 그때 선교회 형제 중 덩치 큰 규철이가 현승이 녀석을 데리
고 예배실 밖으로 나가려고 하자 현승이는 발버둥을 치며 나가지
않으려고 안간힘을 썼다. 그러나 워낙 힘이 센 규철이는 삐쩍 마
른 현승이를 번쩍 들어올려 자기 어깨에 메고 밖으로 나갔다. 몇
몇 형제들도 황급히 따라 나갔다. 엉겁결에 황당한 일을 당한 우
리 모두는 당황스럽다기보다 너무나 가슴이 아팠다. 모두가 비슷
한 생각을 한 듯했다. 이곳에 모여 있는 부모들은 아마도 각자 자
신의 자녀들을 생각했을 것이다. 맨 뒷자리에 숨죽이고 앉아 있는
현승이 어머니는 소리도 내지 못하고 고개를 숙인 채 눈물을 닦고
있었다. 다른 부모들도 흐르는 눈물들을 주체하지 못하고 있었다.

현승이가 엊그제 선교회에 입소했을 때 유난히 삐쩍 말라 있었
고, 눈이 푹 꺼져 있었다. 그러나 이 녀석이 이 정도로 심하게 문
제가 있으리라는 생각하지 못했다. 내가 보기엔 위드(쩰, 마리화
나, 대마초를 말함) 이외에는 별다른 약을 한 것 같지 않았다. 그

런데 증상은 분명히 화학 성분이 섞여 있는 약을 습관적으로 복용하는 이들의 증상이었다. 머리도 정상이 아니었었다. 도대체 무슨 약인지 감이 잡히지 않았었다. 약에 대해서만큼은 무슨 약을 어느 정도 하는지 보기만 해도 직감할 수 있는데 현승이만큼은 갈피가 잡히지를 않았다. 당분간 선교회에 있으면서 증상을 살피려고 했다.

현승이에 대한 의구심은 바로 그 주일날 아침에 모두 풀렸다. 선교회의 다른 형제들의 말에 의하면 현승이가 자살을 시도했다는 것이다. 선교회에서는 아침에 일어나면 모두 그리피스공원으로 하이킹을 간다. 하이킹을 다녀온 다음에는 각자 자신이 맡고 있는 곳을 말끔히 청소하고 하루 일과를 정식으로 시작한다. 현승이에게 맡겨진 일은 3층의 화장실 청소였다. 그런데 현승이가 화장실 청소를 한 시간 이상을 계속하고 있었다. 봉사자인 박웅대 형제가 살펴보니 녀석이 화장실 타일 사이사이에 끼어 있는 검은 때까지 손톱으로 다 긁어내고 있었다.

'녀석! 들어온 지 얼마 되지도 않았는데 고분고분 말도 잘 듣고, 청소도 깨끗이 하는구나. 성격이 아주 꼼꼼한가 보다.'

이렇게 생각하면서 기특해서 격려까지 해 주었단다.

"현승이 잘하는구나. 그래 열심히 해라."

문제는 청소하는 데 사용하는 화학 약품이었다. 현승이가 강력 하이타이의 일종인 에이젝스라는 화장실 청소용 비누 한 통을 양변기 속에 있는 물에 타서 다 마셔 버린 것이다. 그리고는 정신을 잃고 쓰러져 있는 것을 한 형제가 발견했다. 현승이를 방에 눕혀 놓고 위세척을 하느냐 마느냐 하고 있는 상황에서 누드사건이 벌어진 것이다. 나는 그제야 그 녀석이 평소에 하던 약을 발견할 수 있었다. 바로 가루비누였다. 이 녀석은 자살을 시도한 것이 아니라 습관적으로 가루비누에다 상하수도가 막혔을 때 뚫는 약(Drainer)을 살짝 섞어서 마시곤 했던 것이다. 이처럼 화학 성분이 있는 약들은 적당히 먹으면 High(쾌락의 극치를 표현하는 은어)를 맛볼 수 있다. 그래서 현승이가 무슨 약을 하는지 발견할 수 없었던 것이다. 몇몇 형제들이 현승이의 옷을 입히기 위해 갖은 수를 다 썼지만 입힐 수가 없었다. 거세게 저항하고 소리를 질러 대며 옷을 입지 않으려고 해서 어쩔 수 없이 수건으로 이불로 몸을 친친 감싸서 급한 대로 병원으로 데리고 갔다.

✳

약물을 복용하는 사람들은 흔히 'OD'(Overdose ; 약물을 필요 이상 공급된 상태)를 경험한다. 이 OD에 걸렸을 경우에는 대부분 심장마비로 사망하거나, 식물인간(Coma)의 상태에 들어가기 쉽다. 가벼운 경우에도 정신 착란을 일으키게 된다. 사람마다 신체적, 정신적 상태가 각각 다르기 때문에 어떤 이들은 상당량의 마약을 복용했음에도 불구하고 문제가 없는가 하면, 어떤 이들은 소량을 복용했는데도 문제가 심각해지는 경우가 있다. 쉬운 예를

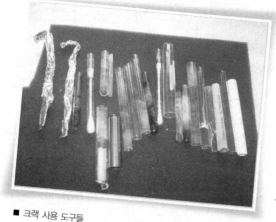

■ 크랙 사용 도구들

든다면, 사람이 수술을 할 때 신체의 건강상태, 나이, 체중 등을 고려하여 마취한다. 마취제를 환자의 상태에 맞추지 않을 경우, 어떤 사람들은 영원히 마취에서 깨어나지 않을 수도 있고, 강도가 낮게 마취가 된 사람들은 수술할 때 통증을 호소한다. 특히 마약 중에도 크랙을 하는 이들이 OD를 쉽게 경험하게 된다. 크랙은 다른 약에 비해 느낄 수 있는 기분이 상당히 짧다. 처음 크랙에 손을 댔을 때에는 보통 약물로 인해서 오는 쾌감이 한두 시간 정도가 되지만, 계속해서 약을 복용하게 되면 10분에 한 번씩, 5분, 2분에 한 번씩 약을 해야 되는 상태까지 이르게 된다. 그 쾌감을 유지하기 위해 쉬지 않고 약을 하게 된다. 그러다 보면 약물의 양을 조절하지 못하게 되고 결국 OD까지 가게 된다. 현승이도 바로 이런 케이스에 속한다.

오클랜드(Oakland) 너 총 맞았니?

선교회에서는 해마다 약물 예방을 위한 캠페인을 한다. 올해로써 벌써 6회를 맞이했다. 보통 이 예방 캠페인은 한인 사회에 전반적으로 만연해 있는 약물의 심각성과 청소년들의 폭력, 범죄, 약물, 갱 등 자녀 문제를 위한 각종 세미나와 슬라이드 쇼 등을 통해 나쁜 습관으로부터 우리의 가족과 친구를 보호할 수 있는 방안을 널리 알리는 데 그 목적을 두고 있다.

5회째 약물 예방 캠페인 때는 특별히 선교회를 거쳐나간 청소년들과 부모의 간증을 준비했었다. 약물에 중독되고 갱에 몸담고 있었던 자신들의 이야기들을 완전히 드러내서 많은 이들에게 경각심을 주기 위한 몇몇 프로그램을 진행했다. 물론 자신들의 치부를 드러내고 싶은 이들이 몇이나 있겠는가? 그래도 비록 자신들은 나쁜 습관 때문에 인생의 실패를 경험했지만, 다른 이들에게 도움이 될 수 있다면 이러한 아픔까지도 나누어야 한다는 사명감을 갖고 나눔선교회의 모든 식구가 열심을 다해 이 캠페인에 참여했다. 각자 자신이 맡은 일이 아무리 작은 부분이라 할지라도 최선을 다해 책임을 감당했다. 우리 모두가 하나가 되어 한인 사회를 위해 보람된 일을 하고 있음을 자부할 수 있는 가슴 뿌듯하고 귀한 시간이었다. 주로 형제들은 약물 예방에 관한 전단지와 기념품 등을 마켓 앞에 서서 오가는 모든 사람들에게 일일이 나누어 주는 일을 했다. 이렇게 모든 형제들이 하루 온종일 다리품을 팔면서 일하다 보니 저녁이 되면 모두가 지쳐서 녹초가 되었다.

그런데 스티브 녀석이 턱이 아프다며 병원에 가야 한다는 것이다. 사실 이 녀석이 정도 이상 너무나 많은 말썽을 부려서 손을 좀 봐 주었다. 스티브는 아주 어릴 때부터 아는 내 동생이나 마찬가지인 아이이다. 이 녀석은 어릴 때부터 지나치게 똑똑했다. 공부는 공부대로, 운동은 운동대로 무엇이나 못 하는 것이 단 한 가지도 없었다. 거의 완벽에 가까운 괜찮은 녀석이었다. 특히 이 녀석의 아버지는 합기도, 태권도, 검도, 유도 등을 섭렵하신 분으로 총 9단의 실력을 갖고 있는 특별한 분이셨다. 스티브는 아버지의 영향으로 어릴 때부터 운동을 배웠고, 그래서인지 싸워서 지는 적이 거의 없었다. 스티브는 LA에서는 꽤 유명한 무도인으로 알려져 있다. 그뿐인가, 변호사 공부를 얼마 하지도 않아 친구를 대신해서 대리 변호사 시험을 치르고 당당히 합격하여 친구에게 변호사 자격증(Licence)을 선물하기도 했다. 그렇기 때문에 스티브에게 거는 부모의 기대는 매우 특별했다.

그러나 한순간에 부모의 희망은 송두리째 날아가고 스티브는 더 이상 부모도 도저히 어쩔 수 없는 바닥 인생을 살게 되었다. 부러울 것이 없는 스티브 녀석이 무엇이 부족해서 약을 시작했을까? 어릴 때 만나보고 이후에 한 번도 본 적이 없었던 스티브가 어느 날 갑자기 마약중독자가 되어 나타났을 때 나는 너무나도 놀랍고 당황했었다. 스티브의 상태는 그 누구보다도 심각했다. 거의 약물 중독 말기에 나타나는 증상들이 스티브에게 점점 나타나기 시작했다. 너무나 심해서 약물을 끊지 못하고 방황하는 모습을 보면서 나는 정말 여러 가지 방법을 시도했다. 물론 성경 말씀으로 위로도 하고, 격려도 했고, 협박도 하고, 달래기도 했다. 그러나 워낙 고집이 세고 머리에 들은 것이 많다 보니 핑계도 많고 이유도 많았다. 더욱이 스티브는 그 누구보다도 성경의 지식이 많았다. 몇 년 전에는 어느 교회에서 전도사로 사역을 하기도 했다. 도무지 이 아이를 다룰 수 있는 방법을 찾기가 쉽지 않았다.

하도 말을 듣지 않아서 내가 은연중에 옛 버릇이 나와서 스티브를 딱 한 대 쥐어박았다. 쉰 살을 바라보는 내가 그래도 아직까진 실력이 줄지 않았는지 그만 스티브의 턱이 나가 버렸다. 무척이나 미안한 마음뿐인데 턱을 움직일 수가 없어 밥을 먹지도 못한다니, 당연히 병원을 가야 할 수밖에 없었다. 나는 마음 한편으로 불안감을 떨칠 수가 없었다.

'설마 밥도 먹지 못하는 턱으로 약을 피우지는 않겠지!'

내 스스로를 위로하고 오클랜드에서 선교회에 와 있는 괴짜 중에 괴짜인 녀석과 함께 보내주었다. 이 오클랜드 괴짜는 나눔에 들어온 지 거의 일 년이 되었지만, 부모가 용돈 한 번 보내 준 적이 없다. 그러나 돈 한 푼 없이도 담배도 사서 피우고, 매거진도 쉴 새 없이 사다 보는 엄청난 녀석이었다. 어디서 돈이 났는지 나눔선교회같이 아무것도 없는 곳에서도 돈을 버는 희한한 재주를 가지고 있는 아이였다. 이 괴짜는 아마도 알래스카에서 냉장고를 팔아먹고, 아프리카에서 오리털 잠바를 팔아먹을 녀석이다. 이 괴짜 녀석은 선교회에서 나와 김 목사님 몰래 까치 담배를 팔아 이문을 남기고, 자신이 가지고 있는 것들 중에서 필요 없는 것을 물물교환하기도 하며 자기가 필요한 것이 있으면 무슨 수를 쓰더라도 반드시 얻어내곤 했다. 그러나 남이 필요한 것이 있으면 철저히 모르는 척하고, 남이 맛있는 것을 먹을 때는 가서 꼭 아는 척, 친한 척해야 잘산다는 생각이 깊숙이 박혀 있는 녀석이었다. 그렇게 오클랜드는 험난한 나눔의 생활을 개척해 나갔던 것이다. 그러다 보니 나눔의 형제자매들은 오클랜드를 자기만 아는 이기적인 친구라고 모두들 따돌리며 싫어했다.

그러던 어느 날 오클랜드의 이기적인 그 못된 마음이 발동을 했다. 그러자 성격이 급한 나눔의 다른 한 녀석이 벼르다가 강펀치를 오클랜드에게 제대로 날려 버렸다. 피할 틈도 없이 콧잔등을 얻어맞은 이 녀석의 코뼈가 금이 갔는지, 코주부 영감처럼 코가 찐빵처럼 부어올랐다.

이렇게 두 친구가 병원 신세를 질 수밖에 없었던 처지라서 할 수없이 이들에게 병원을 갈 수 있도록 허락해 주었다. 선교회에서는 자기 마음대로 밖에 나갈 수가 없다. 반드시 어떠한 이유가 있는지를 적고 합당할 경우에만 밖으로 외출이 가능하다. 모든 형제자매들은 24시간 봉사자와 함께 생활하면서 개인적인 일까지도 제재를 받는 것이 나눔선교회의 규칙이다. 가능한 대로 빨리 돌아오라고 병원에 보내 주었지만, 한편으로 미심쩍은 짓을 지울 수기 없었다. 이 두 명 다 문제아 중의 문제아였기 때문이다. 석연치 않은 기분이 계속 마음에 걸렸다.

'코뼈가 금이 가고, 한 친구는 턱이 금이 갔는데 마약은 설마 ⋯.'

그러나 다음날 아침이 되었는데도 그 두 형제가 돌아오지를 않았다. 순간적으로 사고가 터졌음을 직감했다. 두 형제가 갔다는 병원으로 전화를 했다. 병원에서는 오클랜드만 입원해 있다고 했고, 스티브는 병원을 다녀간 기록조차도 없었다. 그렇다면 스티브는 어디로 간 것인가? 또한 코뼈에 약간 금이 간 것으로 입원까지 했다는 것이 미심쩍기 짝이 없었다. 전후 사항을 더 자세히 알아보기 위해 데이빗 형제와 몇몇 아이들을 병원으로 보냈다. 한 시간 정도가 지났을까! 데이빗이 숨이 넘어가는 듯한 목소리로 전화를 했다. 오클랜드가 총에 맞았다는 것이다. 다행히 어제 저녁 곧바로 수술을 해서 생명에는 지장이 없다고 했다. 그러나 걸을 수 있을지는 아직까지 모른다는 것이다. 가슴이 철렁 내려앉는 정도가 아니라 갑자기 앞이 캄캄하고 정신이 번쩍 드는 정말 심각한 소식이었다. 총을 맞았다니, 급하게 김 목사님과 김 전도사와 함께 병원으로 달려갔다. 의사는 수술은 무사히 끝났으니 이제 퇴원을 하라고 했다. 불행 중 다행히도 뼈를 비껴 맞아 장애를 면할 수 있었다는 것이다. 언제나 불꽃과 같은 눈으로 지키시는 나의 주님께서 오클랜드도 지켜 주셨음에 가슴을 쓸어내리며 안도의 한숨과 함께 하나님께 진심으로 감사하고, 또 감사했다. 이제 열아홉 살이 된 오클랜드의 생명을 연장시켜 주시고 평생을 불편하게 살아갈 수도 있었던 그 두렵고 무서운 사건을 피하도록 인도하심에 진심으로 감사하고 감사할 뿐이었다.

저쪽에서 이동 침대를 끌고 오는 간호사들이 보였다. 두 다리를 조금도 움직이지 못하는 오클랜드를 여러 사람이 들쳐 메서 겨우 차에 태웠다. 오클랜드는 우리를 보자 아무 말도 못 하고 눈알이 벌게지면서 울기만 했다. 갑자기 오클랜드의 두 다리를 보자 머리 끝까지 화가 났다. 너무나 화가 나서 왜 어찌된 일이냐고 물을 수가 없었다. 선교회로 오는 내내 한 마디 말도 하지 못한 채 끓어오르는 화를 다스리고 있었다. 한참을 지나 겨우 마음을 안정시킬 수 있었고, 오클랜드에게 어떻게 된 일인가를 물어보았다.

오클랜드와 스티브는 어젯밤 선교회를 나갈 때만 해도 정말 병원에 가려고 했었단다. 그런데 운전하던 스티브가 잠시 어디를 들렀다 가자며, 잠깐이면 된다는 것이었다. 물론 오클랜드도 왜 그런지 눈치를 채긴 했지만 워낙 싸움을 잘하는 스티브 형에게 잘못 이야기했다가 금이 가 있는 코뼈가 아예 부서질지도 모른다는 두려움 때문에 그냥 "형이 하고 싶은 대로 하라."고 말했단다.

스티브는 선교회 남자아이들의 선망의 대상이기도 했다. 스티브의 싸움 실력은 최상급이었다. 스티브는 한 아이 어깨에 다른 아이가 올라타고 송판을 들고 있게 하고는 날아서 뒷발차기로 그 높이 있는 송판을 깨트려 버리는 멋진 장면을 번번이 연출했다. 보통 때도 벽을 차고 뛰어 담을 넘는 모습을 자랑했으며, 자기보다 두 배나 되는 몇 명의 흑인 갱들도 단 한 번에 쓰러트린 무용담을 가지고 있었다. 시라소니나, 김두한 씨 정도의 싸움 실력을 자랑하는 스티브를 어떻게 오클랜드가 감히 거역을 할 수 있었겠는가!

스티브는 천천히 버몬트와 7가를 몇 바퀴 돌아 코너에 차를 세우고 그 근저에서 약을 샀다. 그리고는 타고 갔던 픽업트럭 안에서 오클랜드에게는 전혀 신경조차 쓰지 않고, 정신없이 마약을 피워댔다는 것이다. 오클랜드도 마약 때문에 들어온 아이지만 '그래도 선교회에서 나와서 이러면 안 되는데….' 라는 죄책감이 들었는지, 차라리 빨리 선교회로 돌아가야 한다는 생각이 머리에 차기 시작했다.

"형, 이제 가자. 응? 제발 가자 응? 아니면 나라도 선교회에 데려다 줘. 응?"

계속해서 형의 눈치를 살펴가며 졸라댔지만 이미 마약에 정신이 빼앗긴 스티브의 마음을 돌이킬 수는 없었다. 벌써 시간은 새벽 2시가 지나가고 있었다. 한참을 기다려도 스티브는 도무지 선교회에 오클랜드를 데려다 줄 생각을 하지 않았다. 시간은 계속 흐르고, 오클랜드는 화장실이 가고 싶었다. 둘레를 살피다가 건너편 주유소에 불이 켜져 있는 것을 보고는 잠시 화장실을 다녀오겠다며 스티브에게 말을 한 뒤 주유소로 걸어갔다. 화장실 좀 쓰자고 하니, 주유소에서 일하는 사람은 이상한 눈초리로 오클랜드를 쳐다보면서 화장실을 빌려줄 수 없다고 잘라 말했다. 아무래도 오클랜드의 외모가 그다지 미더워 보이질 않았기 때문이다. 할 수 없이 돌아서서 다시 차가 있는 곳으로 오면서 아무데나 실례를 하려고 주변을 두리번거리는 순간 검은색 차 한 대가 오클랜드의 앞에 멈추어 서더니 차에 탄 친구들이 물었다.

"너 어느 갱 출신이냐?"

차 안에는 한 네 명 정도의 멕시칸이 타고 있었다. 오클랜드는 빡빡 깎은 대머리에 보통 사람 둘은 들어갈 것 같은 통바지, 반팔 티셔츠에 팔 쪽을 쭉 잘라내어 소매 없는 티셔츠로 만들어 입고 있었다. 누구든지 보면 갱 스타일을 하고 있었다. 또한 약을 하지 않은 지 한 일 년 정도 되었지만, 마약을 복용하는 아이라는 것을 마약과 갱 계통의 사람들은 금방 알 수 있었다. 오클랜드는 순간 묘한 기분과 위험하다는 기분이 들어서 말했다.

"난 갱이 아니야."

그러자 그들이 잘못 들었는지 갑자기 오클랜드에게 총을 쏘기 시작했다. 오클랜드는 재빨리 벽 뒤로 몸을 숨겼지만 총알이 땅바닥에 튀면서 오클랜드의 다리를 맞추었다. 오클랜드는 순간 살아야겠다는 생각뿐이었다고 한다. 픽하니 맥없이 쓰러지면서 정신이 점점 몽롱해지는 것을 느꼈다.

"형! 형! 살려줘! 살려줘!"

정신없이 외쳤다. 그들의 차는 이미 떠났고 오클랜드는 팔뚝으로 기를 쓰고 온갖 힘을 다해 기어서 차가 있는 곳까지 갔다. 그때는 아프다는 것은 전혀 느끼지 못하고, 그저 두 다리가 자기 생각대로 움직이지를 않는다는 것밖에는 아무런 생각도 할 수가 없었다. 겨우 차 있는 데까지 와서 차를 두드리다가 기절을 했다고 한다. 스티브는 그때까지도 약에 취해 동생이 총을 맞았는지조차 모르고 있었다. 한참 후에 스티브는 오클랜드가 이상하다는 것을 발견했다. 곧바로 병원에다 오클랜드를 데려다 준 후 그 차를 타고 다시 어디론가 가 버렸다는 것이었다. 약은 너무나 무서운 것이다. 함께 먹고 자고 했던 형제와 다름없는 친구를 버릴 수 있는 것이 바로 약이다.

나는 이 이야기를 듣고는 아무 말도 할 수가 없었다. 모두가 다 내 잘못 같았다. '스티브를 손대지만 않았어도 이런 일이 없었을

텐데.'

이렇게 생각하니 오클랜드에게 미안한 마음뿐이었다. 곧바로 선
교회에 전화해서 스티브를 찾으라고 했다. 보통 선교회 형제들은
순식간에 마약 하는 사람을 찾을 수가 있다. 약물을 하는 사람들은
비슷한 습성을 갖고 있다. 대부분 어디서 어떻게 약을 하는지를 알
기 때문이다. 또한 한국인들이 자주 가는 마약판매책이 정해져 있
다. 아니면 자신들의 단골을 찾아가기 때문에 마약하는 이들의 노
선과 행로가 크게 바뀌지 않는다. 스티브도 예외는 아니었다. 스티
브를 찾아 왔다. 병원에서 선교회에 도착하니 벌써 스티브는 잡혀
와 있었다. 형제들은 씩씩거리고 분노하고 있었다. 무엇보다도 배
신감에 치를 떨고 있었다. 형제들이 극도로 화가 난 것은 스티브가
약을 했기 때문도 아니고, 오클랜드가 혼자 총을 맞았기 때문도 아
니었다. 무엇보다도 의리를 중요시 여기는 형제들이기에 어떻게
총 맞은 형제를 병원에 팽개치고 선교회에 전화도 해 주지 않은 채
혼자서 도망갈 수 있는가 하는 것이 제일 큰 이유였다.

선교회에 와 있는 형제들은 대부분이 갱에 연관되어 있는 아이
들이다. 이들을 보통사람들이 볼 때는 무섭게 생각할 수도 있겠지
만 갱이라는 것은 나쁜 일을 하기 때문에 그렇지 절대적인 인간관
계를 제일 중요시 여긴다. 한번 친구는 영원한 친구로 맺어지기 때
문에 서로를 위해 목숨까지도 버릴 수 있는 의리로 뭉쳐 있는 집단
이다. 그런 아이들의 관점으로는 도저히 이해가 가질 않았던 것이
다. 이렇게 의리를 중요시 여기는 이들이 함께 먹고, 함께 자며, 좋
은 일과 나쁜 일들을 겪었기 때문에 설령 오클랜드가 별로 마음에
들지 않는다 하더라도 형제이기에 나눔의 식구들은 도저히 자기

혼자 빠져나갔다는 스티브를 용서할 수 없다는 것이었다. 나눔 형제들은 스티브를 원수와 같은 눈으로 바라보았다. 눈빛들이 점차 살기 있게 변해 가고 있었다. 뭔가 사건을 벌일 듯한 표정들이었다. 오클랜드는 휠체어에 앉아 걱정이 되는지 계속해서 말했다.

"난 괜찮아요. 난 괜찮아요."

잠시 후 스티브가 오클랜드가 앉아있는 휠체어 앞에 다가오더니 무릎을 꿇고 빌었다.

"잘못했다. 형이 정말 잘못했다. 용서해 주라."

스티브는 눈물을 흘리기 시작했다. 스티브는 자기가 정말 왜 그랬는지 자책하며, 그러한 자신이 너무나 부끄럽고 싫다는 표정이 역력했다. 그 안에는 진실이 담겨 있었다. 약을 복용하게 되면, 자신을 완전히 잃게 된다. 옛말에 처음에는 사람이 술을 먹지만, 나중에는 술이 사람을 먹는다고 한다. 약은 그것보다 수백 배, 수천 배나 더하기 때문에 사람은 결국 약물의 노예가 될 수밖에 없다. 그러므로 마약을 하게 되면 자신의 인생이 어떻게 되는지, 또한 자신이 일구어 놓은 터전과 가정뿐만이 아니라 모든 것을 잃는다는 것을 뻔히 알면서도 약물에 의존하게 된다. 자신이 가장 사랑하는 자식까지도 마약 때문에 팔아먹을 수 있는 것이다. 총에 맞은 오클랜드를 병원에 혼자 팽개치고 갈 수 있었던 것은 스티브가 아니라 바로 마약이 그 주범이었다. 이것을 충분히 이해를 해서였는지, 오클랜드는 눈물을 펑펑 쏟으며 스티브의 손을 잡고 말했다.

"형, 나 괜찮아. 이제 그만해. 나 형 안 미워해. 정말이야. 나 형 사랑해."

그 순간 목사이면서도 아직까지 지난날 나에게 총을 쏘았던 그 사람을 완전히 용서하지 못하고 있는 내가 너무나도 부끄러웠다. 오클랜드는 스티브 때문에 총을 맞고 죽을 뻔했음에도 그를 사랑한다며 눈물을 흘렸다. 자기만 알았던 그 녀석이, 남을 전혀 배려하지 못했던 그 녀석이 그런 너그러운 마음을 가질 수 있단 말인가! 하나님이 주시는 마음이 아니고서는 어떻게 용서할 수 있겠는가! 그 순간만큼은 선교회 형제자매 모두가 숙연해졌다. 많은 식구들의 눈에서는 눈물이 새어 나왔다. 지금까지 오클랜드를 치사하고 야비하게 보았고, 싫어했던 아이들의 가슴이 무엇인가 후회로 밀려오는 것 같았다.

우리는 여기서 다시 형제의 뜨거운 사랑을 맛보았다. 진정한 하나님의 사랑을 맛보았다. 영원히 잊지 못할 기적의 순간이었다. 하나님의 사랑이 우리 모두에게 임하는 이 순간이야말로 기적의 순간이 아니고 무엇이랴! 그 다음날부터 아이들은 그 무거운 오클랜드를 업고, 들고, 안아서 목욕도 시키고, 화장실도 데려가고, 낑낑거리며 업고, 계단을 내려와 밥도 먹여 주고, 다시 3층으로 업고 올라가 예배도 참석시켰다. 선교회 가족 모두가 다 오클랜드의 다리가 되어 주었다. 꼬박 3개월 가까이를 싫다는 말 한마디 없이 오클랜드를 돌보아주는 나눔의 형제들이 너무나 자랑스러웠다.

비록 총을 맞는 불미스러운 사건은 있었지만 이 사건을 통해 우리들은 커다란 용서를 배웠고, 서로가 아끼고 양보하며 희생하는 진정한 사랑을 배웠다.

우리들의 마스코트

나눔선교회를 생각하면 제일 먼저 떠오르는 마스코트와도 같은 존재가 바로 안흥섭 형제이다. 우리 흥섭이는 모든 아이들의 형이고, 오빠이며, 동생이다. 모두들 흥섭이는 나눔선교회에서 있다가 양로원으로 바로 갈 것이라고 말한다. 흥섭이는 사회생활 부적격자이기 때문이다. 흥섭이는 자신은 지극히 정상이라고 생각하는데, 모든 이들이 정상으로 보고 있지 않는다는 사실이 흥섭이를 너무나 슬프게 한다. 머리도 좋고, 나눌 줄도 알며, 감사를 아는 그 녀석이 나눔에 온 지 벌써 6년이 된 것 같다.

흥섭이는 미국에서 고등학교를 졸업하고, 2년제 초급대학(College)까지 졸업했다. 나름대로 공부도 할 만큼 한 친구다. 흥섭이는 어릴 때부터 아버지로부터 허구한 날 이유 없는 매질을 당했다. 그래서 아버지에 대한 상처가 많이 남아 있다. 그렇다고 한 번이라도 아버지에게 맞서서 싸웠던 일도 없었고, 대들었던 일도 없었던 심성이 착한 아이였다.

그러던 어느 날 친구로부터 무서운 아버지에게 앞에서도 당당히 맞설 수 있는 용기를 주는 좋은 것이 있다는 꼬임에 빠져 마약을 피우게 되었다. 그러나 여전히 아버지가 두렵고, 아버지의 앞에 서면 나약해지곤 했다. 그럴수록 아버지에 대한 반항심이 더욱 거세졌고, 이 반항심은 더욱더 약에 대한 집착으로 이어졌다. 약은 홍섭이를 완전히 지배하기 시작했다. 약은 홍섭이의 절친한 친구요, 오직 하나뿐인 위로자가 되었다. 약물 중독 때문에 자신이 정신병에 걸렸다는 것도 스스로 인식할 수 없는 정신 질환자가 되어 버렸다. 처음에 홍섭이가 정신 질환을 앓게 된 이유를 알 수 없었던 식구들은 홍섭이를 더욱 몰아붙였다. 그럴수록 홍섭이는 이상한 행동은 극에 달했다. 홍섭이의 정신 질환을 감당하기가 더욱 어려워진 어머니와 누나는 홍섭이와의 인연을 완전히 끊어 버렸다.

이제 홍섭이는 비를 피할 곳조차 없어졌다. 홍섭이는 먹고 살기 위해 길거리에서 25센트씩 구걸을 하며 살았다. 그러나 날씨가 추워지자 그 생활도 점점 힘들어지게 되었다. 그래서 물어물어 찾아온 곳이 바로 나눔선교회였다. 나는 홍섭이가 선교회에 들어왔을 초기에는 홍섭이가 약은 조금 했어도 아주 많이 이상하리라는 생각은 전혀 하질 못했다. 홍섭이는 한쪽 다리에 붕대를 친친 감고 목발을 집고 있었다. 그 이유를 물었더니 교통사고가 나서 다리가 부러졌다며, 아주 상세하게 교통사고 상황을 이야기했다. 이중 언어가 완벽해서 영어 발음도 정확하고, 한국어도 매우 잘 하여 머리에 이상이 있을 것이라고는 상상조차도 하지 못했다. 더욱이 자신의 가족관계를 소개하는 데 있어서도 정확하고, 똑똑하게 말했다.

"저는 안자 창자 호자 되시는 분의 손자입니다. 제 아버지는 필립 안씨입니다. 그런데 아버지하고 문제가 있습니다. 그래서 어쩔 수 없이 집을 나왔습니다."

필립 안씨는 LA에서 비교적 한국인으로서는 성공한 영화배우이다. 거의 모르는 사람이 없을 정도로 유명한 배우이다.

■ 안홍섭 형제(우측)

"제 옆모습이 제 아버지하고 매우 닮았다고 합니다."

그러고 보니 비슷한 것도 같았다. 우리나라를 위하여 훌륭한 일을 하신 안창호 선생의 손자라는 말에 덜컥 이런 생각이 들었다.

'이 친구는 우리가 도와야 한다. 나라를 위해 목숨을 버린 그분의 핏줄인데, 당연히 할 수 있는 만큼 우리가 도와야 할 것 아닌가!'

우리는 홍섭이가 바로 선교회에 있을 수 있도록 침대를 마련해 주었다. 그때의 선교회는 참 부족한 것이 많을 때였다. 선교회에 들어온 홍섭이는 매우 피곤해 보여서 우선 쉬게 했고, 인적 상황에 대해서는 천천히 물어보기로 했다. 며칠 동안 홍섭이는 정말 밀쩡했다. 정신 질환이 있을 것이라는 상상고치도 할 수 없을 정도로 홍섭이의 모든 것이 정상적이었다.

　홍섭이의 행동이 조금씩 이상하게 느껴지기 시작했을 때 홍섭이의 가족들에게 알려야 할 것 같아 연락처를 달라고 했다. 그러나 홍섭이는 묵묵부답이었다. 홍섭이에게 계속해서 가족의 연락처를 알려 주지 않으면 직접 필립 안씨의 연락처를 알아보겠다고 말했다. 그러나 홍섭이는 나를 말렸다. 자기가 이곳에 있는 것을 아무에게도 알리고 싶지 않다는 이유였다. 아무래도 무엇인가 석연치가 않아 계속 홍섭이를 달달 볶아대었다. 홍섭이는 지쳤는지, 피코 블로바드에 있는 만물상이 자기 삼촌의 것이라고 말했다. 더욱더 이상스럽게 변해 가는 홍섭이가 걱정스러워 식구들을 꼭 찾아야만 했다. 함께 그 만물상에 가서 삼촌을 만나 보기로 했다. 그러나 홍섭이는 좀처럼 그 만물상을 찾지 못했다. 얼마나 헤매고 다녔는지 피코라는 그 좁은 길을 수없이 왕복했다.

　"홍섭아, 저 만물상이냐?"

　"아니요."

　"그럼 저거냐?"

　"아니요."

　"여기 이거는?"

　"아니요."

　참다못해 화가 치밀어 오는 나는 소리를 질렀다.

　"그럼 어디야? 너 지금 내 인내심을 훈련시키는 거야?"

　그 녀석이 자신의 삼촌 가게도 제대로 모르는 것이었다. 홍섭이는 한참 말씨름을 하다가 이곳저곳을 기웃거리더니 외쳤다.

　"어, 저곳이에요."

반가운 소리였다. 차를 거리에 세워 놓고, 절룩거리며 제대로 걷지도 못하는 홍섭이보다 한 발 앞서 씩씩하게 만물상으로 들어가면서 나는 큰 소리로 물었다.

"안녕하셔요. 저기 여기 주인어른 계십니까?"

그러자 큰 키에 헐렁한 셔츠를 입고 안경을 코밑까지 내리 낀 젊은이가 말했다.

"어서 오셔요. 무엇을 찾으시나요. 제가 주인인데요."

'이상하다. 삼촌이면 어느 정도 나이가 있어야 하는 것 아닌가?'

나의 미심쩍은 눈빛을 주인이 눈치를 챘는지 찜찜해하면서 나의 동태를 살폈다.

"혹시 안홍섭이라고 아시나요? 저기 저 친구요."

"네? 누구요? 안홍섭? 저 친구요? 아뇨. 저 모르는 사람인데요. 왜 그러셔요?"

"아니, 저 친구의 삼촌 되시지 않나요?"

"네? 누가 삼촌이에요? 제가 왜 저 사람 삼촌입니까?"

"저 친구가 그러는데, 이 만물상이 자기 삼촌 집이라고 하는데요."

"아니 이것 보십시오. 저는 이 만물상을 벌써 5년째 하고 있습니다. 도대체 무슨 말을 하는 겁니까?"

그 순간 나는 '아차' 싶었다.

'아, 지금 내가 무슨 일을 하고 있는 것인가! 거짓말이었구나!'

속으로 생각하며 뒤돌아서서 나오는데 괜히 뒤통수가 뜨끔뜨끔했다. 무엇인가 큰 잘못이라도 한 것 같은 느낌이 들었다. 나는 홍섭이와 아무 말도 하지 않고 선교회로 되돌아왔다. 홍섭이는 행여 내쫓기기라도 할까 봐 내 눈치만 살폈다. 선교회에 도착하기가 무섭게 뒤도 돌아보지 않고 자기 방이 있는 이층 계단을 올라가는데 언제나 절룩거리는 홍섭이가 계단을 아무렇지도 않게 탕탕 소리를 내며 뛰어 올라가는 것이었다.

'아! 이것도 거짓말이구나.'

"홍섭아! 그 붕대 풀어. 다치지도 않았으면서 왜 붕대를 감고 다니니?"

그러자 홍섭이는 풀이 죽을 대로 죽어 다리를 꽁꽁 싸고 있던 붕대를 풀었다. 다리는 부러지기는커녕 멍든 데조차 없었다. 그때부터 본격적인 홍섭이의 본색이 나타나기 시작하였다.

"목사님, 목사님! 있지요, KFC 할아버지가요, 목사님에게 유산을 남겼어요. 랄프스 마켓을 목사님에게 준대요. 그리고요, 전도연 얼굴이 원래 채시라라구요. 청와대하고 백악관이 그러니까 신진그룹 것인데요. 우리가 그 세력을 이기기 위해서 가면을 써야 한다구요. 그리고 솔직히 한 목사님 여자죠? 머리는 파마하고, 가죽 자켓을 입고, 미니스커트를 입고 오토바이 타는 남자 뒤에 매달려서 갔잖아요?"

계속해서 헛소리를 해댔다.

"김씨들은 다 죽여야 해요. 김씨들이 LA에 쳐들어오고 있어요. 이것은 FBI 일급 비밀인데 내 친구가 가르쳐 주었어요. 그래서 김 목사님을 경찰에게 연락해서 잡아가라고 해야 된다구요. 얼굴을 벗겨내면 그 안에서 파충류가 나올 거예요."

그때서야 나는 홍섭이가 완전히 정신이 나갔다는 것을 인정하게 되었다. 더 이상 식구 문제로 홍섭이를 괴롭히면 안 되겠다고 결정했다. 이후로는 두 번 다시 부모에 대하여 알려고 하지 않았다. 물론 도산 안창호 선생님의 손자도, 필립 안씨의 아들도 아님은 두말할 나위도 없었다.

나중에 우연히 선교회를 방문한 후원자 한 분이 홍섭이 식구들과 잘 아는 사이였다. 그분을 통하여 홍섭이의 이야기를 대충 들을 수가 있었고, 엄마와 누나의 소식도 들을 수가 있었다. 덧붙여 두 번 다시 홍섭이를 만나고 싶어하지 않는다는 말과 함께 말이다. 정말 씁쓸한 이야기가 아닐 수 없었다. 홍섭이가 더더욱 애처롭고 가엽게 느껴졌다. 요즘 홍섭이는 약물을 전혀 복용하지 않는다. 뇌에 심각한 이상이 생겨서 약물을 하고 싶다는 생각조차 할 수 없는 상태에 도달했기 때문이었다.

어느 날 이미 홍섭이의 정신 상태를 다 아는 형제들이었지만, 홍섭이의 쓸데없이 지껄여대는 소리 때문에 인내의 한계를 느끼고 결국 싸움이 벌어졌다. 그래도 눈치는 남아 있었는지, 다른 형제들에게 완전히 코너에 몰려 혼쭐이 날 것 같으니까 어느새 자기 방으로 단숨에 뛰어올라가 꼭꼭 숨겨 놓았던 목발과 가방을 가지고는 선교회에서 도망쳐 나갔다.

그 후 몇 개월이 지나면서 가끔씩 홍섭이가 어떻게 지내는지 매우 궁금했다. 어느 날 저녁 무렵, 운전을 하고 가다가 무심코 고개를 돌렸는데 홍섭이가 목발을 짚고 동냥을 하는 것을 목격하게 되었다. 얼른 창문을 내리고 "홍섭아!" 하고 남들 눈치 볼 것 없이 큰소리로 불렀다. 그런데 그 녀석이 36계 줄행랑을 놓는 것이 아닌가?

'내가 뭘 어떻게 했다고? 나를 그렇게 무서워했나?'

홍섭이의 몰골이 말이 아니었는데, 여기까지가 홍섭이와 나와의 인연인 줄 알았었다. 그리고 며칠 후에 한국의 날 장터에서 이곳저곳을 기웃거리며 먹을 것을 구걸하는 홍섭이와 정면으로 마주쳤다. 그때는 도망갈 수도 없는 상황이었다. 꼼짝없이 내 손에 이끌려 빈대떡이랑, 김밥, 떡볶이를 실컷 먹었다. 그 일 때문에 안심이 되어서였을까? 며칠 후 홍섭이는 자기발로 나눔선교회를 다시 찾아오게 되었고, 지금까지 나눔에서 거의 6년을 함께 지내며 동고동락하는 진정한 식구가 되었다.

홍섭이는 꿈을 갖고 있다.

"목사님, 세례를 받으면 교회 차릴 수 있나요?"

"교회? 아니 세례를 받는 것하고, 교회 세우는 것하고는 전혀 상관이 없다. '세례는 예수 그리스도를 내 안에 영접했습니다.' 라는 뜻이야. 교회는 신학 공부를 하고, 정식으로 목사님 안수를 받고 난 다음에 할 수 있는 일이야."

"아니에요. 세례 받으면 교회를 차릴 수 있어요. 나 예수님 믿어요. 성경 공부 시간에 배웠어요. 성도가 필요한 것을 서로 공급할 수 있어야 해요. 난 전도교회를 차려서 돈을 많이 벌 거예요."

성경 공부 시간에 배운 것이 기억났는가 보다.

"돈을 벌어? 교회를 세워서?"

"돈 벌어서 나눔선교회를 도와야 해요. 내가 여기서 너무 많이 얻어먹었어요. 내가 이제 도와야지요."

기특하긴 하지만 상해도 참 많이 상했구나 싶었다. 이렇게 정신이 오락가락하는 홍섭이가 머리를 쓴 적이 있다. 선교회를 시작한 지 몇 년 되지 않아 샌프란시스코에 초청 세미나가 있어서 다녀온 적이 있었다. 이때 선교회 식구가 20여 명 남짓밖에 없어서 선교회 식구들이 모두 함께 갔었다. 마침 샌프란시스코에서 선교회에 와 있던 어느 형제의 형님이 작은 개척교회를 하고 있었는데 그 성전을 우리에게 잠잘 수 있는 곳으로 내주었다. 덕분에 우리 모두가 편안히 머무를 수 있었다. 또 바로 교회 옆에 사택이 있어서 샤워를 할 수 있도록 집까지 오픈하고 배려해 주셨다. 참으로 감사했다.

그런데 홍섭이는 발 냄새가 유달리 심하게 난다. 발가락 사이사이를 단 한 번도 씻어 본 적이 없는지, 완전 오징어 썩은 냄새가 1미터 이상 떨어져 있어도 진동한다. 한 성전에서 20여 명이 한꺼번에 자야 했기 때문에 다른 날은 몰라도 그날만큼은 꼭 홍섭이가 발을 씻어야 했다. 총대를 뺀질이 형진이가 메었다.

"홍섭아, 너 발 씻고 와. 네 발 냄새 때문에 골치가 아파 죽겠다. 죽겠어."

그러자 홍섭이가 대답했다.

"아이참, 왜 나만 갖고 그러는 거야. 나는 발 냄새 하나도 안 나. 발 냄새는 저기 저 영훈이한테서 나는데 영훈이한테 발 씻으라고 그래."

이럴 때는 홍섭이는 멀쩡하게 이야기하기도 한다.

"어서 발 안 씻어! 이게 너 죽을래? 이게 확 그냥 빨리 가, 어서."

형진이의 협박이 무서웠었는지, 좀처럼 샤워를 하지 않았던 홍섭이가 실로 오랜만에 샤워실로 향했다. 걸어가는 홍섭이의 뒷모습을 보며 형진이는 의기양양했다. 그러나 물만 축이고 바로 나왔는지 홍섭이는 몇 분도 채 안 되어서 다시 성전으로 돌아왔다. 그런데 문제는 그 독하디 독한 냄새나는 끔찍한 발로 세 번째로 나이 많은 철진이형 가죽 슬리퍼를 몰래 신고 샤워를 하고 온 것이다. 이 사실을 알게 된 철진이는 화가 머리끝까지 났다. 자기 가죽 슬리퍼에 물을 묻힌 것은 둘째고 생선 썩은 냄새가 배었다나? 그러자 사사건건 홍섭이가 마음에 들지 않았던 형진이가 옆에서 또 한마디 거들었다.

"야, 홍섭아! 너, 왜 철진이 형 신발을 신어, 네 마음대로. 네 발 냄새가 배었잖아. 넌 예의도 없냐?"

자꾸만 자존심을 건드리는 형진이에게 앙심을 품었는지 샤워를 마치고 돌아오는 형진이의 모습이 보이자마자 홍섭이는 성전 안쪽에 있는 스위치를 껐다. 갑자기 어두워서 앞이 안 보이는 형진이는 홍섭이가 몰래 문 뒤에서 자신을 노리고 서 있는지도 모르고 아무 생각 없이 들어왔다. 그러자 홍섭이가 그대로 몸을 던져 형진이를 덮쳤다. 너무나 갑작스러운 공격에 피할 틈도 없이 꺼꾸러진 형진이는 설마 홍섭이가 그런 생각까지 했다는 자체가 놀라웠다. 더욱 놀라운 것은 홍섭이가 거꾸러진 형진이를 올라타고는 주먹으로 형진이의 얼굴을 사정없이 두들겨댄 것이었다. 몇몇 형제들이 홍섭이를 잡아 일으켜 세우지 않았으면 그날 형진이는 엄청나게 터졌을 것이다. 형진이는 도무지 믿기지 않는다는 표정이었다. 홍섭이의 강펀치가 제대로 통했는지 형진이는 홍섭이를 쫓아가 싸울 생각은 전혀 없는 듯했다. 그러나 마치 정상인들처럼 느끼고, 생각하고, 행동했다는 것이 그리고 자존심이 상한 것을 표현했다는 자체가 홍섭이에게 새로운 기대가 보이는 듯했다.

이런 홍섭이를 우리는 너무나 사랑한다. 다른 사람 생일은 달랑 미역국 하나로 끝내지만, 홍섭이 생일날은 선교회 형제자매들이 크고, 작은 선물을 준비하고, 모두가 사랑한다고 홍섭이에게 말하며 꼭 안아주곤 한다. 그리고 케이크는 예쁘게 자르고 생크림은 한쪽에 모았다가 얼굴과 머리에 온통 발라 주었다. 홍섭이는 내가 목사로 있는 동안에, 아니 홍섭이가 늙어 더 이상 우리와 함께 있지 못할 때까지 나눔에서 생사고락을 함께 해야 할 나의 진정한 식구이기 때문이며, 아이들의 영원한 피터팬 친구이기 때문이다.

분실된 나눔 보물 1호

선교회를 시작해서 얼마 안 되었을 때의 일이었다. 선교회 건물은 1996년에 195,000불을 주고 매입했다. 이 건물을 살 때는 3년 동안이나 건물이 비어 있어서 정말 집보다도 훨씬 싼 가격으로 살 수 있었다. 그전에 이 건물의 주인들은 1,000,000불을 훨씬 웃도는 돈으로 구입했고, 주인이었던 두 사람이 동업하다가 깨져서 둘 다 건물의 할부금을 내지 않아서 그만 은행으로 넘어가 버렸다. 그 남았던 금액이 바로 195,000불이었다. 우리는 이 건물을 돈 한 푼 없이 구입했고, 8년 동안이나 나눔선교회를 운영할 수 있었다. 정말 하나님의 은혜가 아닐 수 없다. 완전히 하나님께서 우리에게 주시고자 이 건물을 헐값으로 넘겨주셨다. 사실 이렇게 장소를 구입했던 8년 전과 마찬가지로 지금 우리는 아직도 돈이 없다.

그런데 건물을 이사해야 할 형편에 처해 있다. 식구가 그때와 달리 계속 불어 이 건물이 좁아져서 터지기 직전이다. 더욱이 교도소에서 나눔선교회가 불러주기만 목을 빼고 기다리는 사람들을 생각할 때 하루라도 빨리 옮겨야만 한다. 그뿐인가! 자주 나오는 건물 관리 조사에서는 한시라도 빨리 움직여야 한다고 경고하여 어쩔 수 없이 건물을 비워야 하는 상황까지 맞게 되었다.

이곳에서 처음 나눔선교회를 시작할 땐 아무것도 없었다. 샤워 시설도 없었고, 부엌도 없었다. 바깥쪽으로 호수를 길게 빼서 아무리 추운 날에도 밖에서 샤워를 해야 했고, LPG 가스통과 연결시켜 밥을 해먹었다. 전기밥솥 하나 없어서 시커멓게 태운 밥을 매일 먹어야 했고, 허구한 날 라면으로 끼니를 때워야 했었다. 방도 제대로 꾸며져 있지 않았고, 3년 동안 비워 놓았었기 때문에 이곳저곳 손볼 곳이 많이 있었던 곳이었다. 특히 오랫동안 비워져 있어서 길거리의 집 없는 부랑자, 마약꾼, 창녀들의 은밀한 아지트로 사용이 되고 있었다. 이런 건물을 청소하고, 고치고, 샤워실을 만들고, 부엌을 만들었다. 방을 만들고, 예배실을 만들어 지금은 곳곳에 우리들의 시간과 정과 노력이 묻어 있는 고향 같은 곳이 되었다.

그럴 때 우리들에게 정말 소중했던 것은 중고품 매매(Recycle) 신문을 통해 매우 비싸지만 아주 싸게 산 음향 기구들이었다. 믹서(Mixer)와 이퀄라이저(Equalizer ; 음량조정기구)와 스피커로 구성된 이것들은 예배드리는 데 꼭 필요한 것으로 선교회의 기물 중 가장 값비싼 것이었다. 이 귀한 것이 어느 날 갑자기 밤사이에 완전히 사라져 버렸다. 누군가가 들어와서 이 음향 기구를 훔쳐갔는데 분명히 아는 사람이 아니고는 훔쳐갈 수 없었다는 것을 한눈에도 알 수 있었다. 밤사이에 잠긴 문을 따지도 않고 열고 들어왔고, 음향 기구가 3층 어디에 있는 것까지 잘 알고 조용히 가져갔다. 이런 사실은 그때 선교회에서 살고 있던 사람이거나 선교회에 잠깐이라도 신세를 지고 나갔던 사람의 소행임을 미루어 짐작하게 했다.

선교회가 시작되고, 초창기 때는 거의 어른들이 대부분이었다. 집을 잃어버렸든가, 마약으로 인해 가정이 파괴되고, 도박 때문에 가산을 탕진한 이들이 거의 다였다. 그때만 해도 청소년 마약 문제는 아예 알려지지도 않았고, 사회에서도 전혀 무지한 상태였다. 나눔선교회에서 마약의 위험성에 대한 경각심을 심어 주기 위해 각종 캠페인과 행사를 벌이면서 언론기관의 도움으로 청소년 문제의 심각성이 알려졌다. 그 후 많은 사람들이 청소년들의 마약 중독 문제에 관심을 갖기 시작했다. 그리고 자녀들의 문제에 대해서도 조금씩 관심을 갖기 시작했다.

그날은 난리가 났다. 그때 대여섯 명 되는 형제들끼리 모여 앉아 너냐 나냐를 놓고 소리를 질러대며 싸웠다. 오히려 내가 미안해서 도저히 그 자리에 함께 있을 수가 없을 정도였다.

"야, 아무리 우리가 마약쟁이, 노름꾼이라지만 어떻게 이럴 수가 있냐?"

제일 나이 많은 어른이 이야기했다.

"세상에 선교회의 형편을 뻔히 알면서 더욱이 먹을 것도 없어 우리가 허구한 날 라면으로 끼니를 때우는데, 한 대 빨겠다고 믹서를 훔쳐가? 이 씨XXX놈들."

그렇다고 이미 없어진 음향 기구는 나오지 않았다. 우리들은 그때부터 그냥 풀이 죽고, 엄청난 가산을 탕진한 듯 기죽은 채로 모기만한 목소리로 예배와 찬양을 드렸다. 옆 사람 눈치를 보며 불안과 초조에 휩싸여 서로를 의심하며 기분 나쁘게 하루하루를 보냈다. 김 목사와 나는 이러면 안 된다고 기도했다.

"하나님! 우리가 중요한 것은 돈이나 비싼 음향 기구가 아니라 이곳에서 하나님의 사랑을 나누고, 서로가 사랑으로 아끼는 것입니다. 그런데 왜 그까짓 음향 기구 하나에 매달려 이렇게 하루하루를 보내야 합니까? 믹서와 이퀄라이저는 언젠가는 생기겠죠. 아니 분명히 우리 것이 어디엔가 또 있을 겁니다. 필요하면 언제나 주시는 하나님! 우리 것이 아니라 하나님 것인데 또 우리 것인 양 이렇게 욕심을 부리고 있네요. 하나님! 우리에게 더욱더 큰 은혜로 우리 형제들 모두의 마음을 사랑으로 녹여 주시길 간절히 소원합니다."

우리는 기도를 드리며 형제들에게 더 이상 없어진 음향 기구 때문에 형제간에 사랑의 균열이 생겨서는 안 된다는 것을 가르쳤다.

"음향 기구보다 더욱 좋은 건물을 주신 하나님, 그리고 세상보다 더욱 귀한 한 생명, 생명을 보내 주신 하나님께 감사합시다."

형제들은 점점 서로의 신뢰를 찾아 갔고, 서로에게 보내던 의심의 눈길이 걷혀지기 시작했다. 다시 선교회는 활기를 되찾았다. 열심히 선교회를 쓸고, 닦으며 자신들의 몫을 더욱더 훌륭하게 잘 해 나갔다. 그 후 두어 달 동안은 음향 기구가 없이 기타를 치면서 예배를 드렸다.

그러던 어느 날 전혀 예상하지 못했던 김 형제가 옛날에 없어진 믹서와 이퀄라이저를 들고 찾아왔다. 김 형제는 오래 전 선교회에서 도움을 받으며 마약을 심하게 했던 형제였다. 더욱이 이 형제의 아내도 심한 중독자로 둘 다 선교회에서 한동안 머물며 도움을 받았었다. 이들이 어느 날인가, 그냥 인사도 없이 떠나 버렸다. 다시 심하게 약에 손을 대고 있다는 소문만 들었다. 그 김 형제가 음향 기구를 들고 찾아와 용서를 구했다.

"목사님! 잘못했습니다. 제가 이것을 가져갔었습니다. 약은 해야 하는데 돈이 없어서요. 그런데 너무나 마음이 무거워서 다시 가져왔습니다. 도저히 이것을 팔아서 약을 할 수가 없었어요. 그래서 전당포에 잡혔다가 지금 찾아왔습니다. 죄송합니다. 잘못했어요."

참으로 감동스러운 일이 아닐 수 없었다. 비록 잘못은 저질렀지만 용서를 구하고, 또 자신의 잘못을 인정할 수 있는 용기가 있다면 분명 우리 하나님께서 그를 바른 길로 인도해 주실 것이라는 확신이 왔다. 우리는 반갑게 김 형제를 맞이하고 아무 일도 없었던 것으로 비밀에 부치기로 했다. 그리고는 다시 음향 기구는 3층 예배실로 살짝 올라갔다. 그날 저녁 형제들은 환호성을 지르고 손뼉을 치며 좋아했다. 자신들의 기도의 응답이라고도 했다. 없어졌던 음향 기구가 돌아오자 마치 형제가 돌아온 것처럼 기뻐하고 반가워하며 신기해했다. 내가 음향 기구가 돌아오게 된 경위를 이야기하자 모두들 숙연해졌다. 사실 대부분 집까지 잃게 된 형제들은 거의가 남의 물건에 손을 대 본 경험들이 있었기 때문이다. 아마도 자신들을 뒤돌아보는 것 같았을 것이다. 우리는 그날 밤 참으로 은혜로운 찬양과 하나님 앞에 감사의 기도를 드리지 않을 수 없었다.

지금 김 형제는 어느 기도원에서 열심히 하나님과 더불어 살기 위해 살고 있다. 어느새 긴 세월이 흘렀는데도 여전히 쓰러졌다 다시 시작했다고 한다. 그러나 언젠가는 승리할 수 있을 것이라고 나는 확신한다. 그것은 우리 하나님께서 그의 작은 양심과 하나님을 향해 두려워하는 마음을 확인하셨기 때문이다.

너 내 남자 친구 빼앗아갔지?

 '샤론!'

이름이 참 예뻤다. 그러나 샤론은 모든 사람들에게 이름과는 달리 참으로 악몽과 같은 존재였다. 샤론은 매우 불쌍한 여자이다. 한국에서 미국 동부에 있는 뉴욕으로 올 때만 해도 꿈도 많고, 희망도 많던 20대 초반의 나이였다. 그 정도면 외모도 그다지 뒤떨어지지 않았고, 어머니의 말씀으로는 머리도 꽤나 좋아 공부도 아주 잘했다고 한다. 미국으로 오자마자 랭귀지 스쿨(언어를 중심으로 가르치는 학교)을 다니며, 열심히 영어를 배워서 미국 생활에 제대로 적응해 보고자 노력했다.

그러던 어느 따스한 봄날, 보통 여자들이 그렇듯이 사랑이라는 전혀 맛보지 못한 다른 세계가 시작되었다. 그 남자는 아주 남자답게 생겼고, 무엇보다 샤론에게 다정다감했다. 잘 챙겨 주고, 마음껏 사랑해 주며, 아름다운 사랑을 고백하는 언어로 샤론의 마음을 사로잡았고 샤론은 자신의 모든 것을 그 남자에게 바쳤다. 샤론에게 그 남자는 이 세상에서 오직 하나뿐인 희망이요, 소망이요, 전부였다. 샤론은 그 남자로 인해 너무나 행복했고, 너무나 기뻤다. 때로는 싸움도 많이 했지만, 곧 그 남자의 따스한 화해의 손짓으로 금방 샤론의 마음은 녹아내리곤 했다.

그런 행복한 시간이 한 2년 정도 되었을까? 샤론이 살아 있는 의미요, 심장이었던 그가 갑자기 차갑게 변하기 시작했다. 그 남자의 아이를 갖게 되었는데 그때부터 이 남자는 샤론을 부담스러워하기 시작했다. 그 남자는 만일 아이를 지우지 않는다면 두 번다시 샤론을 만나지 않겠다고 협박했다. 남자의 강한 협박에 못이겨 샤론은 아이를 지워야만 했다. 샤론의 악몽은 여기서 그치지 않았다. 결국은 그 남자로부터 버림을 받은 것이다. 그 남자는 너무나 사랑했던 사람이었고, 그 사람이 자신을 절대로 배신할 리가 없다는 강한 믿음을 갖고 있었다. 그러나 그 믿음이 하루아침에 산산조각이 났다. 마음이 여린 샤론은 도무지 자신을 추스를 수가 없었다. 자신의 인생이 송두리째 날아가 버린 것 같았다. 샤론은 세상으로부터 자기 혼자만 버림받은 것 같아 모든 것을 포기하고 자살을 시도했다. 그러나 자살은 미수로 끝났고, 살고 싶지 않은 세상을 거부하며 살아갈 수밖에 없었다.

샤론은 공부에 대한 의욕을 이미 오래 전에 잃어버렸다. 마음 붙일 상대마저 잃어버린 샤론은 언제나 죽어야겠다는 생각을 품고 거리를 방황했다. 그러던 어느 날 잘생긴 백인 남자가 샤론에게 다가오더니 다정하게 말을 걸었다. 순간 샤론은 너무나 그리운 그 남자의 모습을 보는 듯했다. 이미 모든 것이 될 대로 되라고 포기한 상태에 있던 샤론은 아주 쉽게 그 백인 남자의 차에 올라탔다. 차 안에는 그 남자 말고도 2명의 남자가 더 있었다. 그러나 샤론은 개의치 않았다. 차는 속도를 내며 달렸고, 샤론은 창문을 열고 소리를 질러댔다. 오랜만에 스트레스를 풀고 시원한 바람 속으로 자신의 아픔을 마음껏 날려 버리고 싶었다. 그러나 옆에 앉아 있던 한

■ 마리화나

■ 마리화나 필 때 쓰는 도구

■ 헤로인

■ 헤로인(몰핀, 아편)

■ 스피드(히로뽕, 튜익, 아이스, 크리스털)

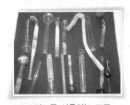
■ 스피드를 사용하는 도구

■ 엑스터시

■ 크랙

■ 크랙 사용 도구들

남자가 갑자기 짐승으로 돌변했다. 온 힘을 다해 저항했지만 힘센 남자들을 당해낼 수가 없었다. 방금 전에 샤론에게 다정하게 굴었던 백인 남자는 백미러로 힐끔 쳐다보고 낄낄대며 운전을 했다. 계속 달리는 차 안에서 샤론은 그들로부터 평생 잊을 수 없는 또 하나의 치욕을 맛보아야만 했다. 히죽거리며 자신의 배 위에서 군림하는 남자들의 야수적인 몸짓이 끝나자 샤론은 달리는 차 밖으로 던져졌다.

샤론은 정신을 잃었고 깨어 보니 병원의 침상 위였다. 샤론은 거의 제정신이 아니었다. 세상을 원망할 기력도 없었다. 샤론은 밝은 빛이 싫었고, 사람도 싫었다. 병원에서 퇴원한 후, 아무와도 만나지 않고 혼자의 생활을 시작했다. 그때부터 샤론은 스피드(Speed; 필로폰 같은 화학 성분으로 만든 마약으로 주로 청소년들이 많이 함)를 시작했고, 헤로인을 복용했다. 가끔 스피드 볼(SpeedBall; 스피드와 크랙, 아편을 섞은 마약)이라는 헤로인(Heroine; 아편)과 크랙, 스피드를 섞어 놓은 것들까지 손을 댔다. 정신적인 커다란 충격을 받은 상태였는지라 아주 빠른 속도로 미쳐가기 시작했다. 눈만 뜨면 약을 찾는 샤론은 점점 포악해지고 사나워졌다.

샤론이 변해 가는 모습을 보며 그녀의 어머니는 한없이 가엽고 가슴 아프게 생각했다. 어머니는 샤론의 옆을 좀처럼 떠나지 않았다. 혹시라도 샤론이 이상한 행동이나 자해를 시도할까 봐 언제나 지키고 있어야 했기 때문이다. 어느 날 깜박 잠들었던 어머니는 샤론의 발작하는 소리에 잠에서 깨어났지만, 갑자기 가위를 들고 내리찍는 샤론에게 그만 목을 찔리고 말았다.

이미 샤론은 옛날의 그 샤론이 아니었다. 이후 샤론은 정신병원을 수없이 드나들었다. 보통 때는 정상인 같다가도 자신이 마음에 들지 않으면 무조건 폭력을 휘둘렀다. 샤론이 무서워서 더 이상 함께 살 수 없다고 판단한 어머니는 샤론이 정부에서 제공하는 아파트에서 혼자 살도록 거처를 마련해 주었다. 그러나 샤론은 자신의 아파트에 불을 질렀고, 다시 정신병원으로 들어가야만 했다. 샤론이 혼자 있을 때는 매우 위험할 수 있다는 의사의 소견에 따라 사람이 많은 기도원과 재활원을 이곳저곳을 떠돌게 되었다. 그러나 샤론은 난폭함 때문에 가는 곳마다 쫓겨났고, 결국 나눔선교회까지 오게 되었다.

선교회에서 샤론을 도와줄 일은 전혀 없었다. 이미 정신적인 문제를 갖고 있었기 때문에 그녀의 질병을 고치는 것은 거의 불가능했다. 물론 하나님께서 하시면 능치 못할 일이 없겠지만, 선교회 다른 형제자매들에게도 사랑과 시간을 나누어 주어야 하였기 때문에 온전히 샤론에게만 매달릴 수는 없는 상황이었다. 그러나 샤론은 잠만 선교회에서 자지 않을 뿐이지 아침부터 저녁까지 선교회에서 보냈다. 그렇다고 프로그램에 참석하는 것도 아니다. 여기서 번쩍, 저기서 번쩍 하면서 온종일 크지도 않은 선교회를 왔다 갔다하며 나름대로 즐거워했다. 그 이유는 바로 만수 때문이었다.

그때 만수는 겨우 열아홉 살이었다. 그러나 샤론의 말에 의하면 만수가 자기 첫사랑인 바로 그 남자라는 것이다. 이마에 난 상처도 똑같다고 했다. 자신이 10년 전에 만수의 아이를 가졌으며, 지금은 만수가 얼굴을 성형수술을 하여 자신을 따돌리려 한다고 심각하게 말했다. 10여 년 전이라면 만수가 아홉 살이었다. 참으로 한심한 노릇이었다. 그러나 샤론은 만수가 자신의 남자 친구라고 확신하고 있었고, 그때부터 만수는 스토커와의 전쟁을 치르지 않으면 안 되는 긴장된 생활이 시작되었다.

하루는 만수가 낮잠을 자고 있었는데 누군가 잠자는 자신을 뚫어지게 주시하는 것 같은 느낌이 들어서 눈을 떴다고 한다. 그런데 자기가 자고 있던 침대 한쪽 옆에 시커먼 사람이 자신을 노려보고 있더란다. 너무 놀라 비명을 지르지도 못했다. 꿈인줄 알고 다시 한 번 눈을 꼭 감았다 떠 보았더니 샤론이 커다란 파인애플을 한쪽 손에 들고 만수를 노려보고 있었다. 섬뜩하고 소름이 확 돋았다. 만일 한쪽 손에 들고 있는 것이 파인애플이 아니라 칼이었다면 어쨌을까 하는 끔찍한 생각이 나더란다. "어둠 속에 벨이 울릴 때"라는 영화 속의 한 장면 같았다고 했다.

그런데 이런 일이 그날 한 번만 있었던 것이 아니라 허구한 날 일어났다. 만수는 도저히 무서워서 잠을 잘 수가 없다고 하소연을 했다. 나는 어쩔 수 없이 샤론을 불러서 조금만 조심해 줄 것을 당부했다. 샤론은 생글생글 웃으며 대답했다.

"알았어요. 목사님 안 그럴게요."

'아! 내 말을 이해할 줄도 아네!'

이렇게 생각하며 안도하고 있는데, 갑자기 내 따귀를 갈기는 것이 아닌가! 도무지 말도 나오지 않았다. 그렇다고 여자를 때릴 수도 없었다. 그날은 엉겁결에 황당한 일을 당한 것으로 마무리를 지었다. 샤론은 거의 매일 만수의 뒤를 따라다니는 것으로 일과를 보냈다. 매일 무엇인가를 가져와서 만수에게 주곤 했다. 그때마다 만수는 샤론을 달래면서 말했다.

"누나 왜 그러세요. 제발 이러지 마세요. 저는 그 옛날 누나의 남자 친구가 아니에요."

만수가 샤론을 달래 보았지만 여전히 만수는 샤론의 남자였다. 샤론은 애타게 만수를 따라다녔다. 만수의 반응은 여전히 냉담했고, 샤론에게 조금의 관심조차도 보내 주지 않았다. 샤론은 점점 분노가 차올랐다. 그러던 차에 만수와 김 전도사의 관계가 심상치 않다고 생각하기 시작했다. 열아홉 살 먹은 만수가 마흔 살이 다 된 김 전도사와 내연의 관계일지도 모른다는 발상은 어디서 비롯된 것인지는 알 길이 없다. 그러나 이 일이 나중에 매우 심각한 결과를 가져올 것이라는 사실을 그 누구도 생각하지 못했다.

어느 날 만수와 김 전도사와의 관계를 의심의 눈으로 바라보던 샤론이 저녁 식사를 하던 김 전도사의 머리통을 후려치면서 김치 그릇을 김 전도사에게 던져 버렸다. 졸지에 김치 세례와 주먹 세례를 받은 김 전도사는 너무나 당황스러워서 고스란히 당하고 말았다. 옆자리에 앉아 있던 형제들도 순식간의 일이라 말릴 틈도 없었다. 그러나 형제들은 곧 정신을 차리고 다시 주먹을 휘두르려던 샤론의 팔을 붙잡아 흔들었다. 그때서야 정신이 돌아오는지 샤론이 화장실로 막 뛰어 들어갔다. 몇 분 후 샤론은 김 전도사에게 와서 사과했다.

"전도사님 미안해요. 잘못했어요. 다시는 안 그럴게요."

사과를 하는데 김 전도사가 어떻게 하겠는가? 사과를 받긴 받았지만 김 전도사는 병원에 가야만 했다. 샤론의 힘이 어떻게나 셌는지 김 전도사의 귀가 잘 안 들린다고 했기 때문이다. 형제자매들에게 친절하고 잘 웃는 김 전도사를 분명히 샤론이 오해한 것이지만, 샤론에게는 아주 심각한 일이었다. 다시 또 김 전도사 때문에 남자 친구에게 버림을 받을지도 모른다는 심한 피해의식에 사로잡혀 있었던 것이다. 다행히 김 전도사는 이 일을 문제 삼지 않았다. 나는 내심 이 일로 인하여 김 전도사가 선교회를 나간다고 하면 어떻게 하나 걱정을 했었다.

그러나 문제는 그때부터 시작이었다. 샤론의 잔혹성은 점점 더 심해져 갔다. 그 사건이 터지기 전까지 샤론은 아주 조금씩 계획을 짜고 있었던 듯싶다. 김 전도사는 나와 김 목사에게 걱정스러운 낯빛으로 말했다.

"아무래도 샤론이 나를 또 때릴 것 같아요. 분명히 그럴 거예요. 눈빛만 보면 나는 알아요."

김목사와 나는 다시는 그런 일이 벌어지지 않을 것이라고 믿고 있었다. 그러나 김 전도사는 계속 그런 이야기를 했다. 미리 조치를 취해 달라는 것이다.

선교회에 있다 보면 간혹 정신적인 문제를 갖고 있는 이들이 들어올 때가 있다. 대부분이 그렇지는 않지만 그런 경우를 위해서 어떤 조치를 취해 달라는 것이다. 김 전도사는 사무실 문에 잠금장치를 하고 반만 열고 닫을 수 있게 해 달라고 요청했다. 선교회에 그렇게 해 줄 돈이 어디에 있나? 돈이 웬수였다.

그날도 아침에 어김없이 샤론이 나타났다. 샤론이 나타났다는 것 하나만으로도 모두를 공포의 도가니로 몰아넣었다. 하이킹을 가기 위해서 모두 준비를 하고 밴을 타고 있었다. 만수가 거의 마지막으로 선교회 건물에서 내려와 주차장을 건너 밴을 타려 하고 있었다. 샤론이 다가왔다.

"만수야!"

만수는 샤론을 쳐다보았고, 샤론은 갑작스럽게 만수의 뺨을 찰싹하고 때리더니 얼굴에 침을 뱉었다. 만수는 순간적으로 열이 바싹 올랐고, 화가 나서 자기도 모르게 주먹으로 샤론을 치려고 했다. 그러나 그러면 안 된다는 생각이 바로 들어 주먹을 내려놓았다. 만수도 참으로 많이 변했다. 만수는 성격이 다혈질이고, 참을성도 별로 없는 아이였다.

'아! 안 돼! 내가 이러면 안 돼!'

만수는 터져 오르는 화를 끝까지 삭이면서 씩씩거리기만 했다. 다행히 만수가 샤론의 어처구니없는 행동을 용납했지만, 샤론의 분노는 여기서 끝나지 않았다. 샤론은 만수와 김 전도사의 관계를 여전히 의심하여 이제는 김 전도사를 향한 질투의 감정이 극에 달하고 있었다. 오후가 되어 점심식사 후 성경 공부 시간이 되었다. 다행히 샤론이 집에 갔는지 선교회에서 보이지 않아 모두 편안한 마음으로 성경 공부를 시작했다. 그런데 성경 공부를 시작한 지 얼마 되지 않아서 갑자기 성진 형제가 성경 공부방 문을 박차고 들어오며 고함을 질렀다.

"큰일났어요. 전도사님이, 전도사님이 맞아요."

순간 나는 아찔한 느낌이 들어 3층 사무실로 뛰어 올라갔다. 3층으로 뛰어 올라갔을 때는 이미 김 전도사는 거의 기절한 상태로 소파에 길게 누워 있었다. 그때만 해도 봉사자들이 턱없이 부족했기 때문에 김 전도사 혼자서 사무실 일을 맡아보고 있을 때였다. 김 전도사가 그 시간에도 컴퓨터를 치고 있는데 노크 소리가 나더니 문이 열렸다. 일에 열중해서 문 쪽은 쳐다보지도 않고 '누군가 들어왔구나.' 생각하며 계속 일을 하고 있었다. 그런데 갑자기 김 전도사의 머리채를 확 휘어잡으며 샤론이 미친 듯이 소리를 지르며 김 전도사를 때리기 시작했다.

"누가 내 남자 친구를 빼앗아가라고 했어?"

김 전도사도 맞고만 있을 수 없어서 계속해서 반항하고 같이 맞섰지만 샤론의 힘을 당할 수가 없었다. 샤론은 바로 직전에 스피드볼을 하고, 환상에 사로잡히는 트립(Trip; 환각상태)을 가고 있는 상황이었기 때문이다. 아무리 김 전도사가 소리를 질러대도 모두가 성경 공부에 들어가 있어서 들을 수가 없었다. 마침 선교회에서 생활을 하다가 사회에 나가 가이드 생활을 하고 있던 성진 형제가 비명소리를 듣고 뛰어 올라온 것이다. 성진 형제는 선교회에 잠깐 들렀다가 너무 피곤해서 잠시 2층 남자 숙소에서 잠이 깜박 들었다가 김 전도사의 비명 소리 때문에 잠에서 깨어나 3층으로 단번에 달려 올라온 것이다. 김 전도사는 손가락 하나 까딱할 힘도 없는지 꿈쩍도 하지 않았다. 여기저기에는 뜯겨진 머리카락이 흩어져 있었다. 어떻게 이런 일이 있을 수 있는지, 무엇보다도 나 자신에게 화가 나서 어쩔 줄 몰랐다. 그렇게 김 전도사가 말하고, 또 말하지 않았는가! 그 말을 전혀 귀담아 들을 생각조차 못했다. 너무나 미안하고, 어떻게 일을 처리해야 하는지 도무지 갈피가 잡히지 않았다. 샤론은 꽁지 빠지게 도망치는 듯했지만 곧 선교회 형제들에게 잡혀서 끌려왔다. 선교회 형제들은 샤론을 당장이라도 끝장을 낼 태세였다. 모두들 샤론에게 달려들었다. 나도 화가 나서 도저히 견딜 수가 없었다. 아마도 내가 정말로 화가 났다는 것이 느껴졌는지 샤론에게 달려들던 형제들이 주춤거리며 뒤로 물러섰다. 나는 샤론을 잡고 물었다.

"왜 때렸는가?"

샤론은 분노에 찬 말을 내뱉었다.

"그 쌍년이 내 남자를 빼앗아갔어요."

"샤론, 만수는 네 남자가 아니야. 만수는 이제 열아홉 살이야. 너보다 한참 어린 동생이라구. 더욱이 전도사님을 때려?"

"그년만 없으면, 내 남자는 돌아와요."

거의 울부짖음에 가까웠다. 눈빛은 지금이라도 당장에 김 전도사에게 달려가서 죽여 버릴 것만 같은 상태였다. 약물을 한 상태에서 환각적인 트립(Trip)이 김 전도사에게 가는 것이다. 이럴 경우는 사실이 아니라 하더라도 약물을 복용한 이에게만큼은 현실이다. 그렇기 때문에 어떤 이들은 약을 한 후 누군가 자신을 죽이려 한다고 믿고 먼저 상대방을 칼로 찌르거나, 총으로 쏘기도 한다. 때로는 경찰이 자신을 잡으러 오는 것으로 착각하여 숨고, 불안에 떨며 계속해서 도망을 다니기도 한다. 사람에 따라서 약을 하자마자 많이 맞게 되면 맞는 것이 두려워서 약을 하지 못하는 경우도 가끔씩 있기도 하다.

"정신 차려. 정신 좀 차리라구."

나의 손이 올라갔다. 한 대 한 대 맞을 때마다 샤론은 정신이 돌아오는 듯했다. 그러면서 시커먼 것을 토해냈다. 바로 스피드 볼이었다. 샤론은 그 스피드볼을 그냥 삼켜 버렸고, 아직까지 넘어가지 않은 것들이 나오는 것 같았다.

김 전도사는 한동안 몸살을 앓았다. 나는 샤론에게 다시는 선교회에 올 생각은 하지도 말라고 단단히 경고했다. 샤론이 집으로 돌아가고 난 후 며칠 후에 샤론의 어머니께서 김 전도사에게 전화를 했다.

"샤론이 전도사님에게 한 것은 다 잊으세요. 봉사하는 사람이 당연히 그럴 수도 있고, 저럴 수도 있지요. 우리 샤론이 전도사님에게만 한 것이 아니에요. 아시아태평양 정신상담소에서는 샤론의 상담을 담당했던 임신 9개월 된 여자 의사 선생님을 발길질을 하고, 머리를 잡고 두들겨 팼어요. 뱃속의 아이보고 죽으라고. 그러나 그 여의사는 샤론을 신고하지 않았어요. 임신한 것도 아닌데, 그까짓 일 갖고 뭘 그러십니까? 이제 마음을 풀고 우리 샤론을 잘 좀 봐 주세요. 그런 일들이 당연히 믿는 사람들이 해야 할 일 아닙니까?"

김 전도사는 기가 막힌 듯이 되물었다.

"아니 믿는 사람이고, 봉사하는 사람은 무조건 다 참고, 무조건 다 감당해야 하는 겁니까?"

그러자 샤론 어머님은 화가 났는지 막말을 했다.

"그렇다면 마음대로 해 봐요. 우리 애는 정신병자라서 경찰도 잡아가지 않으니 마음대로 해 보라구요. 그럼 나는 한 목사님을 고소할 겁니다. 어떻게 애를 때려요? 우리 샤론이 어떤 애인데!"

김 전도사는 어처구니가 없다는 얼굴로 더 이상 이야기하고 싶지 않다면서 전화를 끊어 버렸다. 김 전도사는 분이 삭지 않았나 보다.

"아니, 목사님! 어떻게 이럴 수가 있어요. 전화를 했으면, 죄송합니다. 다친 데는 없는지, 그것부터 물어보아야 하는 것이 도리 아니에요? 그런데 다짜고짜 이해를 하라니요. 나도 이해는 해요. 그렇지만 그런 게 아니잖아요. 그리고 목사, 전도사는 매를 맞아도 할 말도 못 하는 겁니까? 모든 사람들이 목사나 전도사가 화를 내면 '목사가 말이야' '전도사가 말이야.' 이렇게 이야기합니다. 목사나 전도사가 좋은 일이나 옳은 일을 하면 '목사니까' '전도사니까 당연하지' 그래요. 왜들 그래요?"

나도 할 말이 없었다. 그러나 나는 김 전도사에게 말했다.

"전도사님, 마태복음 5장에 '의를 위하여 핍박을 받은 자는 복이 있나니 천국이 저희 것임이라. 나를 인하여 너희를 욕하고 핍박하고 거짓으로 너희를 거스려 모든 악한 말을 할 때에는 너희에게 복이 있나니 기뻐하고 즐거워하라. 하늘에서 너희의 상이 큼이라. 너희 전에 있던 선지자들을 이같이 핍박하였느니라.' 고 말씀하지 않으셨습니까? 우리가 세상 사람들과 똑같다면 과연 하나님의 일꾼이라고 말할 수 있을까요?"

김 전도사는 더 이상 아무 말도 하지 않았다. 역시 나는 참 똑똑하다. 그러나 나는 마음속으로 후회했다.

'왜 샤론을 쬐끔 때렸을까?'

역시 나는 어쩔 수 없는 죄인이다. 으히히!

슬픈 진실 게임

몇 년 전에 일어났던 일이다. 나는 이 사건을 통해 전과자는 영원한 전과자일 수밖에 없으며, 한 번 잘못된 신뢰를 다시 회복하는 일이 얼마나 어려운 일인지를 느낄 수 있었다. 그리고 마약중독자였던 나를 다른 사람들이 믿어 주지 않는다고 불평불만을 했었지만, 그러한 나 또한 다른 사람을 똑같이 정죄하고 판단했다는 자책감으로 한동안 힘들어했던 사건이었다.

선교회는 건물 밖으로 나가면 반 지하에 여자 숙소가 있다. 건물은 3층으로 되어 있다. 1층에는 사무실, 성경공부나 TV를 볼 수 있는 선교회에서 두 번째로 큰방, 식당, 부엌, 부식창고, 음향기기 창고가 있다. 2층에는 남자들의 숙소로 대충 한 35명 이상이 복작거리며 사는 기숙사가 있고, 한쪽 구석에 네 명이 사용할 수 있는 샤워장이 있다. 3층에는 예배실이 있고, 남자들이 숙식하는 곳이 턱없이 부족하여 공부방을 다시 숙소로 개조하여 사용하고 있다. 이렇게 비좁은 곳에 1층에서 2층으로 올라가는 계단 사이에 방이 양옆으로 하나씩 있다. 오른쪽 방은 여자 봉사자가 자는 숙소로 사용하고, 다른 방은 회의실과 도서실, 때때로 치료실로 사용하고 있다. 그래서 선교회에서 적당히 조용하게 이야기하고, 대화할 수 있는 곳이 회의실밖에 없기 때문에 주로 그곳에서 사람들과 상담을 하곤 한다.

그날 장애인선교회로 LA 지역에서 아주 활발하게 활동하고 있는 밀알선교회에서 귀한 손님들이 왔다. 특히 김은주 간사는 아직 미혼으로 서른 살이 넘은 나이에도 불구하고 자신의 삶은 돌보지 않고 열심히 봉사 활동을 한다. 김 간사와 봉사자로 수고하는 덩치도 좋고, 마음도 좋아 보이는 집사가 함께 선교회를 방문했다. 나눔선교회나 밀알선교회 모두 사회에서 소외되고 힘들어하는 이들과 함께 하나님의 사랑을 나눈다는 어떤 공감대 때문인지 대화도 잘 통했다. 의기투합해서 함께 좋은 프로그램을 만들고, 연말 행사를 같이 하기로 했다. 이런저런 이야기를 나누다가 벌써 몇 시간이 훌쩍 지났다. 시간이 너무 초과했는지 당황한 김은주 간사 일행은 허겁지겁 선교회를 나섰다.

잠시 후 전화가 왔다. 깜박 잊고 지갑을 놓고 갔다고 한다. 이상한 기분이 들었다. 다행히 회의실에서 그 지갑을 찾긴 찾았다. 이후 김은주 간사가 와서 그 지갑의 내용물을 확인했는데 그 지갑 안에 있던 거금이 없어졌다. 잘 생각은 나지 않지만 300불 정도가 있었던 것 같다. 불과 한 시간도 안 되는 사이에 일어난 일이었다. 한 시간 동안에 그곳에 들어갔던 이는 딱 두 명뿐이었다. 두명 중 한 명이 돈을 가져간 것은 분명한 것 같았다. 한 명은 박 형제라고 평소에도 성실하게 선교회 일도 잘 돕던 친구였고, 다른 한 명은 손버릇이 나빠서 가끔 돈이나 물건을 훔쳤고, 또 언제나 물건이 없어지면 의심을 받았던 여자아이였다. 둘 다 끝까지 자신은 아니라고 하면서도 그 방에 들어갔던 이가 그 둘밖에 없었기 때문에 범인은 둘 중에 하나라고 자신들도 인정했다. 30대 중반의 박 형제는 회의실의 청소 담당이어서 김 간사가 나가자마자 청소기를 들고 들어가 열심히 청소를 하는데 열여덟 살 된 제니가 들어왔다고 한다. 제니는 테이블 위에 놓여 있는 지갑을 발견하고 집어들면서 말했다.

"어, 이거 누구 지갑이야?"

그때 박 형제가 그 모습을 보고 말했다고 한다.

"그거 제자리에다 놓아. 네 것이 아니잖아."

그 후 박 형제는 청소하느라 아무것도 보지 못했다고 말하는 것이 마치 제니가 그 돈을 가지고 갔을 것이라는 상상을 하게 했다.

그러나 제니는 강하게 부인했다.

"목사님! 정말 이번만큼은 절대로, 절대로 제가 가져가지 않았어요. 정말이에요. 박 오빠가 가져갔단 말이에요."

"그걸 어떻게 아니?"

"제가 안 가지고 갔으니까 분명히 박 오빠가 가져간 것이지요."

제니는 억울하다며 눈물을 펑펑 쏟았다.

"야! 난 적어도 내가 가져가지 않았다고 말했지, 네가 가져갔다고 하지 않았는데 넌 왜 내가 가져갔다는 거야?"

박 형제가 매우 불쾌해하며 제니에게 따지듯 말했다.

나는 곰곰이 생각해 보았다. 과연 누구의 말이 맞을까? 분명히 정확한 것은 3일에서 5일 정도면 알 수 있을 것이다. 둘 중에 누군가 그 돈이 있는 사람이 선교회의 담을 넘을 것이기 때문이다. 약을 하는 이들의 특징은 돈이 있으면 그것을 가지고 있지 못한다. 돈만 보면 가슴이 두근거리고 떨리며 먼저 약을 구입할 생각을 하게 되어 있다. 그러고 나면 얼마 가지 않아 그 돈으로 약을 사게 된다.

그러나 문제는 그 돈을 가져갔다고 의심받고 있는 제니가 다른 아이들에게 왕따를 당하며, 모두가 그 아이를 손가락질하고 있다는 사실이었다. 저러다가 얼마 못 가 누구로부터일지는 몰라도 한 대 얻어터지기라도 할 것 같았다. 나는 어떻게 해야 할지 걱정이 되었지만 이번 기회에 나쁜 손버릇의 습관도 고쳐 주고 싶었다. 솔직히 마음 한편으로 제니가 그 돈을 가져갔을 것이라는 생각이 들었다. 그러나 보지 않았으니 쉽게 범인으로 단정할 수는 없었다. 아이들은 박 형제와 제니의 물건을 하나도 남김없이 뒤졌다. 양말 속까지 털어 보았지만 두 사람에게서 돈은 나오지 않았다. 어떤 바보가 그렇게 의심을 받고 있으면서 돈을 자기의 가방이나 소지품에 두었겠는가? 그러나 어떠한 결정을 내리긴 내려야 했다. 선교회에서 돈이나 물건이 없어지는 것을 그냥 묵인하게 되면 앞으로 그런 사건은 더욱 비일비재하게 일어날 것이기 때문이었다. 그래서 할 수 없이 제니를 내보내기로 어려운 결정을 했다. 특히 제니는 갈 곳이 없는 불쌍한 아이였다. 재혼한 아버지에게 이미 버림받은 지 오래인 제니는 집이 없어서 몇 년씩이나 여기저기를 떠돌아다니다가 선교회에서 1년 반을 살고 있었다. 제니는 울며 불며 매달렸다. 자기를 선교회에 있게 해 달라고, 자신은 갈 곳이 없다며 선처해 줄 것을 애원했다. 그러나 한두 번도 아니고 계속해서 남의 물건에 손을 대는 것은 다른 사람들과 공동체 생활을 하는 이곳에서는 심한 문제가 아닐 수 없었다.

제니는 선교회 뒷마당 맨땅 위에 눈물을 뚝뚝 흘리며 무릎을 꿇었다.

"목사님! 제발 한 번만, 한 번만 저를 살려 주셔요."

"이번만큼은 안 되겠다. 나가라. 너희 아버지 집까지 데려다 주마."

이렇게 말하며 뒤로 돌아서는데 가슴이 무척이나 쓰렸다. 얼마든지 넘어갈 수 있는 상황이라고 생각할지 모르지만, 선교회 것도 아닌 손님의 지갑을 손댔다는 것은 있을 수 없는 일이었다. 선교회의 이미지도 있을 뿐만 아니라 솔직히 제니의 손버릇에 두 손 두 발 다 들었기에 더 이상 용서한다는 것이 공동체 규칙을 해할 수 있음을 느꼈기 때문이다. 제니는 짐을 쌌다. 그리고는 울음을 그치지 못하고 환영받지 못하는 가운데 선교회를 나섰다.

"안녕히 계세요. 그 동안 감사했습니다."

나는 인사하는 제니를 붙잡고 말했다.

"제니야! 네가 이번만큼은 그 돈에 손을 대지 않았다고 해도 네가 의심받을 수밖에 없는 것은 그 동안 네가 그만큼 다른 사람들에게 그렇게밖에 신뢰를 얻지 못했다는 뜻이다. 네가 보통 때 아주 정직한 아이라고 다들 인정했다면 너를 이렇게 의심하진 않았을 것이야. 그러기에 지금까지 해 왔던 너의 행동에 대한 결과이다. 이것 봐라. 네가 얼마나 잘못해 왔는가를 알 수 있지 않니? 이제부터 이번 일을 꼭 기억하고, 앞으로는 두 번 다시 다른 사람의 물건에 손대는 일은 하지 마라. 설령 네가 이번 일을 하지 않았다 하더라도 한 것이나 마찬가지야. 왜 다른 사람의 물건에 손을 대니? 앞으로는 다른 사람들에게 이처럼 의심을 받지 않는 삶을 살길 바란다."

그러면서 제니의 손에 이십 불짜리 지폐를 쥐어줬다. 만일을 위해서였다.

제니는 울면서 내 가슴에 안기며 말했다.

"목사님! 제가 가도 꼭 가져간 사람을 찾아 주세요. 저는 정말로, 정말로 이번만큼은 아니에요. 그런데 목사님 말씀이 맞아요. 그 동안 제가 다른 사람들의 물건에 너무나 많이 손을 댔어요. 그래서 다들 저를 미워하나 봐요. 아무도 저의 편이 없어요. 그러나 목사님! 이번만큼은 제발 절 믿어 주세요."

"그래. 네가 끝까지 가져가지 않았다고 한다면 너를 믿으마. 그러나 이번에 너를 믿는 것은 마지막이다. 네 말이 진실이길 바란다. 그리고 어디를 가든지 다시는 다른 사람들에게 이런 인식을 받는 사람이 되지 마라."

"네! 목사님, 그 동안 감사했습니다. 오갈 데 없는 저를 1년이 넘도록 보살펴 주셔서요. 그럼 안녕히 계셔요."

제니는 눈치 보이는 아버지 집으로 갔다. 나중에 들은 이야기이지만 제니 아버지도 제니에게 돈을 어디에 두었는가를 물었다고 한다. 완전히 제니가 훔쳐간 사람 취급을 받으며 온갖 욕을 다 먹었다. 며칠 후에 김 목사와 나는 밀알선교단의 김은주 간사를 찾아가 비록 찾지는 못했지만 잃어버린 돈을 갚았다. 정말 미안하다는 사과도 했다. 그러자 김 간사는 자신이 지갑을 잘못 간수해서 잃어버리고 이런 불미스러운 일의 원인을 제공했다며 무척이나 미안한 내색을 했다.

그 후 일주일이 막 지났을 때 박 형제가 선교회 담을 넘었다. 들리는 소식에 의하면 아는 친구에게 그때 잃어버렸던 돈 액수만큼 약을 사 달라고 했다고 한다. 나는 정말로 낙담하지 않을 수 없었다. 박 형제를 나름대로 믿었던 것에 대한 실망도 있었지만, 첫째는 다른 이들이 나를 보는 선입관 때문에 나 스스로 고생하면서도 나 또한 선입관을 버리지 못하는 인간의 어쩔 수 없는 속성이 너무나 부끄러웠기 때문이고, 둘째는 제니에게 진심으로 미안했기 때문이다.

그러나 제니는 그 뒤에 이 일을 계기로 해서 두 번 다시 다른 사람들의 물건에 손대는 일이 없어졌다. 지금은 직장에서 아주 착실하게 일하며 열심히 살고 있다. 어린 나이에 아이까지 낳고 잘 살고 있다. 지금도 가끔 전화를 해서 한참을 이야기하기도 하고 찾아오기도 한다. 제니는 그때 그 일이 없었다면 자신은 아직도 깊이 깨닫지 못했을지도 모른다며 오히려 그때 일에 감사한다고 했다. 이제 아무도 제니에게 도둑년이라고 손가락질하는 사람은 없다. 제니는 더 이상 도둑년이 아니고, 나쁜 습관으로 다른 사람들로부터 미움을 받는 아이가 아니다. 담배도 끊고, 술, 마약도 안 하는 아주 정상적인 삶을 제대로 살아가고 있는 건강한 사회인이 되었다.

엄마의 질투

선교회에서 일하면서 참으로 어처구니없는 사건들을 자주 대하게 된다. 심지어는 아버지가 딸과 성 관계를 맺는 사건까지 일어났다. 이러한 사건들을 대할 때마다 왜 우리 주님께서 빨리 오시지 않는지 되묻곤 한다. 세상이 너무나 패악하여 더 이상 타락할 곳이 없는데도 불구하고 하나님께서는 한 생명이라도 살리시기 위해 인내하신다. 하나님의 인내하심을 생각할 때마다 감사하기도 하지만, 인간들의 악함이 극에 달하니 무섭고 두렵다. 하긴 하나님께서 인내하심으로 나 같은 놈도 하나님을 만나고 목사가 되었겠지만 말이다. '개구리가 올챙이 적 생각을 못 한다'는 말은 정말 맞는 말이다.

어느 날 두 딸의 어머니가 찾아왔다. 한눈에 보아도 젊었을 때는 꽤나 미인소리를 들으며, 한가락 하셨던 분이었음이 분명했다. 아주 센스도 있어 보여서 나이보다 훨씬 젊어 보이는 분이었다. 그러나 겉과는 달이 이분의 속은 아주 까맣게 타들어 가고 있었다. 두 딸이 다 마약에 찌들어 살고 있었기 때문이다. 이제 열여섯 살을 갓 넘긴 큰아이는 약을 한 지 아주 오래되었고, 작은아이는 아직 열네 살도 되지 않았는데 약을 시작했다. 문제는 언니가 동생에게 약을 가르쳤다는 것이다. 한심한 노릇이 아닐 수 없었다. 더욱이 동생은 몸을 팔아 가며 약을 하는 상태로 완전히 망가져 있었다.

엄마는 어떻게 해야 할지를 몰라 고민하고 있었고, 아무리 딸들이라 해도 순간순간 섬뜩한 느낌을 떨쳐 버릴 수가 없다고 한다. 어머니는 새로 결혼하여 나름대로 새롭게 행복한 삶을 추구하고 있었는데, 그 두 딸 때문에 자신의 인생이 점점 망가져 가고 있다고 호소했다. 때론 두 딸이 죽어 버리든가, 어디론가 사라져 버렸으면 좋겠다는 생각까지도 한다는 것이다. 어처구니가 없었다.

'어머니가 어떻게 그런 말을 할 수가 있겠는가? 하지만 오죽했으면, 얼마나 시달림을 받았으면 그런 생각까지 하게 되었을까?'

나는 그 어머니를 이해해 보려고 노력했다. 그러나 도무지 이해가 되지 않았다. 직감적으로 무엇인가 문제가 있다는 것을 확신했다.

두 딸들을 만났다. 역시 예상했던 대로 두 딸들이 그렇게 되기까지 문제는 엄마에게 있었음이 분명히 들어났다. 엄마와 몇 년 전 결혼한 남자는 첫째 딸과 아주 어렸던 둘째 딸까지도 성 관계를 맺어 왔다. 첫째 딸이 보는 앞에서 둘째 딸과, 둘째 딸이 보는 앞에서 첫째 딸과 관계를 맺고, 다시 저녁에 일을 마친 엄마가 돌아오면 전혀 그렇지 않은 듯한 얼굴을 하고 천연덕스럽게 첫째와 둘째에게 마치 아주 좋은 아빠로 행세를 하곤 했다.

처음엔 왠지 두 딸들은 자신들의 잘못인 듯해서 엄마가 알까 봐 무서워서 알리지 못했다고 한다. 죄책감을 잊기 위하여 큰딸은 마약에 손을 댔다. 그러나 이상하게도 시간이 지나면서 새 아빠에게 대해 애증이 싹텄다. 왠지 모를 새 아빠에게 대한 사랑, 그리고 미움. 큰딸은 자신이 혹시 새 아빠를 사랑하는 것이 아닐까 하고 스스로 의심이 들 무렵, 엄마에게 이 사실을 고백했다. 딸들은 자신들의 고백에 고통과 아픔을 감싸주고 자신들을 가엽게 여겨 줄 줄 알았던 엄마가 오히려 사춘기 딸들이 가장 가까이에 있는 자신의 남편을 사랑하고 있기 때문에 엄마를 질투해서 거짓을 말한다고 윽박질렀다. 오히려 딸들을 나쁜 아이들로 몰아붙였고, 딸들이 거짓말로 이간질하여 자신의 남자를 쫓아내려고 모함하는 것이라고 생각했다.

이때 딸들이 느꼈던 감정은 '저 여자는 엄마가 아니다.' 하는 것이었다. 바로 배신감이었다. 그때부터 이 두 딸은 그전보다도 더욱 빗나가기 시작했다. 1년, 2년이 지나면서 더 이상 엄마의 힘이나 엄마라는 위치로 그들을 통제할 수 없는 상황이 됐다. 이제 두 딸이 엄마를 살해하고자 계획까지 세워 놓고 바로 그 일을 실천하기 바로 직전이었다. 두 딸은 엄마에 대한 미움이 극에 달해 있었고, 매일매일 약을 하면서 엄마를 죽이는 꿈을 꾼다고 했다. 참으로 끔찍하기 짝이 없었다. 섬뜩하다 못해 오싹하며 소름이 돋았다. 딸아이들의 눈에는 독기가 가득 차 있었고, 이를 바라보는 엄마의 눈빛도 독기가 가득 서려 있었다. 부모가 부모답지 못하고, 자식이 자식답지 못한 그 가정이 어떻게 가정이라 할 수 있겠는가? 한 남자를 사이에 두고 엄마와 두 딸의 관계가 엉켜 있었다.

나는 그 엄마에게 그 남자와 헤어질 것을 권했다. 그 일이 사실이든 아니든 간에 그렇게 자녀들이 끔찍이 싫어하는 남자와 함께 산다는 것은 자녀를 버리는 결과를 초래한다. 나는 그 엄마에게 물었다.

"둘 중 누군가를 선택해야 한다면 모든 엄마들이 자녀를 선택하지 않겠습니까?"

그 엄마는 단호하게 대답했다.

"No!"

자신은 두 딸은 버릴 수 있어도 절대로 남편은 버리지 못한다는 것이었다. 자신의 남편이 얼마나 순하고 착한데, 순전히 악마 같은 딸들이 질투해서 그렇다는 것이었다.

"제가 그 사람과 함께 사는 동안은 그 아이들과 같이 있을 수 없습니다. 그 아이들을 선교회에 맡겼으면 좋겠어요. 돈은 얼마든지 드리겠습니다."

"No!"

나는 냉정하게 잘라 말했다.

"부모가 버린 자식을 왜 우리가 돌봐야 합니까? 그 아이들은 당신의 딸입니다. 당신이 돌보세요. 엄마조차도 끔찍해하는 아이들을 남들은 사랑할 것 같습니까? 돈을 몇십만 불씩 준다고 해도 이들만큼은 받을 수 없습니다. 아이들을 생각하면 불쌍하지만, 어머님이 뿌린 씨앗이니 어머님이 거두시지요."

나눔선교회가 예수를 믿는다고 해서 가족들을 무조건 떠맡기는 이들이 종종 있다. 자신들의 귀찮은 짐 꾸러미를 툭하고 던지거나 심지어는 발로 굴려서 선교회에 밀어 넣으려고 한다. 그러면서 자신들은 홀가분하게 쾌락이나 즐기기 위해 준비하는 것을 보면 선교회가 그들의 죄악을 돕고 있다는 기분을 떨칠 수가 없다. 그렇기 때문에 도와주고 싶지 않다. 물론 아이들을 보면 너무나 불쌍하고 불쌍하지만, 언제까지 그렇게 선교회에서 그들을 돌볼 수 있겠는가? 언젠가는 다시 집으로 돌아가고 또다시 부모와 거친 싸움을 해야 한다. 근본적으로 원인이 해결되지 않은 상태에서 일회용 반창고만 붙이면 무슨 소용이 있겠는가? 그 후의 문제는 더욱더 커질 것이다. 무조건 문제의 해답을 순간에 의지하고, 다급한 그 상황만 모면하면 된다는 식의 자세부터 부모는 버려야 하는 것이 아닌가 생각된다.

크랙하우스 아줌마의 죽음

헬리콥터의 프로펠러 소리가 너무나 시끄러웠다. 무슨 큰 사건이 그리도 많은지 헬리콥터가 툭하면 뜨곤 한다. 그러나 유난히 가까이 들리는 시끄러운 소리 때문에 이웃에 사건이 난 듯하여 마당으로 나가 보았다. 선교회 앞마당 담벼락에 온통 머리를 빡빡 밀은 뒤통수들이 주렁주렁 달려 있었다. 키가 작은 녀석은 의자까지 들고 나와 선교회 건너편 아파트를 쳐다보며 탄성을 질렀다. 키가 큰 녀석들은 이럴 때를 위해 자기들이 키가 큰 것인 양 팔짱을 끼고 어깨를 벌리고 서서 느긋이 쳐다보고 있었다.

선교회 바로 앞 아파트에서 큰 사건이 벌어졌다. 4차선 찻길 건너편에 있는 아파트에서 부부싸움이 났다. 부부싸움이 치고 박는 정도로 끝난 것이 아니라 남편이 그만 아내의 배를 총으로 쏘고, 자신도 머리에 총을 쏴서 그 자리에서 즉사했다. 거리에 노란색 줄이 쳐졌다. LA에서 노란색 줄이 쳐지는 것은 총 사건과 사람이 죽었을 경우이다. 경찰차가 수없이 왔고, 헬리콥터는 여전히 파닥거리며 행여 공범이나, 다른 이유에서는 아닌가 하여 정찰을 하며 돌아다녔다. 그 두 부부는 평소에도 사이가 좋지 않았던 것으로 보이지만 그래도 서로를 죽일 만큼이나 심각했던 것 같지는 않았다.

맨 아래층 선교회 정문에서 그들의 아파트 부엌 창문이 보인다. 그 여자는 낮에는 언제나 베란다에 꽃을 내놓고, 밤에는 그 꽃을 집안으로 들여가곤 했었다. 학교에 다녀온 아이들이 귀찮아질라치면 장난감을 밖에다 던져 놓고 아이들을 밖으로 내몰곤 했다. 그러다 틈이 나면 아이들이 있는 밖으로 나와서 베란다 주변에 심은 나무들을 이것저것 손보며 시간을 보내는 평범한 아줌마였다. 남편이 정확히 무엇을 하는 사람이었는지는 몰랐지만, 다른 멕시칸처럼 아마도 소량의 약을 판매하는 딜러였던 듯싶었다. 아저씨와 아줌마 둘 다 이렇다 하는 직장이 없었고, 무엇보다도 밤에는 그 집 창문엔 아주 작은 틈조차 보이지 않게 꼼꼼히 막아 놓아 불빛 하나 새어 나오지 않았기 때문이다.

우리 선교회 주변으로 몇 블록 정도 사이에는 크랙(Crack: 코카인을 기본 원료로 해서 만든 마약으로 비누 조각처럼 생긴 돌덩이)하우스나 스피드(Speed : 일종의 히로뽕 종류로 순 화학 성분으로 만든 하얀 가루)하우스가 약 600군데가 넘는다. 하우스라는 이곳에서는 약을 팔기도 하고, 만들기도 하며, 그곳에서 약을 구입한 사람들이 함께 복용할 수 있는 장소를 제공하는 곳이다. 어떤 이들은 일반 가정집에서 자녀를 키우면서 자신은 약을 하지 않고 단지 약을 팔고, 장소를 제공하여 생계를 유지한다. 물론 갱들과 연결하여 전문적으로 중독자 손님의 주머니를 깡그리 뺏아 먹는 하우스도 있다. 주로 이처럼 마약을 파는 집(Drug House)은 대부분 창문에 검은 커튼이나 빨간색 커튼처럼 짙은 색깔의 커튼이 드리워져 있고, 아무리 더운 여름이라 하더라도 창문을 열어 놓는 법이 없다. 가끔 그런 곳에는 몇몇 젊은 멕시칸들이 밖에 나와 서성거리곤 하는데 그러면 그곳은 십중팔구 영락없이 드러그 하우스라고 볼 수 있다. 한국인들이 한인 타운에서 운영하는 곳도 한 30여 군데 된다. 이들의 손님은 거의 한국 사람들이고 한 장소를 다녀가는 이들은 하루에도 수백 명에 이른다. 이렇게 집안에서 마약 장사를 하는 멕시칸들이 비일비재하다.

마약 장사를 적극적으로 하는 이들은 거리에 나와 골목에 서 있으면서 오가는 차량 운전자들과 눈빛을 맞춘다. 약을 하는 이들은 약을 하는 이들을 금방 알아볼 수 있다. 서로 눈빛을 교환하고 같은 차량이 몇 바퀴 그 근처 동네를 서서히 돌면서 약물을 구입하겠다는 신호를 보낸다. 그러면서 차가 골목에 서 있는 이들의 앞에 멈추어서면 그들은 아주 조심스럽게 운전자에게 다가가서 뭘 원하는가를 먼저 묻는다. 운전자가 원하는 양이 소량일 경우에는 자신들이 소지하고 있던 약을 건네고, 만일 더 많은 양을 원하면 딜러인 자기 집 쪽으로 수신호나 휘파람을 불어 신호를 보낸다. 그러면 그 집에서 어린아이나 아줌마가 많은 양의 약을 가지고 건넨다. 그렇게 다량의 약물을 들고 파는 것이 아니라 작은 양을 팔고, 다시 약을 가지고 나오는 이유는 대량의 약을 소지하고 있을 때 형량을 무겁게 받기 때문이다.

또한 대부분 운반책을 어린아이들을 시키는 이유는 이들은 경찰 조사를 잘 받지도 않을 뿐더러 마약소지로 문제가 된다 하더라도 미성년자이기 때문에 별로 문제없이 간단히 처리되기 때문이다. 또한 약물을 파는 이들은 거의가 소량의 약을 이빨 사이에 물고 있다가 행여 경찰이 검색을 하면 그 약을 삼켜 버려 증거 인멸을 한다.

아마도 앞집 아파트에 사는 그 부부도 이런 일을 했었던 것 같다. 그러면서 자녀들이 점점 성장하자 아내의 반대가 시작되었다. 자신의 자녀들이 마약을 하는 것을 용납할 부모가 어디에 있겠는가? 자신은 마약을 다른 이들에게 팔아도 자기 자식만큼은 그렇게 되지 않기를 원했지만 환경과 형편이 자녀들을 타락시키고 있었다. 그러자 남편은 별달리 다른 일로 돈을 벌 수 있는 능력이 없

■ 선교회에 들어올 때 가지고 온 총기류

었기에 매번 아내와 말다툼을 했었던 듯했고 결국은 이러한 끔찍한 사건까지 벌이게 되었다.

＊

미국은 총기의 소지가 자유롭기 때문에 문제가 있다. 50불 정도에서 100불 정도면 거리에서 총을 쉽게 구입할 수 있다. 불법으로 구입된 총은 반드시 범죄에 사용된다. 우리 선교회에서도 수십 자루의 총을 빼앗아 경찰에 가져다주었다. 아이들이 선교회에 부모의 손에 끌려오다시피 할 때도 양말 틈새나 옷가지 사이에 총을 숨겨 들여오기도 한다. 이들은 총을 쏘아 대는 것을 아주 큰 용기를 지닌 이들이 하는 일인 양 자랑스럽게 생각한다. 그럴 수밖에 없는 것이 웬만한 이들은 총만 보아도 가슴이 철렁하지 않는가?

갱단에 가입된 청소년들은 갱단 가입식(Jumping)을 할 때는 몇 가지 옵션을 받게 된다. 맨 처음이 어느 구역을 정하여 달리는 차를 타고 밖으로 나가서 아무데나 총을 쏘아 대는 것(Drive by Shooting)이다. 또 한 가지는 억세게 터지는 것이다. 그룹 전체가 입단을 원하는 아이에게 몰매를 때린다. 몇 분 동안을 정해서 정신없이 얻어터지고 나서 비로소 갱 단원으로 인정을 받을 수 있다. 가끔 부모들은 아이가 누구로부터인지는 몰라도 이유 없이 심하게 맞고 들어온 적이 있다면 그 아이는 갱단에 가입된 것이라 생각해도 무방하다. 또 다른 한 가지는 자신의 용기와 배짱을 증명하는 길이다. 여자일 경우는 맞는 경우는 거의 드물고 남자 갱들 몇몇과 성 관계를 가짐으로써 한 형제요, 식구임을 인정받는다. 위와 같은 특별한 의식을 거치기 때문에 이들의 연대나 유대

감은 매우 두텁다. 어렵게 입단했기 때문에 갱을 이탈한다는 것은 매우 힘들다. 이들의 우상은 용기가 아닌 만용이요, 배짱이다.

이제 싸움 잘하고 주먹 잘 쓰는 시대는 점차 지나가고 있다. 비실비실하고, 힘 하나 없는 녀석이 갱이라는 사실이 나도 처음에는 고개를 살래살래 흔들게 했지만 이제는 힘으로 싸우는 것이 아니라 찌르고, 쏘기 때문에 가능하다는 사실을 인정하게 되었다. 그러므로 사건이 나면 평생 장애자가 되거나 죽을 수밖에 없는 무서운 결과를 가져온다. 악이 만연하고 있다. 이렇게 총이 일상화가 되어 가고 있으니 일반 가정에서도 어디 불안해서 편하게 다리를 뻗고 잘 수 있겠는가? 선교회의 매일 똑같은 생활에 무료해 있는 아이들에게 앞집 총 사건은 큰 뉴스가 아닐 수 없었다. 침을 튀겨 가며 있었던 사건들을 설명하는 아이들은 눈알이 벌게져서 마치 무협소설을 쓰는 듯이 삼삼오오 짝을 지어 방금 일어난 사건에 대해서 이야기하고 있었다. 무섭고 두려워하는 아이들은 거의 없었다. 참으로 슬픈 현실이 아닐 수 없었다. 메말라 가는 사회, 메말라 가는 인간들의 한 단면 단면이 벌거벗겨지는 순간이었다.

목사님! 아기가 …, 아기가 …

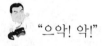 "으악! 악!"

여자의 비명소리가 그리 좁지 않는 선교회의 3층까지 계속해서 울려 퍼졌다. 마치 확성기를 단 수준이었다. 귀청이 나가는 것 같이 질러대는 비명소리는 인간의 한계를 시험하는 듯싶었다. 거의 두 시간 간격으로 질러대던 그 비명이 한 시간 간격으로 또 20분, 10분 간격으로 질러대더니 곧 쉬지 않고 질러댔다. 반지하에 있는 여자들의 숙소에서는 여자아이들이 모두 뛰어나와 무섭다고 징징거리며, 눈물을 흘리고, 발을 동동 구르고 그야말로 난리 블루스였다. 여자 방 한쪽 구석에서 애를 낳고 있기 때문이다.

아기 엄마는 선교회 바로 앞 길거리에 서 있던 거리의 한국 여자였다. 이것만 심층 깊게 연구하는 한 녀석의 도표에 의하면, 대부분 남자들이 평균 여자들을 차에 태운 순간부터 20분 후면 다시 그 자리로 돌아온다고 한다. 자주는 아니지만, 가끔 보면 벤츠를 단 한국 남자를노 와서 데려가고, 털털거리며 왕창 매연을 품

어대며 간신히 굴러가는 차도 와서 그 여자를 데리고 가곤 했다고
한다. 선교회 사무실 창문에서도 가끔 그 장면을 목격하고는 안타
까운 마음이 많이 들었는데, 언젠가부터 그 여자의 배가 장난 아
니게 불러 왔다.

'혹시, 아기를 가진 것이 아닐까?'

미심쩍었지만 설마 했었다. 마약에 찌들어 있는데다가 거리에
있는 여자인데, 아버지도 모르는 아기를 갖는다는 것이 도저히 이
해가 되지 않았기 때문이다.

＊

한번은 그 여자와 친한 흑인 여자의 일이었던 것 같다. 선교회
의 한 아이가 눈을 동그랗게 뜨고 벌게진 얼굴로 무엇인가 커다란
사건을 당한 아이처럼 허겁지겁 선교회로 뛰어 들어왔다. 몰래 선
교회 밖의 마켓에서 콜라를 사오다가 또 김 목사님에게 들켰나 보
다 하는 생각이 들었다.

'저 녀석 허락도 없이 밖에 나갔다 오나? 큰일 났군. 이제 김 목
사님에게 신나게 깨지게 생겼군.'

그런데 그 녀석이 전혀 김 목사님과는 상관이 없는 듯했다. 그
녀석은 뒤쪽 아이들이 모여서 말뚝 박기도 하고, 몰래 숨어서 담
배도 피우는 저희들의 아지트 쪽으로 정신없이 뛰어갔다.

'무슨 일인가?'

궁금해서 뒤따라 가 보았더니, 엄청난 무용담을 이야기하듯이
입에 침을 튀겨 가며 신나게 떠들어댔다.

"야, 내가 마켓에 가는데 글쎄 그 머리 짧고, 가슴 큰 흑인 여자

있지?"

"누구? 누구?"

"아 왜 매일 마켓 코너에 서 있는 검은 스타킹에 펑크 난 거 신고 있을 때, 한국 남자가 와서 그 여자를 데리고 갔잖아. 생각나지?"

"아, 그 여자? 왜?"

"있지. 내가 마켓에서 나오는데 자기 치마를 확 들치잖아. 아무것도 안 입었어. 난 잘못 봤는지 알았다니까. 그래서 다시 봤거든 근데 치마를 들치고 가만히 나를 보고 웃고 있는 거 있지?"

"정말? 정말? 푸하하! 정말? 정말?"

그러더니 그 이야기를 들은 아이들이 정신없이 문 쪽으로 뛰어갔다. 이렇게 선교회의 거리는 언제나 호기심을 자극하는 일들로 가득하다. 그래서 이곳에 재활원이 있는 것이 말이 안 된다고 생각하는 이들이 대부분이다. 어디 조용하고 정서적으로 충분한 안정을 취할 수 있는 곳에 재활원을 운영해야 된다고 많은 이들이 말한다. 그러나 미국의 재활원들도 거의가 이러한 열악한 환경 속에 자리 잡고 있다. 그것은 조용하고 한적한 곳일수록 약물, 중독성 있는 나쁜 습관을 더욱 생각하게 된다. 오히려 그런 곳에 있다가 갑자기 사회로 나오면 그 동안 못 했던 나쁜 일들을 한꺼번에 모아서 더 많이 할 수 있다는 통계가 이미 나와 있다. 약물을 바로 눈앞에 보면서 하지 않아야 그것을 거절할 수 있으며, 자신을 다스릴 수 있는 힘이 더욱 생길 수 있는 면역성이 생기게 된다. 다시 말하면 감기를 이기기 위해 적은 양의 감기 바이러스를 투여하여 예방주사를 맞는 것처럼 신체에서 지탱할 수 있는 힘을 길러 주는 것은 마약도 마찬가지이다. 전혀 보지 않고, 듣지 않아서 이길 수 있다면 그 사람은 평생을 혼자 산이나 들에서 살아야 할 것이다. 그러나 인간은 사회적 동물이기 때문에 그럴 수 없다. 바로 그럴 때 절제할 수 있는 힘을 상실한 상태라면 다시 나쁜 습관이 있는 원점으로 되돌아갈 수밖에 없다. 그러므로 비록 문제가 많은 동네라 하더라도 이곳 나눔선교회는 치료를 받고 있는 이들에게는 가장 좋은 재활의 장소가 될 수 있다. 이렇게 선교회에서 한 발만 밖으로 나가면 온갖 세상의 바닥 인생들이 서성거리고 있다.

*

그렇게 서성거리던 여자들 중에 섞여 있던 한국 여자가 선교회에서 아기를 낳고 있는 것이다. 그 여자는 배가 불러 거의 아기가 나올 때가 다 될 때까지도 약을 하며 몸을 팔고 있었다. 그러다가 바로 어제 늦은 밤 아주 많이 지친 몸으로 거의 초주검이 되어 선교회 문 앞에서 도움을 구했다. 제발 살려 달라는 것이었다. 어쩔 수 없이 그 여자를 받아들였고, 샤워를 시키고 따뜻한 밥을 먹였다. 소지품 검사를 하니 담배와 조금 전까지 피운 것 같은 마약 할 때 사용하는 기구들이 쏟아져 나왔다. 따뜻한 이불을 주고 잘 수 있도록 해 주며 '다음날은 병원으로 보내야지.' 하고 생각했었다. 벌써 아기가 나오고 있는지, 질러대는 소리에 선교회 식구 모두가 정신이 하나도 없었다. 어떻게 해야 할지 막막하기만 했다. 911을 부르고, 아기가 나오니 빨리 와 달라고 했지만, 아직도 오지 않았다. 어떤 이는 나보고 그곳에 들어가라고 했다. 내가 아이 네 명을 낳은 경험이 있으니, 급한 대로 아기를 받으라는 것이었다. 그러나 도저히 어떻게 해야 할지 아무것도 떠오르지 않았다.

그때 선교회에 남의 일이라면 발 벗고 나서는 한 형제 하나가 엉겁결에 그만 여자 방에 뛰어 들어갔다. 잠시 후에 비명이 들렸다.

"우와 악! 우와 악!"

완전히 여자와 남자가 뒤섞여 지르는 비명이었다. 그만 그 형제가 아기 낳는 여자의 손에 머리카락을 잡힌 것이다. 그 형제는 상황을 살피려고 그곳에 갔다가 아기의 머리가 나오는 것을 보게 되었다. 그대로 두면 아기가 머리부터 떨어져서 뇌진탕에 걸릴 수 있을지도 모른다는 생각에 아기를 두 손으로 안았는데, 갑자기 여자가 머리카락을 붙들고 놓지 않았던 것이다.

"악! 으악! 응애 응애!"

완전히 삼중창의 괴성들이 새어나왔다. 그때야 911이 나타났다. 911의 소방대원들도 아기를 받아 본 적은 별로 없는지 조금은 당황한 듯했다. 그러나 아이의 탯줄을 자르고 이동침대에 여자와 아이를 눕혔다. 바로 병원으로 후송했다. 아이의 피부색으로 미루어 흑인이나 남미 사람의 피가 섞인 듯했다. 우리는 그때야 안도의 한숨을 내쉴 수 있었다.

그러나 그 아이는 분명히 정부에 빼앗길 것이다. 마약중독자 어머니에게 아이를 맡길 수는 없기 때문이다. 아이는 어느 양부모를 찾아서 가게 될지도 모른다. 그러나 더욱이 걱정되는 것은 그 아이가 과연 정상일 것일까 하는 것이다. 아기를 가진 뒤에 쉬지 않고 마약을 하고 몸을 팔았기 때문이다. 설령 몸은 정상일지라도 아이의 정신이 온전한지 걱정되었다.

수일 후에 아기의 엄마가 선교회를 찾아왔다. 감사하다고 인사하려고 온 것이 아니라 누군가를 찾기 위해서였다. 아기는 역시 생각대로 빼앗겼지만 그 여인은 아이에게는 전혀 관심이 없는 듯 했다. 이미 조금 전에도 마약을 하고 온 모습이었다. 아기를 낳은 지 얼마나 되었다고 벌써 미니스커트를 입고 화장을 짙게 하고 거리의 여자로 다시 나와 있었다. 마약은 너무나 무섭다. 엄마의 사랑, 모성애까지도 뛰어넘을 수 있는 것이 약이었다. 그녀에게 아이는 온데간데없었다.

목사님은 구약과 신약을 드셔야지요

얼마 전의 일이다. 매우 교양 있어 보이는 중년의 여성이 전화를 걸어 왔다. 남편이 약물을 심하게 하고 있는데 도저히 어떻게 할 수가 없어서 전화했다며 약물을 끊기 위한 방법에 어떠한 것이 있는지를 물었다. 나타나는 증상으로는 그다지 약을 오래 접한 사람이 아니었지만 짧은 기간에 아주 심하게 약을 복용했던 것 같았다. 처음에는 아픈 사람처럼 몇 날 며칠을 잠을 자지 않았다가 삼사 일씩 잠만 자고 폭식을 하다가 전혀 먹지 않아서 매우 걱정이 된다고 했다. 전형적인 약물 복용 증상이다. 그러나 그러한 걱정도 잠깐이었다. 곧이어 예금구좌에서 돈이 계속해서 없어지고, 예전의 모습을 찾아볼 수 없을 정도로 말라 갔다. 그러면서 식구들은 무엇인가 문제가 있다는 사실을 깨달았다. 이 때문에 병원에 가자고 계속해서 졸라댔지만, 남편은 어떻게 하든 병원에는 가지 않으려고 이리 피하고, 저리 피하기만 했다. 그때만 해도 약을 복용했으리라고는 상상도 하지 못했다고 한다. 그러나 집안에서 물건이 없어지기 시작하고, 가장 깊숙이 숨겨 놓았던 결혼 패물까지 남편이 모두 들고 어디론가 사라졌다. 그때부터 혹시 약이 아닌가 하는 의심이 들었다. 결국 아내는 남편의 고백을 듣게 되었다. 아내는 눈물을 흘리며 남편을 설득해서 재활원에 입소하여 치료 받을 것을 권했다. 남편으로부터 꾸준한 상담을 받아 약을 끊기 위한 노력을 하겠다는 다짐을 받아냈다고 했다. 그러나 문제는 남편이 한국 재활원에는 오지 않겠다는 것이었다. 오지 않겠다는 것을 억지로 받을 수도 없을 뿐더러 그렇지 않아도 많은 사람들이 선교회 입소를 기다리고 있는 상황에서 그분에게 특별한 대우를 할 수 있는 형편도 되지 못했다. 그래서 미국 기관을 소개해 주었다. 다른 곳에서라도 열심히 치료하며 하나님 중심의 생활을 하도록 권유했다.

며칠이 지났을까? 다시 점잖은 부인에게서 연락이 왔다. 제발 부탁이니 꼭 자기 남편을 받아달라는 것이다.

"사실 우리 남편이 목사입니다. 지금도 교회를 하고 있습니다. 저는 약을 하고 강단에서 설교를 하는 남편을 볼 때마다 가증스러워 끌어내리고만 싶습니다. 우리 아들도 아버지를 아버지로 대하지 않고, 교인들이 알까 봐 쉬쉬거리는 것이 더 이상 쉽지 않습니다. 저희 집 살림을 남편이 다 팔아먹어 아무것도 남아 있지 않습니다. 집도 이사해야 하고, 차도 이제 며칠 있으면 빼앗기게 생겼습니다. 제발 우리를 살려 주세요. 남편이 약을 끊는 것은 두 번째이고, 우리 식구들 곁에서 떨어져 있게만 해 주세요."

그 여자는 오열하며 말했다. 너무나 놀라운 사실이 아닐 수 없었다. 남편에게 전화를 하도록 사모에게 부탁했다. 몇 시간 후 다시 사모에게서 연락이 왔다.

"남편이 어디서 돈이 생겼는지 또 나가서 아직까지 들어오지 않고 있어요. 죄송해요. 목사님! 들어오는 대로 전화하도록 하겠습니다."

그 후 며칠이 또 지난 것 같다. 아주 점잖은 목소리에 약간 쉰 듯한 억양을 갖은 신사분이 전화를 하셨다.

"여보세요. 안녕하십니까? 저는 김경태 목사입니다."

바로 문제의 목사였다. 그러나 워낙 목소리에 힘이 들어가 있어서 오히려 내가 상담 받는 사람이 아닐까라는 착각이 들었다.

"제가 도움을 좀 받고 싶습니다."

"아니 어쩌다가 약을 하시게 되셨습니까? 목사님이시라면서요."

"사실 제가 교회 일이 너무 복잡하고, 골치 아픈 일이 있어서 금식기도를 올라갔습니다. 금식기도를 하는데 장로님과 몇몇 분이 올라오셔서 저를 위하여 기도해 주시고는 더욱 기도가 잘 될 것이라면서 이상한 약을 주시더라고요. 그래서 그때 심경도 이루 말할 수 없이 복잡하여 약을 먹게 되었습니다. 그때 그것이 약인지 정말 몰랐습니다. 이후 그 약이 계속 생각나고, 그 후로 교회에 일이 있을 때마다 복용했습니다. 이렇게 빨리 문제가 생길 줄 꿈에도 생각하지 못했습니다."

"목사님! 죄송하지만 하나님을 의지하시는 분이 아무리 옆에서 권한다 하더라도 나쁜 것일 줄 감은 잡으셨을 텐데 어떻게 하게 되셨습니까?"

"할 말이 없습니다. 그러나 죄는 밀세 받아야죠. 사실 이번 주일 설교만 하고 그곳으로 가겠습니다. 곧 교회가 문을 닫습니다. 이번 주가 마지막 설교이거든요. 저를 받아주시겠습니까? 저에게 기회를 주십시오."

목사의 직분을 가진 사람이 저렇게 솔직하게 말씀한다는 것이 쉽지 않았을 것이라 생각하니 그분이 오히려 존경스럽기까지 했다. 자신의 약물 중독 문제를 드러낸다는 것은 매우 어려운 일이다. 거의 모든 사람들이 초기 단계, 중기 단계에서는 숨긴다. 다른 사람들은 몰라도 자신만큼은 약물에 중독된 것이 아니라 언제든지 멈출 수 있다는 착각과 자위를 한다. 이렇게 일반인들도 자신의 중독을 인정한다는 것이 어렵기 때문에 끝끝내 막다른 골목까지 오게 된다. 아직까지도 주일예배를 인도하시는 현역 목사께서 자신에게는 치명적인 고백을 할 수 있다는 사실이 참 놀라웠다. 물론 약물을 시작한 목사에게 문제가 있는 것은 사실이었다.

"그럼 주일 예배 후에 오십시오."

과연 그분이 오실 수 있을까? 약간의 의심이 들었다. 주일 저녁에 그 목사는 오지 않았다. 아무리 용기가 있는 분이라 하더라도 힘들 것이라고 생각하고 있는데 사모에게서 다시 전화가 왔다.

"저희 남편이 다시 나갔어요. 오늘 예배 시간에 있었던 헌금을 들고 나갔습니다."

사모는 어떻게 감히 하나님의 것에 손을 댈 수 있는가 하는 두려움과 불안감에 목소리가 떨리고 있었다. 처절한 느낌이었다. 아마도 그 목사는 그 돈을 다 쓸 때까지 한동안 나타나지 않을 것이라고 생각했다. 다시 며칠 후 아침에 그 목사와 사모, 그리고 아들이 함께 선교회를 찾아왔다. 사모는 고맙다는 인사를 몇 번씩이나 하면서 100불의 용돈을 맡기며 안심하고 선교회를 나섰다. 마침 그날이 선교회의 프로그램이 없는 날이었기 때문에 목사가 입소하자마자 김 목사와 나는 외부에 모임에 참가하러 나갔다.

문제는 이후에 일어났다. 아직까지 약 기운이 깨지 못한 목사는 큰 실수를 했다. 선교회에서 생활하는 이제 갓 열여섯 살, 열다섯 살 된 아이들에게 담배를 피우라고 주지 않나, 몰래 가지고 들어온 약을 주면서 같이 피우자고 권하더라는 것이었다. 그러자 아이들이 대들었다고 한다.

"아니, 어른이고, 목사님이라면서 어떻게 이럴 수가 있어요? 더욱이 우리가 약 끊으려고 여기 와 있는데 우리 보고 약 하라고 목사님이 시키면 어떻게 해요?"

"어쭈. 어린 것들이 잘하면 날 패겠다. 여기가 깡패 집단이냐? 때려 봐, 때려 보라구."

목사는 성을 내며 막나가더라는 것이다. 여기까지는 아이들이 참았다고 한다. 그러나 목사의 실수는 여기서 그치지 않고 사무실에 가서 문을 열라고 소리를 지르고, 욕을 하며 행패를 부렸다. 그때 성질이 급한 한 녀석이 참다못해 그만 목사를 두 번의 펀치로 바로 보내 버렸다. 그러자 목사는 금방 조용해지면서 아무 소리 안 하더니 한쪽 소파에 앉아서 멍하니 천장만 바라보고 있었다. 그러나 곧 다시 목사의 목소리는 높아졌다.

"사람 치네. 이놈들이 날 죽인다. 죽여. 아이고."

목사는 뒹굴기 시작했다. 사무실 봉사자들은 당황했고, 곧바로 그 사건을 나에게 보고했다. 김 목사와 나는 그 목사가 원하는 대로 해 주라고 했다. 목사는 선교회를 나가고 싶다고 했다. 문은 얼려졌고 빨리 선교회를 나가라고 아이들이 내몰았다. 목사는 맡겨 놓은 100불을 찾기 전에는 절대로 못 나간다고 버텼다. 결국 선교회 이곳저곳을 돌아다니며, 약을 피우고, 담배를 피우며 갖은 추한 모습을 다 보이다가 약이 떨어지자 견딜 수 없어하며 선교회를 떠났다. 아이들은 그날 고문을 당하는 것처럼 고통스러웠다고 한다. 눈앞에서 약을 하는 것을 보면서도 하지 못해 이를 꽉 물고 참고, 또 참았다고 한다. 정말 할 말이 없었고 같은 목사로서, 하나님을 믿는 크리스천으로서 부끄럽고 수치스럽기 짝이 없었다.

그날 나는 아이들에게 진실한 크리스천에 대해 긴 설교를 했다. 진정 하나님을 믿는 것은 내 것을 버리는 것이고, 내가 원하는 것을 하지 않는 일이라는 것을 설명했다. 직분에 상관없이 하나님은 우리를 똑같이 판단하시고, 절대로 사람을 보고 하나님을 믿지 말아야 한다. 사람은 분명 실망만을 주게 되어 있다. 오직 하나님과의 관계만을 믿음의 기준으로 따를 것을 강조하고 또 강조했다. 그 후 사모에게서 연락이 와서 100불을 우편으로 보내 달라고 하기에 보내 주었다. 그 다음 목사와 사모의 연락은 한 번도 없었다. 그러나 지금도 나는 그 목사를 위해 기도하고 있다. 무엇보다도 그분 때문에 하나님의 영광이 가리지 않게 해 달라고.

발바닥 아저씨와 밤무대의 여왕

성근 형제 별명은 '발바닥 아저씨'이다. 이 형제는 주로 밤무대에서 여자들의 손을 잡아 뺑뺑이 몇 번 돌려 주고 팁으로 살던 인생이었다. 그래도 LA에서는 최고 선수 중의 선수로 이 발바닥 아저씨 손 한 번 잡아 보기 위해서 거짓말 조금 보태서 카바레 문 앞에서부터 두세 블록은 족히 여자들이 줄을 섰었다는 것이 아닌가? 한 번 손을 잡고 음악에 몸을 맡기고 돌려 주면 다음번에도 영락없이 이 발바닥 아저씨를 찾았다고 한다. 그만큼 화류계에서는 알아주는 춤꾼이었다.

이 발바닥 아저씨가 약물에 손을 대어 그 동안 손잡아 주고 모았던 엄청난 돈을 완전히 까먹었다. 이번 기회에 발바닥 인생까지도 접고 새롭게 시작하겠다는 마음가짐으로 선교회에 들어온 지 벌써 몇 달 되었나 보다. 시간이 흘러 발바닥 아저씨가 주방장으로 승격되었다. 그는 신이 나서 자신의 음식 솜씨를 아주 마음껏 뽐내 보겠다고 작정했다. 그래서 주방에 들어가 양파도 다지고,

파도 썰고, 마늘도 갈며 콧노래까지 흥얼흥얼거리면서 기쁨으로 일을 했다.

바로 그날 어떤 교회 권사님들께서 선교회에 후원금을 갖고 왔다. 권사님들은 선교회 이곳저곳을 둘러보고 참으로 귀한 사역에 대해 이제야 알게 되었다면서 계속해서 도움을 주겠다고 약속했다. 일행이 주방으로 들어선 순간, 그 중 한 권사님과 열심히 콧노래를 부르던 발바닥 아저씨의 눈이 서로 마주쳤다. 도마질 소리가 갑자기 멈춰지고, 정적이 흘렀다. 그러고는 그때까지 도움을 주겠다고 철석같이 약속했던 그 권사님이 인사 한 마디 없이 뒤로 돌아 바로 뛰어 나갔다.

발바닥 아저씨가 선교회에 들어오기 얼마 전까지 손을 잡고 뺑글뺑글 돌아 준 바로 그 아줌마였다고 한다. 그 권사님은 밤무대를 주름잡는 춤의 여왕이었단다. 하루라도 무대에 서지 않으면 온 몸이 근질근질하여 몸살이 나는 것 같았다고 한다.

'아! 야속한 운명! 춤 선생을 이 자리에서 마주치게 되다니 웬 쪽팔림이란 말인가!'

그 후 그 권사님은 두 번 다시 선교회를 방문하지 않았다. 물론 선교회는 도움을 받을 수도 없었다. 얄미운 발바닥 아저씨! 더 얄미운 밤무대의 권사님! 믿음의 사람은 카바레에 가는 것이 아니라 교회에 가야 한다고 생각한다.

약물의 증상

양변기와 이야기해요

까만 모자가 달린 잠바를 입고 하루 종일 선교회 정문 앞 보도 블록에 앉아 다리를 떨고 있는 영규는 매일매일 귀신을 본다고 한다. 그리고 영규는 하루에 20번도 넘게 화장실을 간다. 사과 주스 (소변)나 카레라이스(설사)를 만들기 위해서가 아니라 양변기와 이야기하기 위해서이다. 화장실에 들어간 영규는 양변기 앞에 바로 선다. 그리고 양변기에게 오늘 있었던 일이며, 방금 일어났던 따끈따끈한 사건들을 보고한다. 그러면 양변기는 열심히 들어주고 맞장구도 쳐 주고 영규에게 자주 오라고, 보고 싶다고 아양도 떤다는 것이다. 물론 제정신이 아니라고 우리는 이야기하지만 영규에게는 무척이나 심각한 일이다. 진정한 친구요, 대화하는 상대이기 때문이다. 주로 약물을 하게 되면 환청이나 환각을 듣는데 약물 때문에 두뇌에 손상이 오게 되면 약을 하지 않는 상태에서도 이런 증상이 일이니게 된다.

내 차에 귀신이 있어요

멀쩡하게 생긴 얼굴이 글쎄 누구를 닮았다고 할까? 요즘 뜨는 조인성처럼 생긴 것도 같고, 어쩌면 그보다도 더 잘생겼다. 정말 제대로 잘생겼다. 훤칠한 키는 마치 모델 같아서 지금이라도 할리우드는 안 돼도 충무로에서는 서로 모셔 가려고 할 만큼 외모를 가진 승만이다. 그러나 승만이가 생긴 것하고는 전혀 상관없이 말도 안 되는 짓을 하고 있다. 쪼그리고 앉아서 골똘히 무엇인가 한참을 생각하더니 갑자기 양말을 벗어들고 선교회로 들어올 때 타고 왔던 자신의 차 옆으로 걸어갔다. 선교회에 입소한 지 얼마 되지 않아 트립(Trip: 약물을 하는 이들이 주로 환상 여행을 떠나는 것이나, 이상한 증상을 보이는 형태로 이를 약물 중독자들이 사용하는 전문은어로 '트립간다'고 한다.)을 심하게 보여 여러 아이들이 승만이를 주시해서 지켜보고 있는 상황이었다. 거기까지는 괜찮았는데 승만이가 갑자기 양말을 기름통에 쑤셔 넣는 것이었다. 이상하다 생각한 어느 녀석이 유심히 지켜봤는데 갑자기 승만이가 호주머니에서 라이터를 꺼내더니 양말에 불을 붙이려고 했다. 양말을 반쯤 기름통에 넣고 반이 나와 있는 상태에서 불을 붙이면 그 불이 타들어가 기름통까지 번진다면 차가 폭발하는 것은 물론이고 선교회까지 몽땅 다 날아가게 생긴 급박한 상황이었다. 이를 지켜보던 녀석이 잽싸게 달려들어 라이터를 빼앗으려고 하자 욕을 하며 끝까지 안 빼앗기려고 발버둥을 쳤다. 결국 그만 환상에서 깨어나라고 승만이를 주먹으로 한방 날리고 라이터를 빼앗았다. 하마터면 선교회 70여 명의 목숨이 순식간에 날아갈 뻔한 것을 민첩한 한 녀석의 행동 덕택에 살 수 있었다. 나중에 그 이야기를 하면 승만이도 자기가 왜 그랬는지 모르겠다며 웃는다. 그때 누군가가 승만이의 귀에 계속해서 속삭였다고 한다.

"빨리 차를 불태워라. 그 안에 귀신이 있다. 그렇지 않으면 네가 죽을지도 몰라."

바로 이런 현상들이 약물을 복용했을 때 나타나는 한 증상이다.

우린 알아요

긴 머리에 창백한 얼굴, 하얗고 긴 손가락, 그리고 싸늘한 눈빛, 그 아이는 언제나 어두운 곳에 조용히 반쯤 얼굴과 몸을 가린 채로 3층 선교회 예배실 귀퉁이나, 살짝 열려 있는 문 뒤에 조용히 서 있곤 했다. 낮에는 그런대로 괜찮지만, 어두움이 내릴 때쯤 무심코 3층에 일이 있어서 올라갔을 때 숨소리조차 내지 않고 머리를 풀어헤치고 얼굴과 몸을 반쯤 가린 채 서 있는 그 아이의 모습과 마주칠 때면 소름이 오싹하게 돋곤 했다.

분명히 잘못된 영에 사로잡혀 있음을 누구나 한눈에 알 수 있는 상태였다. 그 아이는 어둠을 좋아했다. 캄캄한 밤에 아무것도 보이지 않는데도 그 아이는 학을 접을 수 있고, 카드놀이를 할 수 있다. 카드가 보인다는 것이다. 그리고 누군가가 그 아이에게 보이는 그대로를 이야기해 준다는 것이다.

약물을 하는 이들의 공통점이다. 분명 그들은 악령의 세계를 보고 듣고 느낀다. 그리고 그 악령들과 이야기하며, 그들의 지시를 따르기도 한다. 그래서 약물을 하면서 그들만이 겪는 환청이고, 환각이라고 보통이들은 생각하지만, 그들에게는 그 모든 것이 현실이고 사실이다. 또한 그들이 가르쳐 주는 것이 대부분 맞다. 예를 들면 나도 약물을 접했을 때 누군가가 "지금 빨리 이곳을 나가야 해. 지금 경찰이 오고 있어."라고 이야기해 준다. 그러면 나는 황급히 그 자리를 피하고, 그 다음에 바로 경찰이 들이닥친 일들이 한두 번이 아니다. 그래서 약물을 경험한 나는 아주 담대히 '마약은 글자 그대로 마귀들이 주는 약이라 해도 과언이 아니다.'라고 말한다. 언제나 그 아이는 말한다.

"목사님, 제 친구가요. 목사님은 아주 나쁜 사람이래요. 저보고 빨리 이곳을 떠나래요. 목사님, 제 친구 말하는데요. 목사님을 ⋯."

갑자기 눈에 핏빛이 물들기 시작할 땐 나는 그 아이를 똑바로 바라보며 큰소리로 기도하기 시작한다. 그 안에 있는 더러운 것들과 싸워야 하기 때문이다.

아 깜빡했어요

약을 한 후유증으로 나타나는 건망증, 아니 건망증 정도가 아니다. 완전히 잊어버린다. 그 사실이 있었다는 것 자체를 잊어버리게 된다. 약물을 계속해서 복용하게 되면 기억력이 급격히 감퇴되어 방금 전의 일도 도저히 기억하지 못하는 경우가 종종 있다.

규태는 어느새 약을 하지 않은 지 꽤 오래된다. 담배도 피우지 않고 지금은 열심히 전문대학에 다니며, 대학 기독교 모임에서도 리더로서 역할을 하고 있는 녀석이다. 그러나 이 녀석은 아직도 기억력에 문제가 심각하다. 녀석이 평소에 비싸서 사지 못했던 운동화를 샀다. 너무 신나고 좋아서 잠이 안 올 지경이었다. 그 다음 날 그 운동화를 신자니 너무나 아까웠다. 그래서 운동화를 먼저 선교회 친구들에게 자랑하고 신기로 했다. 그래서 이 운동화를 깨끗이 다시 케이스에 넣어서 선교회에 가지고 왔는데 운동화가 없어졌다. 차 안을 온통 다 뒤져 찾고, 선교회 이곳저곳을 찾아다니고, 거의 울상으로 온종일 여기저기를 왔다 갔다 하며 사람들을 정신없이 만들었다.

"야 운동화를 어디다 두었는데 그래?"

"아 목사님, 모르겠어요. 분명히 가지고 왔는데. 어! 정말 어디에 있지?"

"잘 찾아 봐. 네가 정신이 없으니까 그렇지. 가만히 앉아서 지금까지 네가 왔다 갔다 했던 곳하고 아침에 집에서 나오면서 무엇을 어떻게 했는지 차근히 생각해 봐."

그러자 한참을 앉아서 골똘히 생각하듯 하더니 후닥닥 밖으로 뛰어나갔다. 무엇인가 생각이 났나? 그러나 곧이어 아쉬운 듯 소리만 질러댔다.

"아이 씨! 아이 씨!"

"왜?"

"어휴 목사님, 아침에 제가 운동화를 잘 싸서 케이스에 넣어 선교회에 자랑하러 오다가요. 그 운동화를 깜빡 잊어버리고 차 안에다 안 싣고 차 위에 올려 놓은 채 그냥 달려왔어요."

그러니 그 운동화가 차 위에 아직까지 얌전히 앉아 있겠는가? 고속도로와 시내를 40분 정도나 달려왔는데 말이다. 그러나 어떻게 그때까지도 그 생각을 못 할 수 있단 말인가?

나는 왕건의 아들이다

약물을 심하게 복용하면 OD 현상이 일어나서 심장마비로 죽거나 아니면 심각한 뇌 손상을 가져오게 된다. 선교회에 있던 한 형제도 이러한 현상이 일어났다. 몰래 밖에서 약을 하고 들어왔는데 정크(Junk: 아주 나쁜 약으로 이것저것을 몽땅 섞어 만든 싸구려, 쓰레기 같은 약이다. 약에도 종류가 있고 레벨이 있다.)를 많이 하다 보니 정신이 그만 나간 것이다. 그리고 선교회에 들어와서는 헛소리를 해댔다.

"나는 왕건의 아들이다. 나는 오늘 클린턴과 함께 점심을 먹어야 한다."

그 정도가 심해서 OD라는 것을 금방 알 수 있었다. 만섭이를 데리고 다른 형제 세 명과 함께 정신과 응급실로 서둘러 갔다. 수속을 하고 있는 중에도 계속 형제들에게 오히려 나에 대해 걱정하면서 이야기하더란다.

"나는 왕건의 아들이다. 그런데 큰일 났다. 한 목사님이 약을 심하게 해서 머리가 돌았으니 빨리 병원에 입원시키자. 입원하지 않으려고 할지도 모르니 너희들이 도와주어야 한다."

만섭이는 사오일 간 입원했다가 다시 선교회로 돌아왔다. 갑작스럽게 약을 심하게 복용하여 콩팥에 독이 들어갔는데 그 독이 신경을 타고 뇌를 건드렸다고 한다. 그래서 콩팥 청소를 깨끗하게 해 주고 몸에 있는 독을 계속해서 걸러냈다고 한다.

우리는 약을 복용하여 정신이 급작스레 이상스러워졌을 때 무조건 정신병원에서 신경안정제를 복용하는 경우가 허다하다. 약물로 정신이 이상해졌을 때는 전문병원에서 약물로 인한 독성을 제거하는 것이 필요하지 다른 약물을 더 투여하게 되면 정신이 이상한 상태에서 다시 되돌아오기가 매우 힘들다.

쓰·러·진·청·소·년·들·의·삶·에·다·가·가·는·사·랑·의·치·유·와·희·망·에·피·소·드

4장 사랑을 받은 자는 더 큰 사랑을 품는다

● Gangster of God

● 우리들의 목사님, 욕하면 너 알지?

● 지독한 사랑 1

● 지독한 사랑 2

● 거울아, 거울아, 이 세상에서 누가 제일 예쁘니?

● 써벙이의 몰래카메라

우리들의 목사님, 욕하면 너 알지?

우리 선교회 아이들의 특징이 뭔지 아는가? 그것은 바로 목사님과 전도사님에 대한 신뢰가 남다르다는 것이다. 그럴 수밖에 없는 것이 24시간을 함께 생활하면서 목사님, 전도사님의 특별한 사랑을 나름대로 맛보고 있다는 것을 형제자매들이 스스로 깨닫고 있기 때문이다. 그렇기 때문에 다른 이들이 목사님이나 전도사님께 덤비고 욕하는 것은 도저히 참을 수가 없다고 한다.

우리 선교회는 아무 때나 방문, 외출, 외박을 허락하지 않는다. 일단 선교회에서 생활을 하면 공동체 생활로 외부 생활과는 단절된 생활을 할 수밖에 없다. 모든 행동에 제약을 받음은 물론이요, 반드시 허락이 있고, 사인이 있어야 한다. 그래서 24시간을 가동하는 선교회의 봉사자(Staff)는 항상 피곤함에 지쳐 있고, 형제자매들은 자유를 구속받는 스트레스가 있다. 그래도 일요일과 월요일에는 프로그램이 없는 날이다. 그래서 프로그램이 없는 날, 형제자매들은 목사님들의 눈을 피해서 몰래 외출을 시도하는 경우가 있다. 가족들도 사전에 아무런 허락 없이 방문을 시도하기도 한다. 그러다가 걸리면 설거지를 최소한 일주일은 해야 한다. 설거지가 장난이 아니다. 평균 70여 명이 아침, 점심, 저녁을 먹는데 밥솥부터, 국그릇, 밥그릇, 컵, 수저, 냄비 등을 치우려면 한 시간 이상은 온몸에 물을 묻힌 채로 죽어난다.

그럼에도 불구하고 탈출과 도킹을 시도하는 아이들이 있다. 그렇게 도킹을 시도하려던 한 녀석의 사촌이 내가 잠깐 점심을 먹으러 간 사이 김 목사에게 재수 없이 걸렸다. 나눔에서 가장 정직하고, 곧이곧대로 하기로 소문나 있는 김 목사에게 걸렸다. 그런데 이 녀석은 겁도 없이 김 목사에 게 불량스럽게 말대답을 하고 대들었다. 거

나눔의 아이들

기다 욕까지 했다. 이를 보고 들은 나눔의 오지(오래된 아이들)들이 가만히 있을 리가 없다. 한 녀석이 계단에서 이 녀석을 번쩍 들어 밖으로 던져 버렸다. 그러자 다른 녀석이 이 녀석을 올라타고 신나게 두드려 패기 시작했다. 순식간에 또 나눔선교회는 스파링 장소로 변했다. 허구한 날 주먹질을 해대는 나눔의 건강한 싸움꾼들에게 이 녀석은 찍소리 한 번 못 하고 밀기만 했다. 이것을 보고

올스터 형제와 김 목사가 그 사이에 들어가 말렸지만 이미 화가 나 있는 아이들은 멈출 줄을 몰랐다. 김 목사도 그 녀석을 보호하려다가 많이 맞고, 간신히 그 녀석을 차에 태워 도망시켰다. 김 목사는 아이들을 모아 놓고 야단을 쳤다. 아이들은 고개를 숙이고 말했다.

"목사님! 잘못했어요. 그런데 우리 목사님한테 욕을 하니까 갑자기 머리가 확 돌더라구요."

아직도 이 녀석들은 나눔이 갱단인지, 선교회인지 구분이 안 되는 것 같았다.

"야 이놈들아! 목사님 욕한다고 꼭지 돌지 말고, 예수님 편에 서서 꼭지 도는 사람이 좀 되어라. 제발."

사실 맞은 녀석에게는 미안한 일이지만 그래도 기분은 좋았다. 우리는 맞은 녀석의 사촌을 불러 나눔의 형제들과 화해를 중재하도록 했다. 다음날 녀석들은 서로 껴안고, 악수하며, 친구로 지내기로 했다. 남자들의 세계는 아주 간단하다. 예수님 믿는 것도 이렇게 간단했으면 좋겠다.

지독한 사랑 1

가끔 가다가 문득 내가 만일 나
눔선교회에서 아이들과 함께 생활하는 일을 하지 않았다면 과연
지금 무슨 일을 하고 있을까 생각해 본다. 아마 물질적으로는 매
우 풍족했을지는 몰라도 이렇게 행복하고, 눈물나게 감동적인 기
쁨을 맛볼 수가 있었을까? 65명의 사랑하는 아이들은 나이가 많
든 적든 상관없이 나에게는 그저 눈에 넣어도 아프지 않은, 가슴
이 시리도록 사랑하는 나의 자녀들이다.

간혹 어떤 이들은 그들을 손가락질하며 '몹쓸 인간' '인간쓰레
기' '없어져야 할 사람들'로 표현하기도 한다. 그러나 저들의 가슴
이 얼마나 따뜻한지 알지 못한다. 단지 그럴 수밖에 없는 환경의
상처 때문에, 혹은 순간 잘못된 판단이나 실수 때문에, 혹은 잘못
된 것을 돌이킬 만한 용기가 없었기 때문에 소외된 삶을 살게 되
었다. 그러나 지금은 절대 절망의 과거에서 절대 희망의 미래로
돌아시기 위해 최신의 노력을 나아고 있는 이늘이다.

나의 자녀들은 가끔씩 나눔선교회를 섬기고 있는 나를 비롯한 몇 명의 봉사자들을 감동시킨다. 얼마 전에도 선교회에서 제6차 약물 예방 캠페인을 했다. 많은 사람들이 약물은 자신과는 전혀 상관없는 별개의 문제라고 생각한다. 그래서 외부인들은 거의 참석하지 않았다. 그러나 자체적으로는 꽤나 분주했고 준비도 많았던 하루였다. 캠페인 프로그램의 하이라이트는 그날 마지막 시간에 있는 "부모들의 삶의 체험 현장"이다. 자신의 자녀들이 문제를 일으켜서 겪어 왔던 아픔들, 그리고 그로 인해 얻고, 잃었던 것들을 진솔하게 나누는 아주 귀한 시간이었다. 부모님 두 분이 자녀들의 이야기를 완전히 드러내어 모두가 은혜를 크게 받은 감동의 시간이었다. 꽤 오랜 시간 질의와 질문이 이어졌다.

거의 끝날 무렵 선교회에서 벌써 4번째 생일을 맞는 오지(오래된 아이) 한 명이 자신들이 특별히 준비한 프로그램이 있다면서 조금만 기다려 달라고 하는 것이다. 무슨 일인가? 매우 궁금했다. 잠시 후 그 좁은 QT룸으로 아이들이 와르르 몰려들어 여기저기 바닥과 벽에 기대기도 하고, 옹기종기 모여 앉아 순식간에 그 방은 무더운 찜질방이 되었다. 한 아이가 앞으로 나와 마이크를 잡고 말했다.

■ 한영호 목사와 김영일 목사

"우리는 그 동안 나눔에서 사랑을 받기만 했습니다. 여기에 계신 한 목사님, 김 목사님, 전도사님들, 봉사자님들에게 항상 받기만한 우리들이 이제 무엇인가 드리고 싶습니다. 우리는 주는 것을 배웠습니다."

이런 근사한 말을 날렸다. 그리고는 또 다른 한 아이가 앞으로 나와선 봉사자들의 이름을 부르고 그 동안 고마웠던 이야기며, 느꼈던 일들을 나누고 감사패를 전달하는 것이었다. 몇몇의 아이들이 계속해서 나와 봉사자의 이름을 불렀고, 함께 좋았던 기억, 그들의 사랑에 대한 감사를 더듬어 갔다. 봉사자들의 순서가 모두 끝나자, 열세 살에 선교회에 들어와 벌써 열일곱 살이 되어 이제는 주방에서까지 봉사하는 한 녀석이 나와 말했다.

"저는 아빠가 없습니다. 그러나 이제 저는 아버지가 있습니다. 목사님이 저의 아버지십니다. 너무나 수고가 많으셨습니다. 단 하루라도 휴식이 필요한 목사님, 전도사님, 1박 2일로 온천을 다녀오세요. 이곳은 우리들이 문제 일으키지 않고 지키겠습니다."

아무것도 없는 아이들이 1불, 2불씩을 모아 여행 경비를 교역자 모두에게 전달하는 것이었다. 나는 순간 울컥 눈물이 나오는 것을 간신히 참았다. 그 동안 힘들었고, 순간순간 도망가고 싶다는 끔찍했던 생각들이 부끄럽게 생각되었다.

'아, 내가 이 아이들을 사랑하고 무엇인가 해 주고 있었던 것이 아니라, 이들에게 너무나 큰 사랑을 받고 있었구나.'

'이들이 나를 가르치고 있었구나.'

돈이 아니었다. 그들의 베푸는 마음, 감사하는 그 마음, 그렇게 바뀐 그들의 배려가 그날 밤새도록 나를 울게 했다. 그것은 나에게 엄청난 선물이었다. 하나님께서 나에게 이러한 기쁨과 이러한 행복을 맛보게 하시려고 나눔선교회 사역을 맡기셨음에 감사하고 또 감사할 뿐이었다.

지독한 사랑 2

외부적으로는 나눔선교회에 모인 이들이 주로 마약, 갱, 범죄, 술, 도박, 행동 장애 등 사회적으로 격리되어야 마땅한 이들의 수용집단이라고 생각하는 경향이 종종 있다. 물론 실수하고 잘못된 자신들의 행동을 정당화시키려는 것은 아니지만 잘못과 실수는 과거일 뿐이다. 이들은 지난 일들을 회개하고 회복된 삶을 찾고자 노력하며 갱생하기 위해 치열한 전쟁을 매일 하고 있다. 이들의 부단한 노력은 손가락질 받아서는 안 되며 오히려 죄를 고백하고 드러내는 이들에게 힘과 용기와 격려를 아끼지 말아야 할 것이다.

우리 중에 죄 가운데 거하지 않는 이가 어디에 있겠는가? 예수님께서도 군중을 향하여 죄가 없는 이가 먼저 간음한 여인을 돌로 치라고 말씀하셔서 그 누구도 이 여인을 정죄할 수 없었다. 우리는 큰, 작든 어떤 모양으로든 죄를 숨기며 살아간다. 죄가 꼭꼭 숨겨져 있을 땐 떳떳하게 성상인으로서 인성받을 수 있으나, 일단 죄가 드러날 때는 질타와 멸시를 면치 못하는 것이 세상이다. 이런 세상을 살면서 자신의 죄성과 아픔을 그대로 드러낸다는 것은 큰 용기가 필요하다. 그럼에도 불구하고 자의든, 타의든 자신의 추하고 어두운 부분을 내놓고 스스로 감당하고자 모여 있는 곳이 바로 나눔선교회 공동체이다.

숨겨야 할 내면을 그대로 표현하는 이곳 형제자매들을 세상에서 볼 땐 멍청하게 보일 수도 있다. 그들은 싫은 것은 싫다고, 좋은 것은 좋다고 거리낌 없이 말하며 자신의 아픈 부분들을 편하게 이야기한다. 이러한 솔직함이 우리 교역자들에게도 우리의 허물을 마음껏 드러내 놓고 사역할 수 있게 하는 편안한 곳이기도 하다. 그러나 무엇보다도 이들이 드러내 놓는 감정은 사실이며 진실이다.

나눔선교회를 함께 시작하여 지금까지 나눔의 역사를 함께 써온 김 전도사의 차가 수시로 문제를 일으켰다. 시동이 잘 걸리지를 않아 애를 먹는 모습에 '차라도 한 대 사 주었으면….' 하는 마음이 간절했지만 선교회 살림이 여의치 않아 차일피일 이루고 있었다.

그러던 어느 날인가 뭔가 이상한 움직임이 일어나는 듯했다. 이쪽에서 쑥덕쑥덕, 저쪽에서 수근수근 하면서 아이들끼리 뭔가 수상한 작당을 하고 있는 듯했다. 한 녀석이 대표로 나를 찾아와서 다짜고짜 말했다.

"목사님! 전도사님이 여자이고 한데 차가 저러면 되겠어요? 우리들의 용돈에서 한 달에 5불씩이라도 걷으면 할부금이 나오니까 차를 한 대 전도사님 몰래 사드렸으면 하는데요."

다시 한 번 멋지게 이 녀석들이 감동의 펀치를 먹이는 것이었다. 생각은 있었지만 여러 가지 사정으로 앞뒤를 생각해 가며 결정하지 못하고 미적거리는 나에게 행동으로 보여 주는 이 녀석들의 뜨거운 사랑이 또 한 번 나를 울컥하게 만들었다. 멋진 놈들이다. 며칠 동안 무슨 차를 살 것인가? 색은 무엇으로 할 것인가? 바쁘게 움직였다. 비교적 눈치 빠른 전도사님의 눈도 속여야 하는지라 녀석들은 매우 조심스럽게 움직였다. 특히 아이들은 전도사님에게 말하고 싶은 것을 참느라고 여간 힘든 것 같지 않았다. 드디어 차를 뽑았다. 검은색 승용차였다. 무리한 감이 없진 않았지만 녀석들은 꼭 그 차여야 한다는 것이다. 그 이하는 안 된다고 했다. 난 내가 사주는 것도 아니고 그냥 지켜볼 수밖에 없었다.

"전도사님! 잠깐 밖에 나와 보실래요?"

전혀 생각하지 못한 사건이 벌어지고 있다는 것을 모르는 전도사님은 밖으로 나왔고 모든 녀석들의 박수와 환호에 어리둥절 살피기만 했다. 녀석들이 차의 키를 전도사님의 손에 쥐어주면서 전후 사정을 설명하자 전도사님의 눈동자는 빨갛게 물들었다. 나는 그 마음을 너무나 잘 읽을 수 있었다.

'내가 한 것은 아무것도 없는데, 이 녀석들에게 이런 엄청난 사랑을 받을 수 있는가?'

그 녀석들의 사랑이 너무나 지독해서 전도사님의 가슴이 아려오는 것 같았다. 전도사님의 차는 변화된 그들의 희망이자 기대이며, 우리 모두의 기쁨이다. 지면을 통하여 그 녀석들에게 말하고 싶다.

"나눔, 나눔 파이팅! 녀석들아! 너희들은 세상에서 제일 멋진 놈들이다. 사랑한다. 지독하게 사랑한다. 나의 새끼들아."

* 미국에서는 버스를 타기가 어렵다. 거의 교통의 수단으로 개인 자가용을 이용하기 때문에 거의 대부분의 가족이 여러 대의 차를 소유하고 있다.

거울아, 거울아, 이 세상에서 누가 제일 예쁘니?

아무리 생각해도 도저히 이해가 가지 않았다. 온몸엔 문신을 하고, 머리는 빡빡 밀어 누가 보아도 우락부락하게 생긴 거칠기만한 10대의 남자아이들이 선교회에서 함께 일하는 김 전도사 앞에서 갖은 아양이란 아양은 다 떨고 있는 것이었다.

"아이, 전도사님~!"

혀 꼬부라지는 소리에 어깨까지 부들부들 흔들어댄다. 여기에 애교를 보태서 코맹맹이 목소리로 말한다.

"이 세상에서 전도사님이 제일 예뻐요, 최고예요, 최고."

왜 부모에게는 대들기만 하고, 불평불만만 늘어놓으며, 질문에 대답조차도 하려고 하지 않는 이 아이들이 이렇게 되었는지 궁금하기만 했다. 나눔선교회에서 일하는 김 전도사님은 자칭, 타칭, 최고 미녀 전도사이다. 물론 자칭은 인정이 가는 부분이지만, 타칭은 글쎄다. 이 글을 김 전도사님이 읽지 않기를 바라는 마음으로, 솔직히 남들이 인정하기에는 얼굴 부분에 많은 견적이 나올 수밖에 없는 입지 조건을 갖추고 있다.

그런데 언제부터인가, 선교회의 모든 남자아이들의 입에서 똑같은 말이 나오기 시작했다.

"전도사님이 제일 예뻐요, 그렇게 예쁠 수가 없어요."

그날도 한 녀석이 전도사님 앞에서 한참이나 애교를 떨고 있었다.

"전도사님, 캔디 하나만 줘요, 하나만요."

그러자 전도사님이 물었다.

"그럼 이 세상에서 누가 제일 예쁘지?"

마치 '거울아, 거울아 이 세상에서 누가 제일로 예쁘니?' 하고 묻는 것과 같이 조금은 유치한 질문을 거듭하고 있었다. 그런데 더욱 우스운 것은 그 질문을 받은 그 녀석이 아주 큰소리로 대답하는 것이었다.

"전도사님요."

그러자 전도사님은 아주 만족스러운 웃음을 띠며, 캔디 하나만 딱 내주는 것이다. 솔직히 나 같으면 치사해서 캔디 안 먹고, 그런 이야기 안 할 것 같은데 이 아이들은 열심히 대답하고, 그 질문을 전혀 이상하게 받아들이지 않는다. 어느새 그 아이들이 세뇌 교육을 당하고 있음이 분명했다. 요즈음은 세뇌 교육 자체를 아주 오래된 낡아빠진 교육 방침으로 무시하고 있지만, 나는 세뇌 교육의 확실한 효과를 확인하고 있다. 많은 이들이 새롭고, 현대적인 교육 방침을 선호한다. 물론 부모들도 자신들이 모르는 사이에 이러한 현대적 사고로 전환되어 자녀 교육을 조금 더 자유롭게 인격체로서 성장시키기 위한 노력을 쇠하고 있다. 그러나 신보된 교육이 자녀에게 기대만큼의 좋은 효과를 가져오기가 쉽지 않다. 바로 부모가 그 진보된 교육을 따라갈 만큼 현대적 지식을 갖추지도 못했고, 행동도 따르지 못하기 때문이다. 생긴 대로 살아야 한다고 표현한다면, 저급한 표현이 될까? 때때로 부모들이 자녀들에게 주입식 교육을 시켜야 될 때가 있다고 말하고 싶다. 앞서 말한 전도사님은 매번 작은 일이라도 꼭 아이들에게 정확하고, 직선적으로 확실하게 말한다. 겨우 캔디 하나를 주면서도 말한다.

"너, 담배 끊어야지, 아직도 담배 피우면 캔디는 두 번 다시 없어. 두 손으로 받아야지. '감사합니다.' 라고 인사해야지. 넌 왜 존댓말을 안 쓰니?"

치사할 정도로 많은 이야기를 하면서 갖은 생색을 다 낸다. 그러나 이들에게 그러한 교육이 은연중에 효과를 거둔다. 부모님들도 마찬가지라고 생각한다. 자녀에게 무엇인가 해 주는데 있어서 물론 부모로서 당연히 해야 할 일을 하는 것이기 때문에 매번 공치사하는 것 같아 이야기하기가 쑥스럽고 이상할지 모르지만, 한 번쯤은 집고 넘어가야 한다. 대부분의 자녀들도 부모들이 어려운 가운데 자신들에게 아낌없이 물질과 사랑을 나누어 준다는 사실을 알고는 있지만, 부모들로부터 얼마만큼 자녀를 사랑하고 있으며, 얼마만큼 부모의 희생을 통하여 자녀들이 편안한 생활을 하고 있는지를 알릴 필요가 있으며, 이를 세뇌시킬 필요가 있다.

꺼벙이의 몰래카메라

정말 한창때인 10대 청소년들의 모습 속에서 나도 저럴 때가 있었나 하며 아련하게 지나온 과거 속에 푹 빠질 때가 종종이 있다. 그리움이랄까? 그래서인지 그들의 세계가 이해가 되고 이해하고 싶어지곤 한다. 그 중의 한 가지가 그들의 성적인 것이 아닐까! 왕성한 식욕, 수면욕, 그리고 성욕. 그들을 가두어 놓고 이성의 접촉을 마구 막고는 있지만 견딜 수 없는 그 왕성한 욕구들을 어떻게 해결해야 할까? 솔직히 이런 이야기를 나눈다는 것이 산전수전을 다 겪은 나도 쑥스럽긴 하지만 부모들에게 작은 도움이 될까 해서 선교회에서 일어났던 에피소드를 하나 나누고자 한다.

꺼벙이라는 열여덟 살 된 아이가 있었다. 약으로 인한 후유증 때문에 무슨 이야기를 하면 보통아이들보다 한참 굼뜬 아이였다. 그렇기 때문에 아이들의 적당한 놀림거리기도 했다. 그러던 어느 닐 선교회 전체가 웃음으로 뒤섞이시는 사건이 버섰다. 꺼명이는 가끔 한 손에는 두루마리 티슈, 한 손에는 로션을 들고 주로 3층 화장실에 들어가 꽤 오랜 시간을 있다가 나오곤 한다. 어느 짓궂은 녀석 하나가 꺼벙이에게 말했다.

"야! 꺼벙아, 너 말야. 3층 화장실에 몰래카메라 있는 거 아냐? 네가 그 안에서 하는 거 모니터로 사무실에서 다 보고 있대."

이 말을 들은 꺼벙이는 화들짝 놀라 얼굴이 백지장처럼 하얗게 되었고 한동안 3층 화장실에 로션과 휴지를 들고 가는 일이 없어졌단다. 그러던 어느 날 도저히 참을 수 없는 그 왕성함에 어쩔 수 없이 휴지와 로션을 들고 사방을 살피며 화장실에 들어간 꺼벙이가 한 시간이 지나도 나오지를 않는 것이다. 장난꾸러기 아이들이 꺼벙이의 행적을 찾아 화장실로 가서 꺼벙이를 찾아냈다. 꺼벙이는 몰래카메라를 피하기 위해 화장실 에어컨 구멍서부터 몰래카메라가 있을 만한 틈새인 환풍기, 조명 등 거의 몇십 분에 걸쳐 두루마리 휴지로 모두 막아 놓고 일을 치르고 나오는 현장을 덮친 것이다. 이내 1분도 안 되어 그 소문은 선교회 전체 빅 뉴스거리가 되었다. 한창때 흔히 있을 수 있는 일이고, 남자라면 누구나 치르고 지나가는 과정임을 알고 있기에 나는 어쩔 줄 모르는 꺼벙이의 귀에 대고 짧게 위로해 주었다.

"야! 임마, 몰카는 없어. 긴장하지 마."

그러자 꺼벙이의 얼굴은 다시 환해졌고 우물쭈물하며 말했다.

"저 목사님, 저만 하는 거 아닌데요. 저 애들요, 매거진 갖고 있는 애들도 있어요."

선교회 구석구석을 뒤지다 보면 많지는 않지만 간간히 쏟아져 나오는 야한 여자사진 잡지책들이 발견되곤 한다. 그럴 때 나는 화를 내지 않고 분명히 아이들을 보고 이야기한다.

"성이란 참 아름다운 것이다. 우리는 누구나 부모의 그 사랑의 관계에서 태어났으며 하나님께선 남자와 여자를 지으셨다. 그 아름답고 귀한 사랑을 너희들의 장난감과 같은 쾌락의 도구로 변질시키지 않기를 바란다. 난 너희들이 값진 사랑을 하기를 바란다."

부모들이 집에서도 가끔 이러한 경우를 당할 때도 있지만 당황하거나 놀라 자녀를 수치스럽게 하거나 죄의식으로 밀어 넣어서는 안 된다. 권장하라는 것은 아니지만 자연스럽게 운동을 통해 성적 에너지를 건전하게 발산할 수 있는 방법을 유도하거나 성에 대하여 바르게 설명해 줄 필요가 있음을 기억해 주길 바란다.

5장 부모는 자녀의 인생 교과서이다

- 내 자녀는 로또다
- 아버지는 "개새끼"
- 숨이, 숨이 막혀요 255
- 라스베가스의 잠 못 이루는 밤
- 내 눈에 눈물? 네 눈엔 피눈물
- Coming out, 아들은 그 남자의 여자였나
- 사랑의 회초리
- 사람 잡는 졸업장
- 아빠, 엄마 제발 밀어붙이지 좀 마세요
- 자기 중심의 끝없는 탈선
- 원하는 대로 다 해 주었더니 약물중독자가 되었다
- 아빠였던 나, 아버지인 나
- 엄마의 아픔은 나의 기쁨
- 엄마, 아직도 꿈꾸고 있는가?
- 슈퍼맨 아빠, 슈퍼우먼 엄마
- 아들을 삼켜 버린 채팅
- 착한 아이가 나쁜 친구 때문에
- 비정한 아버지
- 난쟁이가 쏘아 올린 작은 공
- 이상한 나라의 사오정

내 자녀는 로또다

많은 부모님들은 자기 자식은 남들보다 아주 대단하다고 생각한다. 남보다 멋있고, 잘나고, 근사하고, 공부도 잘한다고 믿는다. 다른 이들이 보면 별게 아닌데, 부모들은 하나같이 이렇게 말한다.

"우리 아이가 얼마나 예쁜데요."

"우리 아이가 얼마나 착한데요."

"우리 아이가 얼마나 똑똑한지, 글쎄, 공부를 전과목 A학점을 받았잖아요."

"아휴, 우리 아이는요, 피아노를 정말 잘 쳐요. 두 달밖에 배우질 않았는데 어느새 이렇게 잘 치니 피아니스트를 시킬까 봐요."

세상의 모든 자녀는 부모님이 볼 때 영락없는 베토벤이고, 미스코리아며, 아인슈타인이다. 그렇기 때문에 부모들은 자녀에 대해 많은 기대를 하고, 반드시 자녀가 부모의 기대만큼 채워 주기를 간절히 소원한다. 아니 꼭 그렇게 될 것이라는 신념과 함께 목적을 두고 열심히 자녀들을 뒷바라지한다.

그런데 부모들은 이것을 아는지 모르겠다. 베토벤은 세상에 한 사람뿐이었고, 아인슈타인도 한 사람뿐이었다. 미스코리아 정도면 해마다 한 명씩 나오니까, 내 자식이 대단한 인물이 될 것이라는 기대는 백만 명 중에 한 명이 나올까 말까 한 로또 복권 당첨과도 같다는 사실을 제발 좀 알아야 한다는 것이다.

몇 년 전의 일이다. 그 당시 A라는 여자아이가 열여섯 살 정도였다. 참 예쁘고 깜찍해서 한 눈에 쏙 들어오는 눈에 띄는 아이였다. 성격도 제법 활달하고 공부도 꽤나 잘했다. 한마디로 친구들 사이에서 '퀸카'라고 소문이 나 있었다. 이 아이는 한인 사회에서 주최하는 청소년 미인 대회에서 진으로 뽑힌 적도 있었고, 모델 대회에도 몇 번 입상한 경력도 갖고 있었던 자타가 공인하는 팔방미인이었다. 부모는 이러한 딸아이를 자랑스러워했다. 가는 곳마다, 만나는 사람마다 입에 침이 마르도록 자랑하며, 곧 자신의 딸은 이제 스타가 될 것이라고 떠들고 다녔다. '스타!', 그 스타라는 로또의 꿈을 이루기 위해서 그 엄마는 밤잠을 설쳐 대며 고민도 하고, 구상도 했다. 어떻게 하면 자신의 딸이 TV에 나올 수 있을까! 오직 그 생각밖에는 안중에도 없었다. 그 사건이 터지기 전까지는 말이다.

엄마는 자주 한국을 방문했다. 혹시 방송 계통에서 자신의 딸아이를 키워 줄 수 있지 않을까라는 바람에서 딸아이의 스타 데뷔를 위한 물밑 작업을 진행 중에 있었다. 그런데 어느 날 딸아이의 친구가 마약을 팔다가 경찰에게 연행됐다. 그런데 그 마약이 친구의 것이 아닌 예쁜 자신의 딸아이 성란이의 것이라고 수상한다는 것이다. 엄마는 있을 수 없는 일이라며 분해서 잠도 자지 못한다는 것이었다.

"우리 딸같이 착하고 순한 아이가 어쩌다가 그런 친구를 사귀게 되었는지는 몰라도, 그런 말도 안 되는 소리를 할 수 있겠어요? 아주 나쁜 년이에요. 그런 것하고 어울릴 때부터 내가 이런 일이 생길 줄 알았지. 그렇지 않아도 그런 못돼먹은 아이와 어울려서 좀 품위 있고, 고상한 아이들하고 놀라고 그렇게 타일러 왔어요. 진작에 떼어 놓았어야 했었어요. 우리 애가 착해 빠져서 엄마 이야기를 귓등으로도 듣지 않았어요. 그래서 이런 억울한 누명까지 쓰게 된 것 아니겠어요?"

분통이 터져서 도저히 견디질 못하겠는지 얼굴까지 파르르 떨고 있었다. 어떻게 하면 좋을지 상담을 하러 온 것이었다. 나는 경란이의 눈을 마주쳐 보려고 했다. 경란이는 계속해서 나의 시선을 피하며 눈을 내리깔았다. 분명히 경란이가 약을 하고 있는 아이임을 알 수 있었고, 엄마가 이성을 잃은 듯이 떠들어대는 통에 도무지 진실을 말할 용기가 나오지 않는다는 것도 읽을 수 있었다.

잠시 후 경란이하고만 이야기를 하면서 경란이의 고백을 들을 수 있었다.

"사실, 그 약 제 것 맞아요. 무서워서 그 친구 가방에 넣었어요. 잘못했어요. 흑흑. 정말 엄마가 싫었어요. 그런데 무서웠어요. 엄마가 나한테 실망하는 것이 무서웠어요. 저는 매일 엄마가 시키는 대로만 옷도 입어야 했고, 머리도 엄마 마음대로 했어요. 제가 원했던 것은 이게 아니에요. 전 모델 같은 것도 창피하고, 무대에 설 때마다 가슴이 떨려요. 그 순간이 싫어요. 도망가고만 싶었어요.

그런데 엄마는 하기 싫다는 나에게 자꾸 그런 것만 시켜요. 이제는 한국에 가서 오디션까지 보래요. 난 한국말도 잘 못 하고, 한국에 가기 싫어요. 친구들하고 떨어지는 것도 싫고, 모든 것이 낯선 그곳에서 인형처럼 살아야 한다고 생각만 해도 끔찍해요. 전 여기가 훨씬 좋아요. 그래서 엄마에게서 벗어나고 싶었어요. 그러나 엄마에게 말할 수가 없어요. 아마 내가 이렇게 생각한다는 것을 엄마가 알면 날 죽이든지, 엄마가 죽든지 할 거예요. 목사님! 엄마한테 저 약 했다고 절대로 말하지 말아 주세요. 다시는 안 할게요. 정말이에요, 정말 약속할게요."

통곡을 하는 경란이는 이미 제법 약 세계에서 유명한 아이였다. 레이브 파티의 여왕, 남자 아이들의 선망의 대상, 마른 몸매를 유지할 수 있는 방법 중 약은 매우 효과적이라는 사실도 이미 터득한 지 꽤 오래된 아이였다. 엄마의 기대와 망상이 무너지고 있었다. 실컷 로또의 당첨을 기대했는데 꽝이 나고 만 것이다.

우리 부모 중에는 가끔 자녀가 대박이라도 터져 주었으면 하는 바람을 갖고 그 바람을 의사, 변호사, 박사 등에 둔다. 그러나 그 기대는 헛된 망상이 될 수도 있다. 세상에 모든 사람이 의사가 되면 누가 환자를 하겠으며, 모든 사람이 선생님이 된다면 누가 학생일 수 있겠는가? 세상에는 놀고먹는 사람도, 쓰레기를 줍는 청소부도, 음식점을 하는 식당 아줌마도 모두 필요하다. 무엇이 되는가가 중요한 것이 아니라 어떻게 최선을 다해 일하는가가 중요하다. 자신의 일에 최선을 다할 수 있는 자녀로 교육시키는 것이 의사, 박사, 돈 많은 기업가로 만드는 것보다 훨씬 더 중요하다. 그러므로 부모 자신부터 가치관이 바뀌어야 할 것이다. 평범한 것

이 가장 비범하다는 말이 있다. 지나친 기대를 버릴 때 자녀들은
자유로울 수 있으며, 부모 또한 더 편해질 것임을 기억해야 할 것
이다.

원하는 대로 다 해 주었더니 약물중독자가 되었다

힘들고 어려운 이민 생활 속에서
도 한 가닥 희망이 있다면 어떻게든 성공하는 자녀의 모습을 보는
것이다. 누구나 부모의 입장에서 자녀의 성공을 바라지 않는 이들
이 어디에 있겠는가? 그러나 이러한 마음과는 상관없이 바쁘게
쫓기는 생활이 자녀들과 함께 나누어야 할 시간과 여유까지도 도
적질해 가고 어쩔 수 없이 새벽부터 밤늦은 시간까지 일에 매달려
야 한다. 때문에 부모는 항상 뭔지 모르게 자녀에게 미안한 생각
을 품고 살아간다.

1년 전 선교회에 열일곱 살의 귀족적으로 생긴 K군이 입소했
다. K군이 약을 복용한 지 어느새 여러 해가 되어 가고 있었다.
감쪽같이 부모를 속인 K군은 자기 스스로도 약물에 그렇게까지
중독이 되었던 것은 돈 때문이었다고 이야기했다. 어릴 때부터 부
모들은 사업 때문에 자녀를 돌보지 못하고 함께 시간을 나누지 못
했다. 이것이 마음이 아파서 K가 해 달라는 것은 무엇이든 해 주

었단다. 일주일에 500불씩 용돈을 안겨주고도 부족해서 옷이든 필요한 물건이든 마음대로 사도록 신용카드를 만들어 주었다. 열여섯 살 때 운전면허증을 따자마자 BMW를 사 주었다. 자녀에게 제발 타락된 생활을 하라고 떠민 것이나 다름없었다. 돈이 많으니 딴 생각이 나고 돈을 물 쓰듯 쓰니 나쁜 친구들이 몰려들었다. 그것은 너무나 당연한 이치였다.

"뭐 하나 부족한 것 없이 아이가 해 달라는 대로 다 해 주었는데, 어떻게 이럴 수가 있습니까?"

K군의 부모는 눈물을 흘리며 원통해했다.

물질이 많은 부모든, 가난한 부모든 누구나 자녀가 해 달라고 하는 모든 것을 해 주고 싶어하는 것이 바로 부모의 마음이다. 어느 부모가 자녀가 기뻐하고 즐거워하는 모습을 보고 싫어하겠는가? 그러나 자녀가 원한다고 모든 것을 다 해 준다면 오히려 자녀에게 잘못된 성격을 조장하게 된다. 만일 어려서부터 장난감을 사 달라고 떼를 쓰고 울고 보챈다고 해서 처음에 '안 된다'고 했다가 어쩔 수 없이 그 장난감을 사 주는 것이 반복된다면 자녀에게 자기도 모르게 부모에게 떼를 쓰고 협박하면 자신이 원하는 것을 쉽게 얻을 수 있다는 인식을 심어 주게 된다. 이러한 행동은 나쁜 습관이 되고 자신이 원하는 것을 위해서라면 어떠한 희생이나 다른 이들의 감정에는 상관없이 수단과 방법을 가리지 않게 된다. 또한 그럼에도 불구하고 자신이 원하는 것을 얻을 수 없다면 이를 견디지 못하고 자포자기, 타락, 증오, 우울증, 심한 경우 범죄나 자살까지도 연결이 될 수 있다.

더욱이 현대는 너무나 풍요한 삶을 살아가고 있기 때문에 자녀의 요구도 의식주에 국한되어 있지 않고 쾌락이나 재미, 그리고 호기심의 요구가 점점 늘어나고 있다. 인간의 욕망은 끝이 없다. 이러한 끝없는 욕구를 물질로써 채운다면 더욱더 많은 물질이 필요할 뿐만 아니라, 열 가지 중 아홉 가지를 다 해 주고도 한 가지를 해 줄 수 없다면 이 부모는 자녀에게 아무것도 해 주지 않은 부모와 똑같이 아니 오히려 더욱 자녀의 가슴에 분노를 안겨주게 된다.

열네 살 된 A군은 부모의 사랑을 독차지한 3대 독자이다. 부모가 용돈을 넉넉하게 주었지만 사업이 잘못되는 바람에 경제적인 어려움을 겪자 용돈을 평소처럼 주지 못했다. 그러나 A군의 씀씀이는 이미 커져 있었기 때문에 계속해서 부모에게 많은 돈을 요구했다. 옛날처럼 용돈을 얻을 수가 없게 되자, 자신의 부모가 능력이 없는 것 같아 화가 나서 견딜 수 없었다. 결국 A군은 집을 부수고, 불을 지르는 행동까지 서슴지 않았다.

십대에 인격이 많이 형성이 되긴 하지만 부모의 고통을 다 알수 있을 정도로 성숙하지 못하다. 설령 겉으로는 아무런 말이나 행동도 표현하지 않지만 가슴에 분노와 화를 참고 있는지도 모른다. 그러므로 가정이 물질적으로는 조금 어려움을 겪는다 하더라도 일하는 시간을 조금이라도 줄여서 햄버거를 먹이기보다 김치찌개를 끓여 먹이고, 자녀와 될 수 있는 대로 함께 보내는 시간을 만들어 보라. 이런 기회를 통해 부모가 물질적으로 부족할 때 모든 것을 해 줄 수 없는 안타까움을 솔직하게 자녀에게 이해시켜 부모에게 물질적으로 깊이 의존하는 습관을 버리도록 하는 것도 매우 중요하다.

옛말에 '등 따시고 배부르면 딴 생각을 한다.'는 이야기가 있다. 부모가 열심히 살기 위해 노력하고, 단돈 1불을 쓰더라도 생각하고 또 생각하여 쓰는 모습을 보여 준다면 우리의 자녀들이 자기 혼자만의 쾌락이나 안위를 위해 물질을 사용해야겠다는 생각은 하지 않을 것이라 믿는다.

아버지는 "개새끼"

이제 열네 살을 넘기고 들어왔던 훈이는 한 방이면 나가떨어질 것같이 비실거리고 운동하고는 전혀 담을 쌓고 사는 아주 나약한 사내 녀석이었다. 그런 녀석이 집에서는 왕 노릇을 하며 부모에게 왕왕거리고, 꽥꽥거리며, 어찌나 거칠게 구는지 아무도 그 녀석을 다룰 수가 없었다.

"목사님! 도대체 어떻게 하면 좋겠습니까?"

부모의 걱정에 땅이 꺼지고 있었다. 이 녀석이 처음 선교회를 들어섰을 때 삐쩍 골아서 열 살 정도로밖에 보이지 않았는데 성깔은 대단했다. 상담을 오면서도 소리를 지르고 악을 써대는데, 한 방 먹이고 싶다는 생각을 굴뚝같이 들게 했다. 간신히 참으며 아버지와 그 녀석과 함께 상담을 하고 있었다. 그런데 이 녀석이 벌떡 일어나더니 욕을 하면서 내 분신보다도 더 사랑하는 기타를 발로 차는 것이 아닌가? 난 도저히 참을 수가 없었고, 그 부모가 있든 없든 그냥 그 자리에서 머리통을 몇 대 길겨 버렸다. 그러자 훈이는 몇 대를 맞고 정신이 번쩍 났는지, 갑자기 순한 양이 되어 눈물을 뚝뚝 흘리기만 했다. 갑자기 그 녀석이 불쌍해졌다. 그러나 무슨 선택의 여지가 있겠는가? 그 녀석은 그날부터 나눔선교회에 입소하여 형들의 시집살이가 시작이 되었다. 거친 행동 장애 문제 때문에 들어왔다는 것을 아는 나눔의 형들이 이 녀석의 군기를 잡기 시작했다. 뭐 그렇다고 때리는 것이 아니라 벌칙을 주거나, 심부름을 시키는 정도였다. 그래도 어린 동생이기 때문에 사랑도 꽤나 많이 받았다. 그러나 훈이는 무척이나 고달팠을 것이다. 집에서는 아버지와 어머니에게 욕을 해대며 자기 마음대로 해댔었다. 그뿐인가?

"아빠! 나 햄버거."

늦은 밤에도 말 한 마디면 부모들은 자다가 일어나 차를 타고 햄버거를 사와서 바치곤 했다. 그렇게 왕 노릇 하던 훈이가 나눔에서 꼬붕 노릇을 하고 있으니 얼마나 서럽고, 눈물이 나오겠는가? 그렇다고 훈이의 고충을 알아주는 사람은 아무도 없었다. 험난한 시집살이였던 것이다. 그러나 점점 이 녀석이 바뀌어 갔다. 잘 웃고, 예의가 생기기 시작했다. 한동안 집에 가기 위한 눈속임이었는지는 몰라도 나름대로 인사도 잘하고, 대답도 시원시원하게 하며 무엇보다도 선교회에서는 누구에게도 덤비는 법이 없이 아주 기특한 동생으로 변해 갔다.

그러던 어느 날이었다. 많이 좋아진 듯싶으니 아버지가 욕심이 생겼나 보다. 이 녀석의 학교 공부가 은근히 걱정이 되어 집으로 데려갔으면 하는 속내를 드러냈다. 부모가 데려간다는 데는 우리는 도저히 할 말이 없다. 그것은 부모가 자신의 자녀를 데리고 가고 싶다는데 우리가 부모자식 사이를 갈라놓는 것 같은 죄책감이 들면서까지 굳이 자녀를 데리고 있을 하등의 이유가 없어서이다. 물론 앞으로 일어날 일에 대한 책임을 회피하겠다는 것이 아니다. 우리는 부모에게 아직 때가 되지 않았다는 것을 설명했다. 그러나 부모는 자신이 정한 일을 행하고자 하는 고집밖에 남아 있지 않았다. 부모나 자녀나 다 똑같다. 그 부모를 보면 자녀를 알 수가 있다. 흔히 쓰이는 말로 '콩 심은 데 콩 나고 팥 심은 데 팥 난다'는 사실은 아주 기본 중의 기본이다. 누구나 아는 진리가 선교회에 있으면 더더욱 가슴에 와 닿는다. 그 부모에 그 자녀이다. 나눌 줄 모르는 아이들은 꼭 그 부모가 똑같다. 남을 이해할 줄 모르고 자신만 아는 아이들의 부모들 또한 그 자녀와 완전히 세트였다. 어쩌면 그리도 붕어빵일 수가 있을까! 감탄만 나왔다. 그러면서도 부모들은 자신들은 전혀 그렇지 않은 것처럼 하고 자녀만 나무란다.

'저놈이 도대체 누굴 닮아서 그러냐?'

참으로 한심하게 느껴진다.

'콩 심은 데 팥 나고, 팥 심은 데 콩 날까 보냐?'

어쨌든 훈이의 아버지는 무척이나 이 녀석을 데려가고 싶어했다. 어쩔 수 없이 당분간 데리고 있어 보라고 했다. 그러나 분명히 일이 생길 터이니 곧 연락을 달라는 당부의 말도 잊지 않았다. 문제는 집에 간 지 얼마 되지 않아 일이 벌어졌다. 훈이가 아버지와 함께 컴퓨터를 사러 간 것이다. 그런데 그곳에서 아버지의 영어가 짧아 쩔쩔매며 어려움을 겪고 있었다. 도와주지는 못할망정 이를 지켜보던 훈이 녀석이 아버지에게 한국말로 말했다.

"개새끼, 영어두 못 해. 쪽팔리게!"

이게 무슨 벼락 맞을 소리인가? 아무리 미국인들이어서 이를 알아듣지 못한다고는 하지만, 아버지는 얼굴이 붉어지고, 할 말을 잃었으며, 허탈하기 그지없었다. 이 소식을 접하고 선교회 형들은 훈이를 잡으러 훈이의 집으로 출동했다. 그때 훈이는 컴퓨터 게임에 정신이 없었다고 한다. 형들이 방으로 들어서서 정신없이 게임을 하는 훈이를 지켜보았다. 이상한 기분을 느낀 훈이가 뒤를 돌아보고는 커다란 눈을 더욱 크게 뜨고 놀라움과 두려움에 눈물을 글썽이며 어쩔 줄 몰라했다고 한다. 선교회로 끌려오면서 혹시나 한 목사에게 제대로 한 번 맞지나 않을까 걱정하고 또 걱정하면서 벌벌 떨고 있는 훈이를 보고 '뭐 이런 게 있나?'라는 생각도 들었지만, 얼마나 무서우면 그럴까 하는 동정심도 들었다고 한다.

"너 가자마자 무조건 한 목사님께 '잘못했습니다. 절대로 다시는 안 그러겠습니다.'라고 빌고 또 빌어! 차에서 내리자마자 바로 빌기만 해 알았지?"

형들은 요령을 가르쳐 주었다. 오래된 녀석들이어서 어느새 나의 약점을 다 파악하고 있었다. 나는 용서를 비는 사람들에게는 더 이상 아무런 말도 하지 않는다. 그러나 끝까지 자기가 잘했다고 우기는 사람들에게는 정확한 대가를 치르게 한다. 그런 사람들은 매를 맞게 되어 있다.

대부분의 아이들은 나를 편하게 느끼고, 목사라기보다 형이나 두목 같은 생각을 하는 것 같다. 그러면서도 아주 무서워한다. 그것은 나는 목사답지 않게 쉽고, 헐렁하고, 격식도 없고, 방귀도 아무데서나 붕붕 뀌어대고, 우스운 소리도 대수롭지 않게 한다. 가끔 기분이 나쁘면 욕도 잘하는 무식쟁이이다. 그러나 이렇게 우습고 쉬운 내가 한번 화가 나면 정말 무섭다는 것을 아는지 정도껏 가지고 놀다가 그 이상은 절대로 넘어서지 않는다. 그것은 내가 주먹을 조금 사용하기 때문일 것이다. 쉰 살을 바라보는 나이지만 제대로 맞으면 확실하게 뻗는 것은 물론이고, 지금까지 이팔청춘의 선교회 아이들이 그것도 한가락씩 했다는 아이들이 팔씨름에서 나를 아직 한 번도 이기질 못하고 있기 때문이기도 하다. 나는 이런 것을 보면서 아버지들이 공부만 많이 할 것이 아니라 힘도 세어야 된다고 생각한다. 가능하면 운동도 열심히 해서 자녀들이 여차하여 기어오르지 못하게 초장에 잡아야 한다. 물론 폭력은 금물이다. 그러나 요즈음의 아이들은 이상하게 묘한 우월감을 갖는다.

"우리 아빠는 하버드대학원 나왔어."보다는 "우리 아빠 주먹 캡짱이야. 아무도 우리 아빠 못 이겨." 이런 것을 더욱 자랑스럽게 생각한다. 요즈음의 문화, TV, 영화가 아이들의 가치 기준을 완전히 변화시킨 결과일 것이다. 모두모두 열심히 권투나 유도를 배워서 자녀들이 기어오르지 못하게 하자. 모두 건강한 부모가 되기 바란다. 몸도, 마음도, 가장 중요한 영혼도 ….

아빠였던 나, 아버지인 나

이제 마흔 살을 바라보는 김 전도사의 아버지는 한국에 사신다. 그 아버지가 지난 5월 5일 김 전도사에게 전화를 하셨다.

"오늘이 어린이날인데, 뭐 좀 맛있는 것은 먹었냐? 어디 좋은데 놀러 가지 그랬어? 거기도 어린이대공원 같은 데 있지? 김밥이라도 싸서 좀 가지 그랬어. 오늘 하루 종일 네 생각만 했다. 내가 옆에 있었으면 맛있는 거라도 사줬을 텐데."

김 전도사는 선교회 아이들 보기도 창피하다고 툴툴거리고 난리다. 해마다 5월 5일이면 김 전도사의 아버지는 전화해서 꼭 어린이날 축하 인사를 하신단다. 웃기기도 하고, 김 전도사의 아버지가 건방진 말로 무척이나 귀엽기도 하다. 자기가 지금 몇 살인데 아버지는 저러시는지 모르겠다고, 남들이 자기를 어떻게 생각하겠냐고, 씩씩거리는 김 전도사의 얼굴이 그래도 아주 싫지는 않은 것 같았다. 아마 부모의 따스한 사랑을 느끼기 때문일 것이다.

자식이 어른이 되어도 항상 가엽고, 어리고, 그저 자나 깨나 보호하고 싶은 것이 부모의 마음일 것이다. 거기에 더해서 언제나 자녀가 내 품에 있기를 바라고 있을 것이다. 나도 네 자녀를 둔 부모이면서 무뚝뚝해서 아이들에게 사랑의 표현을 잘 못 한다. 하지만 그렇게 나의 아이들이 사랑스러울 수가 없다. 행여 몇 번 기침이라도 하면 내가 대신 기침하고 싶고, 끼니를 거르는 것 같으면 안타까워 도시락이라도 싸다 주고 싶은 심정이다.

"아빠!"

콧소리 한 번에 내 안에 있는 심장 한 조각까지라도 모조리 꺼내어 주고 싶은 그런 마음이다. 그러나 단 한 번도 이런 내 마음을 내보인 적도 없는 부족한 아빠였다. 이렇게 어설펐던 사이에 벌써 큰놈, 작은놈이 다 커 버려 제각기 친구들하고 시간 보내기에 정신이 없어졌고, 아빠는 뒷전이 되었다. 셋째 놈과 막내딸이 그나마 아직 어려서 아빠의 기쁨조 역할을 하고 있지만 나의 무뚝뚝함은 그대로이다.

그런데 요즈음은 나이가 들어서 그런지 점점 섭섭한 마음이 아이들에게 든다. 얼마 전에 셋째 녀석이 아직 초등학교도 졸업도 안 했는데 마음에 두는 여자친구가 생겼나 보다. 이해를 해야겠다고 생각하고는 있었지만, 나에게 돈을 달라고 조르고 졸라 결국 거금을 손에 쥐었다. 녀석은 자기들이 좋아하는 카드에, 캔디에, 열쇠고리에, 별 희한하게 생긴 것들을 예쁘게 싸서 그 친구에게 갖다 바쳤다. 자기 아버지 생일에는 카드만 달랑 써서 주는 멋대가리 없는 녀석이다. 이제 초등학교를 다니면서 머리에 피도 마르지 않은 녀석이 결혼하려면 아지도 멀었는데 그 계집아이에게 무엇을 그리 싸다 바치는지, 나도 그럴 때가 있었지만 여간 섭섭한 게 아니었다.

　다른 부모들에게는 '이렇게 하라' '저렇게 하라'고 코치하면서도 정작 나는 지금까지 "사랑한다"는 말 한마디가 쑥스러워 아이들에게 제대로 사랑을 표현하지도 못했다. 한국의 아버지들이 거의 그렇다. 짝사랑하듯이 벙어리 냉가슴을 앓는다. 마음은 그렇지 않은데, 겉으로는 화난 척, 엄한 척, 점잖은 척하며 자녀들을 대한다. 그런 아빠가 무엇을 아이들에게 바랄 수가 있겠는가! 지금까지 자녀들을 품에 안아야 할 때 안고 있지 못했던 아빠였다. 정작 자녀들이 아빠를 필요로 할 때 사랑한다고 말해 줄 수 있는 용기가 없었던 아빠였다. 그러나 이제 아이들이 성장했고, 아빠의 그늘에서 벗어나고 싶다고 무언의 소리를 질러댈 때 지금 아빠로서 아이들에게 해 줄 수 있는 것은 나의 자녀를 보내 주는 것이라고 생각한다. 아빠에게서 친구, 학교, 사회 속으로 내 아이들이 자신들을 찾아가는 과정을 그냥 묵묵히 감춰진 사랑으로 보내고자 한다. 섭섭해하지 말고, 실망하지 말며, 아빠가 부담스럽지 않게 나의 자녀를 그들의 인생 안으로 보내 주는 연습을 하려고 한다. 이제 아빠가 아닌 아버지로서는 실패하지 않아야겠다는 다짐으로 말이다.

숨이, 숨이 막혀요

"나는요, 우리 아이에게 단 한 번도 큰소리 쳐 본 적이 없어요. 좋다는 세미나는 다 다녔구요, 행여나 우리 아이가 잘못되기라도 할까 봐, 아침, 저녁으로 차를 태워다 주고 차에서 내리기 전에는 반드시 기도해 주고, 말씀 한 구절씩 외우게 했어요. 그런데 생각지도 못한 일이 생겼어요."

엄마로서 최선을 다했다고 말씀하시며 구구절절이 맞는 말씀만 하시는 어머님은 자신은 절대로 잘못한 것이 하나도 없는 완벽한 어머니요, 아내였다. 그런데 왜 자신의 아들이 이렇게 되었는가 하는 것이다. 더욱이 둘째 아들은 공부도 잘하고, 무엇이든 1등만 하는 대단한 아이로 소문이 나 있는데 큰아들은 이상하게 그 집안의 문제 중의 문제라는 것이다.

P는 평소에는 아주 말이 없이 얌전한 아이였고, 누구보다도 시구들을 사랑하며, 엄마가 시키는 일만 골라 했던 착한 아이였던

다. 그런 아이가 어느 날 약물소지와 함께 다른 갱들과 싸우다가 처음에는 많이 맞았지만, 야구방망이로 상대 갱을 크게 다치게 하여 경찰에 검거되었다는 것이다. P의 어머니에게는 청천벽력과도 같은 소식이었고, 가슴이 찢는 아픔이었다. 보석금을 내고 간신히 아들을 교도소에서 데리고 나오면서 하늘이 노랗고, 세상이 빙글빙글 도는 경험을 했다고 한다.

그런데 이제는 한술 더 떠서 그 이후로는 평소에 하지 않았던 술과 담배를 부모 앞에서 먹는가 하면, 드러내놓고 마약을 하며, 엄마에게 큰소리로 대들고, 욕하며, 될 대로 되라는 식으로 엄마를 대한다는 것이다. 너무나 부끄러워 찾아오기가 힘들었지만 고민 끝에 용기를 내었노라고 고백했다. P는 이렇게 말했다.

"우리 엄마는 너무나 이중적이에요. 남들 앞에선 고상한 척, 잘난 척, 혼자 다 합니다. 물론 우리들에게도 고운 말, 바른 말을 쓰며 단 한 번도 손찌검한 적도 없어요. 그런데 목사님! 그것 아셔요? 너무나 숨이 막히는 것이요. 제가 엄마에게 소리 지르고, 함부로 대하니까 오히려 엄마가 저에게 꼼짝도 못 하고 내가 하자는 대로 해요. 제가 약만 안 하면 뭐든지 다 해 주겠대요."

엄마의 완벽함에, 아니 완벽해 보이고자 하는 허영에 P는 너무나 지쳐 있었다. 교인들이나 엄마 친구들의 모임이 있을 때에는 어김없이 동생을 자랑했다. P의 엄마가 얼마나 대단하게 자녀 교육을 시키는지에 대하여 쉴 새 없이 떠들어대는 것이 P에게는 고문이었단다. 언젠가 한 번은 그렇게 떠들어대는 엄마의 입을 찢어놓고 싶었다고 했다.

많은 부모들은 자신들의 잣대로 자신들의 기준으로 자녀에게 모든 것을 해 준다고 착각하는 경우가 종종 있다. 자녀의 뒷바라지를 해 주면서 그것이 마치 자녀를 가장 행복하게 하는 지름길이라고 생각하며, 마치 부모들은 자녀를 위해 엄청난 희생을 한다고 생각한다는 것이다. 진정으로 자녀를 위하여 무엇인가 해 주고 싶다면 자녀를 부담스럽게 하지 마라. 모든 것을 완벽하게 만들고자 노력하지 마라. 그냥 부모로서 실수가 있다면 실수했음을 인정하고 자녀에게 용서를 구하며, 자녀에게 있어서도 실수가 있고, 부족한 것이 있다면 그 실수와 부족한 것을 인정하고 수용하라. 자녀는 바로 그런 모습의 부모를 원한다. 편안히 자신의 울타리가 되어 줄 수 있는 관계, 자녀에게 무엇이 되어 달라는 바람보다 자녀가 무엇을 원하는지를 물어봐 줄 수 있는 부모가 될 때 우리의 아이들은 결코 부모를 실망시키지 않는다는 사실을 기억하길 바란다.

엄마의 아픔은 나의 기쁨

T의 부모는 늦게 결혼하고 뒤늦은 출산을 했지만 그런대로 행복한 시절을 보냈다. 그러나 어느 날 아빠가 교통사고로 급작스레 돌아가시면서 모든 것이 갑자기 혼란스러워졌다. 아빠가 세상을 떠난 지 벌써 몇 해가 지났지만 아직도 엄마의 마음에는 아빠밖에 없었다. 아니면 50세를 갓 넘긴 나이가 부담스러웠던지 엄마는 새 아빠를 만들 생각도 하지 않은 채 그저 T와 동생들만을 챙기고 있었다. 힘겨운 생활고 때문에 30대 중반의 아저씨를 하숙생으로 받아 생활비를 챙기며, 아침저녁으로 일을 하고 있는 엄마를 볼 때마다 아직도 나이가 어려서 자신이 아무런 도움이 될 수 없다는 것이 T는 가슴이 너무나 아팠다. 하숙하는 아저씨는 T와 동생들뿐 아니라 엄마에게도 매우 친절했다. 그날이 있기 전까지는 말이다.

그날! 아무도 없어서 T가 혼자서 TV를 보고 있는데 아저씨가 막 현관을 들어섰다.

"아저씨, 일찍 오셨네요."

T가 인사를 하는 순간, 아저씨는 T에게 달려들어 옷을 찢고, 때리며 괴물로 변했다. 모든 일은 순식간에 끝났다. 방 한 구석에 앉아 펑펑 울고 있는데 문소리가 나면서 T의 엄마가 들어오는 소리가 났다. 허둥대며 들어오는 듯한 소리가 났었는데 아무런 기척도 나지 않는 것이었다. 한편으로는 겁도 나고, 서럽기도 해서 엄마의 가슴에 안겨 위로 받고 싶던 차에 조용히 방문을 열고 밖으로 나갔지만 엄마는 없었다. 이상한 생각이 들어서 아저씨 방 쪽으로 걸음을 옮겼다. 그러나 보지 말고 듣지 말아야 할 것을 본 것이다. 아저씨와 엄마, 둘의 사이가 아주 오래된 것 같았다. 엄마와 깊은 관계였기 때문에 아저씨가 집에서 하숙을 시작했던 것이다. 순간 T는 엄마에게 감당할 수 없는 배신감에 치를 떨었고, 곧이어 가출과 타락의 길로 들어서게 되었다.

T는 그 사건 이후로 무조건 엄마가 싫었다. 엄마보다도 열다섯 살 이상 나이 차이가 있음은 고사하고, T에게까지 그런 짓을 한 아저씨에게 빠져 있었다니 도저히 용서할 수가 없었다. 돌아가신 아버지가 너무나 보고 싶고, 불쌍했다. 모든 것을 잊고 싶었다. 할 수 있는 한 모든 방법을 동원해서 엄마의 가슴을 아프게 하는 것이 이제부터 T의 인생 목표였다. 어떻게 해야지 엄마의 속을 뒤집어 놓을 수가 있을까? 오직 그 생각뿐이었다. 고민 끝에 생각해 낸 것이 바로 자신을 학대하는 것이었다. 자신이 망가질수록 엄마가 얼마나 마음이 쓰리고 아플까를 생각하면, 통쾌하다 못해 전율이 흐르는 것 같았다고 했다. T가 상담을 받지 않겠다고 하는 것을 아저씨와 엄마가 억지로 차를 태워 간신히 선교회에 데리고 왔을 때 T는 소리를 지르며, 악을

쓰고 도저히 사람의 입에서 나올 수 없는 욕을 하며 반항했다. 왜 가냘픈 몸매에 예쁘게 생긴 그 아이가 저렇게 헌신적인 엄마와 아저씨에게 저렇게 못되게 굴었는지 상담한 후에 비로소 이해할 수 있게 되었다. 엄마는 나중에서야 그 사실을 알고 눈물을 흘리며 후회했다.

T에게 거듭되는 상담을 통해 어른들의 세계를 가르쳐 주려고 한다. 아주 조심스럽게 말이다. 시간이 지나면서 T가 어른이 되면서 상처도 아물고, 엄마와의 관계도 회복될 수 있도록 자연스럽게 대화할 수 있는 분위기를 만들어 가도록 노력하고 있다. 물론 엄마는 모든 것을 포기하고 T를 위해 새롭게 시작했다. T도 내심 이렇게 노력하는 엄마를 거부할 만큼 미워할 수는 없을 것이다. 만일 자녀가 지금 부모에게 반항하며 타락하고 있다면, 한 번쯤 자신들의 모습을 뒤돌아볼 필요가 있지 않나 생각해 본다.

라스베가스의 잠 못 이루는 밤

K가 10살 때였다고 한다. 일 때
문이기도 하였지만, 부부 관계가 별로 좋은 사이가 아니었기 때문
에 집에 남아 있어야 했던 불쌍한 아버지를 뒤로 한 채 엄마의 손
을 잡고 환상의 도시 라스베가스로 여행을 떠났다. 출발할 때부터
마음이 들떠서 흥분을 가라앉히지 못한 채 라스베가스에 도착했
다. 여기저기 이상하고 혼란스런 불빛은 K의 마음을 사로잡기에
충분했다. 마치 피터팬이 나오는 동화 속에 있는 것 같은 착각도
들었다. 그래서인지 이상한 아저씨와의 만남도 전혀 낯설게 느껴
지지도 않았다고 한다.

분명히 어린 K는 엄마의 남자는 오직 한 사람 아빠여야 했는
데, 왜 엄마가 저 아저씨랑 밥도 함께 먹어야 했는지, 양쪽에서 자
신의 손목을 꼭 움켜쥐고 마치 아빠처럼 자신을 챙겨주었는지, 생
각할 틈조차도 없었다. 쇼도 보고, 밥도 먹고, 여기저기 기웃기리
며 돌아다니다가 꽤 늦은 시간에서야 호텔로 들어왔다. K는 씻을

기운도 없이 녹초가 되어 잠에 빠져들었다. 얼마를 잤는지, K는 잠결에 이상한 소리가 들려 잠에서 깼다. 순간적으로 K는 너무나 무섭고, 놀라고, 겁이 나서 자신이 잠에서 깨었다는 기척을 낼 수가 없었다. 바로 엄마와 아저씨가 자신의 옆 침대에 함께 누워 있는 것을 본 것이다. 어린 K의 머릿속은 온통 뒤죽박죽되었고, 환상적인 라스베가스의 밤은 악몽과 지옥의 밤이 되었다. 숨을 죽이고, 엄마와 아저씨의 몸짓을 다 지켜보고 있는 K는 침조차 삼킬 용기도 나지 않았다. 그저 가만히 누워 있던 채로 눈물만 소리 없이 흘렸다고 한다. 왠지 그래야 될 것 같아서 말이다.

얼마 후 아저씨는 조용히 방문을 열고 나가고 남겨진 엄마는 깊은 잠에 빠져들었다. 그날 이후 K는 잠을 잘 수가 없었다. 눈을 감으면 엄마와 아저씨의 환상이 나타나고 불쌍한 아빠의 모습이 바로 생각이 나는 것이었다. 엄마의 얼굴을 보면 마치 마귀의 얼굴을 보는 것 같았다. 왜 그러냐는 엄마의 물음에 자기도 모르게 말은 하지 못하고 엄마를 때렸다. 엄마도 일그러진 표정으로 마구 K를 때렸고, 조그마한 K는 온 힘을 다해 엄마에게 덤비기 시작했다. 그러나 그것은 시작에 불과했다. K가 자라면서 점점 힘이 세어지자 엄마를 일방적으로 때리는 횟수가 잦아졌고, 이제 열일곱 살이 된 K는 엄마를 상습적으로 구타하는 패륜아가 되어 버렸다. 이유조차 모른 채 맞고 살았던 엄마는 아빠가 들어오기 전에는 무서워서 집에 들어가지도 못하고 집밖에서 서성이다가 남편과 함께 집에 들어가야만 했다. 더 이상 견딜 수가 없어 남편에게 도움을 청했지만 이미 습관으로 굳어진 K의 구타를 막기에는 아빠도 역부족이었다. 이 때문에 상담을 요청한 K군의 부모들은 당신들의 아들만 못됐다고 탓하고 있었다.

그러나 K의 전후 사정을 들은 나는 K군의 엄마에게 라스베가스의 밤을 이야기해 주었다. K군의 엄마는 사색이 되어 눈물을 터트리며, 자기가 잘못했으니 어떻게 해야 하겠냐고 통곡을 했다. 그날 밤 엄마와 K는 기나긴 시간의 터널을 지나 그 사건으로 다시 돌아가 엄마의 잘못을 고백하고 엄마가 그때 아빠와 이혼하려 했던 이야기를 들려주었다. 그러나 K를 사랑하기 때문에 아픔을 주지 않기 위해서 그 아저씨와 이별하고 지금까지 아빠와 살고 있다는 것도 사실대로 이야기했다. 물론 하루 아침에 모든 관계가 회복되고, K가 엄마를 이해할 수는 없었다. 그러나 엉켜 있던 실마리가 풀리기 시작했고, 나름대로 K도 노력하겠다고 다짐하는 계기가 되었다.

부모는 흔히 자녀가 어리다고 생각하면서 자녀를 무시하고 자신의 행동을 함부로 하는 경우가 흔히 있다. 그러나 아무리 어린 자녀라 하더라도 생각이 있고 인격이 있다. 가능하면 자녀 앞에서라 할지라도 행동과 마음가짐을 조심해야 할 필요가 있음을 상기해야 할 것이다.

엄마, 아직도 꿈꾸고 있는가?

 "따르릉, 따르릉."

전화가 끊임없이 울리고, 정신없이 바쁜 시간이었다.

"거기 청소년 아이들 문제 해결하는 곳인가요?"

그다지 예의가 없어 보이는 듯한 전화를 받았다.

"우리 아이가 마약을 좀 하는데요. 곧 자기가 끊을 거라고는 하지만 그래도 걱정이 돼서 재활원 같은 곳을 보내려고 합니다. 만일 그곳에 가면 몇 개월이면 치료가 되나요?"

마약은 몇 개월에 치료가 되고, 얼마 정도면 마약을 끊을 수 있다고 단정해서 말할 수 없다. 그래서 이렇게 답했다.

"약은 장담할 수가 없습니다. 약이라는 것을 시간에 기준한다면, 약을 끊지 못할 사람이 없겠죠. 저희는 정확한 시간을 말씀드릴 수는 없지만 적어도 6개월 이상은 저희 재활원에 있어야 되는 규율이 있습니다."

"아니, 그럼 못 고치면 어떻게 해요? 그럼 의사는 있습니까? 전문 라이선스(Licence)를 소지한 상담인은 있어요? 시설은 깨끗한 가요? 각방을 씁니까? 우리 애는 영어밖에 못 하는데 영어는 좀 하나요? 음식은 어떻죠? 우리 애는 여기서 태어나서 한국 음식 냄새가 나서 못 먹는데요."

여러 가지를 묻는 그분의 질문 속에는 점점 선교회를 무시하는 듯한 느낌이 들었다. 더구나 마치 자신의 아이가 한국인이 아닌 것처럼 자랑스레 말하고 있었다.

"한 달에 얼마죠?"

"나눔선교회는 일정한 액수의 돈을 받지 않고 있습니다. 물론 정부 보조도 없습니다. 그 이유는 한국인만을 받고, 기독교를 중심으로 운영을 하기 때문입니다. 선교회를 유지해야 하기 때문에 후원금을 받고 있기는 합니다. 그러나 그것도 마음의 감동이 오거나 형편이 닿는 대로 성의껏 준비해 주시는 손길의 도움으로 운영이 되고 있습니다."

"그럼 그런 곳보다는 미국 재활원이 낫겠네요."

퉁명스럽게 말하면서 딸깍 전화를 끊어 버렸다. 하루에도 이런 전화가 부지기수다. 자신의 아들딸들이 부잣집 자녀들이어서 대단히 깨끗하고, 대단한 프로그램이 있는 미국 재활원에 한 달 최저 3,000불에서 10,000불 이상씩을 내면서 마치 하버드, 예일, 주립대학(UC) 계통의 대학을 들어가듯이 폼을 재며 들어가는 사람들이 생각보다 많다. 오겠다는 사람이 넘치고 있어도 자리가 없어 받아주지도 못하는데 누가 받아나 준대나? 속으로 비위가 상해 이러한 생각이 순간 오가지만 그래도 다시 마음을 고쳐먹는다. 일나 진에는 어느 부모가 신교회를 둘러보고서 대놓고 흉을 보고 돌아간 적이 있다.

"어떻게 이런 좁고 지저분한 곳에 우리 아이를 있게 해요?"

그 후 그 부모는 아들을 미국 재활원에 비싼 돈을 주고 넣었지만 곧 자녀가 도망을 쳤고, 범죄 사건에 연루되어 교도소에 가게 되었다. 발등에 불이 떨어지자 선교회로 달려와서 우리 아들만 빼어주면 건물을 사 주겠다, 필요한 것은 무엇이든 해 주겠다며 매달렸다. 무엇을 바라고 한 것은 아니지만 형량이 많은 관계로 잘못하면 추방까지도 갈 수 있는 케이스(Case)라 아들을 교도소 대신 선교회로 몇 번의 법정 싸움 끝에 데려왔다. 대가는 전혀 바라지도 않았지만, 그 부모는 자식을 맡겨 놓고도 그 후 얼굴 한 번 비치지도 않았다.

"자기들이 당연히 봉사기관이니까 봉사해야지. 자기네 기관에 더 붙잡아 두려고 형량을 더 줄일 수 있었는데도 그렇게 안 한 것 같다."

오히려 이렇게 헐뜯고 다니는 것이었다. 아들 녀석도 부모와 똑같아서인지 도무지 자기만 알고 다른 아이들과도 어울리지도 못했다. 불평불만에, 욕설에, 툭하면 대들고, 싸움질을 하여 큰 골칫덩어리였다. 자식을 보면 그 부모를 안다고 했다. 자녀는 부모의 거울이요, 부모의 열매이다. 감사하지 못하는 부모에게서 어떻게 자녀가 감사를 알겠으며, 다른 이들에게 사랑을 베풀지 못하는 부모 밑에서 어떻게 사랑이 많은 자녀가 있을 수 있겠는가? 부모를 공경하지 않는 부모가 어떻게 자녀에게 당신들을 공경하라고 말할 수 있겠는가?

내 눈에 눈물? 네 눈엔 피눈물

자녀를 사랑하는 것은 부모의 당연한 도리요, 권리요, 이치이며, 기본이다. 그러나 도무지 말도 안되는 무조건적인 사랑이 있다. 자식이 잘못했어도 내 새끼이니까 '상대방은 나쁜 놈, 내 새끼는 무조건 옳다'고 편들어 끼고 도는 이상한 부모의 사랑에 자식이 망가지고 있다는 사실을 인식하는 사람들이 그리 많지 않다.

어느 날 선교회에 벤츠가 미끄러지듯 들어오며 검은 원피스를 입은 중년의 여자 한 분과 잘생긴 외모에 옷 단추를 적당히 열어놓아 살짝살짝 굵은 백금 목걸이가 인상적인 20대 초반의 건강한 청년이 내렸다. 한눈에도 어머니와 아들인 줄 알 수 있었다. D군의 어머니는 매우 품위 있고, 덕망 있는 인품을 지닌 듯했다. 그러나 D군의 문제로 인해 속을 많이 태워서 그런지 얼굴에 핏기도 없었고, 매우 말라 있었다. 언제나 문제를 달고 다녔던 D군은 그때그때 용케도 법망을 잘도 피해 다녔다. 얼마 전 한인타운 한 식당 주차장에서 시비가 붙어 다투다가 몸싸움으로 번지게 되었다. 결국 상대방의 머리가 깨졌으며, 갈비뼈와 다리에 금이 가는 일까지 생겼다고 한다. 부모는 그날로 D군을 보석금으로 빼냈고 현재 재판(Court) 날짜를 기다리고 있는 중인데, 선교회의 재활센터에 입소하면 수감 생활을 면할 수 있다는 말을 듣고 어떻게든 당신의 아들을 교도소에 보내지 않기 위해 생각다 못해 선교회까지 찾아오게 되었다는 것이었다.

그러나 문제는 D군을 교도소에 보내지 않겠다는 것까지는 이해가 되지만 D군이 때린 상대방을 고소하겠다는 것이었다. 밥을 먹다가 이상스레 쳐다보는 것이 기분 나쁘다고 거의 일방적으로 D군이 때렸다는데 상대방을 왜 고소(Sue)한다는 것인가! 도저히 이해가 되질 않았다. 내 자식에게 피해가 있을까 봐 어떤 방법이든 거짓말을 포함하여 상대방을 교도소에 넣겠다는 것이 D군 어머니의 의지였고, 나에게 그 동안의 노하우로 아이디어를 보태 달라는 이야기였다. 기막힌 일이 아닐 수 없었다. 물론 상대방과 만나본 적이 없지만, 전후 사정을 미루어 보았을 때 상대방보다는 D군이 잘못했다는 것을 경찰 리포트뿐만이 아니라 D군 스스로 자신이 전적으로 잘못했다고 시인하고 있었다. 나는 결코 D군 어머니의 의견에 동조할 수 없었다. 그러자 D군의 어머니는 화가 나서 뒤도 돌아보지 않고 나가 버렸고, 오히려 D군이 자신의 어머니의 무례를 용서해 달라고 했다. 어떻게 그런 생각을 했는지 아무리 이해하려고 해도 이해가 되지 않았다. 자기 자식이 중요하면 남의 자식도 중요한 법이요, 사람이 양심이라는 것이 있는데 그 양심까지도 팔아가면서 자신의 자식을 지키고자 하는 엄마의 잘못된 아들 사랑에 고개를 살래살래 흔들 수밖에 없었다.

D군의 어머니는 지금쯤 다른 어느 미국 재활원을 알아보는 수고를 계속하고 있을지 모른다. 그러나 아마도 나에게 의논했던 똑같은 의견을 그들에게 묻는다면 D군의 어머니가 과연 정상적으로 비춰질 수 있을지 궁금하다. 옳고 그름과는 상관없이, 혹은 정상적이건 비정상이건 상관없이 자녀에게 다가서서 위험과 실패와 어려움을 부모가 모두 막아 주려고 한다면, 그것은 자녀를 더욱더 나약한 존재로 만들고 스스로 설 수 없도록 의존감만 잔뜩 심어 주는 결과가 될 수 있다. 실패도 맛보고, 잘못된 것이 있다면 대가도 치르며, 위험의 고비를 지혜롭게 넘길 수 있는 기회를 자녀에게 주는 것이 박사학위 공부시켜 주는 것보다 더욱 중요한 교육임을 명심해야 할 것이다. 부모는 자녀와 한날한시에 죽을 수 없다. 자녀가 어릴 때는 부모가 자녀의 그늘이 될 수 있을지 모르지만 부모가 늙고 자녀가 성장했을 때는 자녀의 짐이 될 수 있다. 오히려 부모가 자녀의 그늘에서 쉼을 얻을 수밖에 없는 나약한 존재임을 기억해야만 할 것이다.

슈퍼맨 아빠, 슈퍼우먼 엄마

덩치는 산만한데 생각하는 것이 너무 어려서 언제나 철이 들어 부모의 속을 그만 썩일지 유달리 걱정이 되던 녀석이 있었다. 이 녀석은 싸움도 좋아했다. 소위 남들이 말하는 무시무시한 갱이라고 불리는 그 녀석은 선교회에 들어오는 첫날부터 말썽꾸러기답게 문제를 일으키기 시작했다. 몰래 담배를 피우다가 들킨 적이 한두 번이 아니었고, 살짝살짝 눈을 피해 선교회 밖으로 마실 나가는 사건도 수없이 일으켰다. 그뿐인가! 선교회의 한참 고참인 형과 장난을 치다가 눈탱이가 밤탱이로 되는 사건을 일으킨 후에 잠시 반성하는 기색을 보이면서 주춤하더니, 어느 날 어디서 몰려왔는지, 다른 갱들이 그 녀석 때문에 선교회에 쳐들어 온 사건까지 일으켜 선교회 전체가 한바탕 난리를 치른 일도 있었다.

잠시도 마음이 안 놓였던 그 녀석이 지난해 선교회를 졸업했고, 몇 달 전 칼리지에 입학했다. 공부와는 담을 쌓고 지내던 녀석이 어쩌자고 그런 큰 사건을 저질렀는지 모르겠다.

"야 임마! 넌 공부하지 마. 왜 공부하려고 하니? 쓸데없이 공부는 왜 하냐? 그냥 먹고 놀아, 그게 주변 사람 도와주는 거야. 제발 공부하지 마라 응?"

이렇게 부탁하는 나의 의견을 무시하고 공부한다고 설치더니 이제는 아버지 사무실의 일까지 도와준다고 한다. 이런 기특할 데가 어디에 있나? 그러면서도 한편으로는 저 변덕이 언제까지 지속될지, 의심의 눈길로 하루하루를 바라보고 있었다. 며칠 전 이 녀석이 심각한 얼굴로 말했다.

"목사님! 저 열심히 공부하고, 열심히 일할 거예요. 그래서 우리 아버지, 어머니 고생 안 시킬 거예요."

진심으로 말하는 것이 아닌가? 이유인즉 자신의 아버지가 언제나 청춘인 줄 알았는데, 절대로 힘든 일이 없는 슈퍼맨 아버지인 줄 알았는데, 그 대단한 아버지가 사무실에서 몸이 아프고, 일에 지쳐서 소파에 쭈그려 잠들어 있는 모습을 보았다고 한다. 그때 그 아버지의 모습이 그 녀석에게 큰 충격으로 다가온 것이다. 언제나 자신의 옆에서 자신이 잘못되거나 문제를 일으킬 때마다 방패가 되어 주고, 울타리가 되어 주었던 그 튼튼한 아버지가 알고 보니 힘없이 연약한 중년의 아저씨였던 것이다. 남들이 생각할 때는 아무것도 아닌 일 같지만 그 녀석은 아버지를 향한 연민과 아픔을 느꼈던 것이다.

요즈음의 부모들은 자신의 자녀들에게 조금도 힘든 일을 시키지 않으려 한다. 그저 귀하게 부족한 것이 없이 키우고 싶어한다. 자녀는 또한 이들 낭연히 여길 때가 너무나 많다.

몇 년 전 일이다. 그때 당시 열일곱 살이었던 A군의 집에 방문한 적이 있다. 마침 그날 뒷마당을 정리하고 있는 A군의 어머니가 큰 돌 몇 개를 들고 힘겹게 나르고 있었고 A군은 빈둥거리고 있었다. 나는 보다 못해 다가가 도와드리려고 말했다.

"이리 주세요."

말을 하며 돌을 잡으려고 하니까 A군이 말했다.

"목사님! 괜찮아요. 우리 엄마는 힘세요."

A군의 어머니는 힘이 있으신 분이 결코 아니었다. A군의 어머니는 당뇨에 합병증으로 그 다음해에 돌아가셨다. 우리의 주변에는 자녀를 편하게 해 주기 위해서 노력하고 대신해 주는 부모들이 아주 많다. 그러나 이러한 배려로 부모가 자녀에게 강한 존재로만 인식되어 자녀가 부모를 위해 무엇인가 하고 싶다는 귀한 마음이나 최소한의 의무까지 상실할 수 있다는 사실을 한 번쯤 생각해 보았으면 한다.

Coming Out-아들은 그 남자의 여자였다

"세상을 살면서 기가 막힌 일, 어처구니없는 일, 한없이 화가 나는 일을 수없이 겪어 보았지만, 이럴 수는 없어요. 이런 일이 나에게 일어날 줄은 상상도 못 했어요. 끔찍해요. 죽으려고 했어요. 아니 죽을 겁니다."

너무나 엄청난 일을 당한 그 엄마는 눈물도 없이 담담하게 말하고 있었다. 딸을 다섯이나 낳은 뒤에 간신히 아들 하나를 얻은 그날은 세상을 다 얻은 듯한 기쁨으로 정신이 하나도 없었다고 한다. 어려운 살림이었지만 그래도 대를 끊어선 안 된다는 시어머니의 서슬 퍼런 구박과 눈총 때문이었기도 하지만, 속내를 비친 적은 없어도 누구보다도 애타게 아들을 기다렸기 때문이었다. 아들은 희망 중의 희망이었다. 아들이 해 달라는 것은 무엇 하나 가리지 않고 열심히 뒷바라지를 했다. 행여 다른 아이들에게 기죽을까 봐 온통 메이커와 돈으로 치장해 주곤 했다.

그런데 이 녀석이 어릴 적부터 누나 틈에서 자랐기 때문인지 유달리 핀이며, 리본을 좋아하고, 틈만 있으면 누나 방의 화장품이나 옷가지 등에 손을 대곤 했다. 시어머니는 사내 녀석이 할 짓이 없어 계집애들 하는 짓 따라 한다고 나무랐다. 아들 먼저 쑥 낳지 못하고 계집애들만 쭈루룩 낳는 바람에 아들 하나 있는 것을 사내 구실도 못 하게 앞길을 막았다고 또 시어머니의 구박이 시작되었다. 그래도 누구보다 멋지고, 든든한 아들이 될 것이라고 믿고 기대했다. 시어머니가 손자 녀석이 하나라고 혼내거나 야단치지도 못하게 할머니 치마 뒤에 달아놓고 키우는 통에 야단 한번, 큰 소리 한번 못 치고 어느새 10대로 성장해 버렸다. 비교적 예의바르고, 공부도 잘하며, 특별한 문제 한번 일으키지 않고 지냈다.

그러던 어느 날부터인가 끔찍이도 샤워하기를 싫어하는 것이었다. 냄새도 나고, 몰골도 사나워 몇 마디 했더니, 마구 대들기 시작했다. 아빠는 당황스럽기도 하고, 너무나 화가 치밀어 그만 재떨이를 아들에게 집어던졌다. 아들은 그 길로 집을 뛰쳐나갔다. 몇 날 며칠이 되어도 들어오지 않는 아들을 애타게 찾아다녔다. 간신히 친구 집에 있다는 사실을 알아내곤 그곳을 찾아갔다. 그런데 그곳에서 보지 말아야 할 것과 알아서는 안 되는 기막힌 사실을 알게 되었다. 아들은 여자였다. 그것도 마약을 파는 또래 남자아이의 여자였다. 그 남자아이에게서부터 버림받지 않기 위해 마약까지 손을 대고 있었다는 사실도 알게 되었다. 너무나 한꺼번에 모든 것을 알게 된 것이다.

그날 아버지는 할 말을 잃었고, 어머니는 넋이 나갔었다고 한다. 세상에 몸이 부서져라 밤잠을 설쳐 가며, 누굴 위해 그렇게 열심히 일하고 돈을 벌었는데…, 이렇게 이루어 놓은 이 모든 것이 하루아침에 하나도 남김없이 모조리 날아가 버릴지라도 그때만큼 허무하지는 않았을 것이다. 세상이 끝이 났다. 온통 어둠뿐이었다. 아버지와 어머니는 숨쉬는 것조차도 힘이 겨웠다. 마약을 한다는 사실은 뒷전이었다. 아들이 더 이상 남자가 아니라는 사실 하나만으로도 부모는 견딜 수 없는 절망이었던 것이다. 아들은 자신의 몸이 남자의 모습을 하고 있다는 사실이 싫고 끔찍해서 샤워를 하고 싶지 않았던 것이다. 여자가 되고 싶었고, 누나들이 예쁘게 치장하고 거리로 나서는 그 모습이 무척이나 부러웠단다. 아들을 어떻게 해야 되는지, 계속해서 그 모습을 하고 산다면 어머니는 더 이상 미련 없이 이 세상을 아들과 함께 떠나겠다고 담담히 말했다.

하나님께서는 분명 남자와 여자를 지으셨다. 그러나 왜 여자가 남자로, 남자가 여자로 살아가야 하는가! 그건 나도 모른다. 그러나 하나님은 한 생명, 생명을 소중히 천하보다 더 귀하게 생각하신다. 아들은 그 천하보다 귀한 한 생명임이 분명하다. 남자가 여자로서 사는 것은 하나님의 뜻을 거스르는 것이지만, 생명 자체를 포기할 수는 더더욱 없는 것이다. 신앙 안에서의 끈질긴 위로와 사랑을 통해서 아들이 스스로 남자는 남자여야 한다는 당연한 진리를 받아들일 수 있도록 지치지 않는 부모의 인도가 절실히 필요하다는 말밖에는 아무런 도움의 말도 할 수가 없었다.

아들을 삼켜 버린 채팅

요즘 아이들 치고 컴퓨터에 미쳐 있지 않은 경우가 거의 없다. 밥만 먹고, 시간만 나면 게임에, 채팅(Chatting)에, 프로그램에, 인터넷에 빠져 컴퓨터에 달라붙는다. 이런 자녀들 때문에 부모들은 한편으로는 집밖에 나가서 사고를 치지 않으니까 안심하는 경우도 있겠지만, 다른 한 편으로는 별별 이상한 각종 사이트 때문에 걱정하는 경우도 허다하다.

한숨과 눈물 때문에 도무지 말을 잇지 못하는 어머니는 결국 복받쳐 오르는 울분을 참지 못하고 폭발하고 말았다.

"어떻게 이럴 수가 있어요. 세상에 이렇게 분할 수는 없어요. 그 착한 우리 아들이 아무런 잘못도 없는 우리 아들이 왜 이런 벌을 받아야 하나요?"

정말 왜 그런 벌을 받아야 했는지, 그런 일이 일어나야 했는지, 화가 나고, 분노를 참지 못하는 어머니의 심정이 절절히 가슴에 와 닿았다.

어릴 때부터 유난히 착하고 순해서 놀림도 많이 당했지만 누구를 아프게 한 적도, 크게 다투어 본 적도 없는 아주 평범한 아이였다. 공부도 뒤지지 않게 하여 UC계통의 대학에 어렵잖게 입학했고, 혼자 몸으로 힘들게 살아가는 어머니를 돕겠다고 아르바이트도 하고, 시간 있을 때마다 빨래며, 설거지, 청소 등 집안일도 마다 않고 하던 아이였다.

그런 아들이 어느 날 미성년자 강간 미수에 납치, 폭행이라는 엄청난 죄목으로 경찰에 연행되었다. 도저히 믿어지지도 않을 뿐더러 상상도 할 수 없는 엄청난 사건이었다. 어디서부터 어떻게 손을 써야 하는지조차 알지 못하고 있었다. 이렇게 허둥지둥대다 벌써 1년이 넘게 흘렀고, 아들을 살리겠다는 엄마의 애타는 마음과는 상관없이 20여 년을 언도 받았다.

너무나 억울한 사실은 아들이 열여섯 살 정도 된 한 백인 여자아이를 채팅으로 사귀게 되었는데, 계속해서 채팅을 하다가 어느 날 한번 만나기로 했다는 것이다. 아들은 장소에 나갔으며, 나간 첫날 여자아이의 노골적인 유혹을 받게 되었다. 그러나 한국적 사고방식이 남아 있는 이 아들에게 그 여자아이의 행동은 도저히 용납이 되질 않았고, 이를 거부하자 창피를 당한 여자아이가 욕을 하며 아들을 무시하는 행동을 시작했다. 아들의 감정은 격해졌고, '뭐 이런 일이 다 있나!' 하며 어이없게 생각하다가 분을 참지 못해 여자아이를 순간적으로 밀치고, 주먹까지 올리게 되었다. 여자아이는 이를 경찰에 곧바로 미성년자 납치, 강간 미수, 폭행으로 신고했고, 백인 여자아이의 말을 전적으로 믿은 경찰은 곧 아들을 연행해 갔다. 어처구니없는 사실이었다. 한 순간에 아들의 인생은 깊은 구렁텅이로 추락해 버린 것이었다. 이미 배심원 재판까지 들어갔기 때문에 더 이상 구할 수 있는 방법은 없었다. 만약 조금만 더 일찍 그러한 사건이 일어나자마자 선교회에 연락을 했다면, 어쩌면 그렇게 억울한 형량까지 받지 않았거나, 선교회에서 생활할 수 있었을지도 모른다는 생각에 더욱 안타까울 뿐이었다.

미국의 법은 무조건 18세가 넘은 이들이 18세 미만의 청소년들과 성적인 접촉, 여자친구, 남자친구를 할 때 18세 미만의 상대가 혹은 그 부모들이 신고를 하거나, 문제를 삼을 경우 18세 이상의 상대가 매우 심각한 범죄의 죄목으로 구속당할 수 있다. 만일 남자는 19세이고, 여자친구는 17세일 때 여자가 나쁜 마음으로 문제를 삼는다면, 19세의 남자는 교도소 신세를 질 수밖에 없다. 대부분 한인들은 이러한 것을 문제 삼지 않겠지만 타민족이나, 백인들은 언제, 어떻게 문제를 일으킬지 모른다. 그러므로 다른 인종으로 18세 미만의 남자친구나, 여자친구를 둔 자녀들에게 사전 교육을 시키는 것은 매우 중요한 일이다. 그러므로 자녀들의 여자, 남자친구의 연령을 반드시 체크해야 하며, 특별히 컴퓨터 채팅으로 쉽게 만남을 갖는 자녀들을 관심 있게 살펴야만 할 것이다.

사랑의 회초리

어린 시절 학교에서 벌을 받은 기억들이 난다. 책상 위에 무릎을 꿇고 의자를 높이 들고 있었던 일, 토끼뜀으로 운동장 세 바퀴를 돌고 다음날에는 오리걸음을 하며 운동장을 돌아야 했다. 막대걸레 손잡이는 칠판 옆 한쪽에 세워져 있었고, 칠판지우개와 분필 조각은 수업 시간에 우리를 향해 어김없이 날아오는 선생님의 무기였다.

수업 시간에 뒷줄에 앉아 있다가 도시락이라도 몰래 까먹다 들킬라치면 그날은 어김없이 엉덩이에 불똥이 튀곤 했지만 그래도 그때는 제일 존경하는 사람이 선생님이었다.

"커서 무엇이 될래?"

"선생님이요!"

왜 그랬을까? 그뿐인가? 어머니의 싸리 빗자루 매질에 동네사람 모두의 구경거리였으며 머리통은 아버지의 안주감이었다. 그래도 고구마 두 개를 신문지에 둘둘 말아 내 몫이라고 챙겨 놓던 부모님의 무뚝뚝한 사랑 앞에 아무런 저항도 할 수 없었던 시절이었다. 왜 그리 맞으면서도 노엽지가 않았을까!

성경에는 초달하지 못하는 자는 그 자식을 미워함이요, 자식을 사랑하는 자는 근실히 징계한다고 말씀하고 있다. 또한 옛 어른들은 매 끝에 효자난다고 했다. 그만큼 체벌이 우리에게 좋은 교육을 줄 수 있다는 것이 아니겠는가? 나는 참으로 매일 이를 실감하고 있다. 선교회에 상담하러 오는 아이들 대부분은 외동딸, 외동아들인 경우가 많다. 자식이 하나나 둘이다 보니 손끝 하나 대지 않고 귀하게만 키웠다는 것을 자랑처럼 이야기하는 부모들이 많다. 그래서일까? 버릇없는 것은 둘째고 자기밖에 모르는 이기적이고 삐뚤어진 아이로 성장하여 무조건 자기만족, 자기 좋은 것, 자기가 하고 싶은 일들만 하다가 감당할 수 없는 결과를 가져온다. 거의가 이처럼 어쩔 수 없이 상담을 받으러 온다.

몇 년 전이다. 다급한 전화를 받고 어느 집을 방문한 적이 있다. 그러나 이미 사건은 끝이 나서 집안은 난장판이었고, 엄마의 이빨은 모두 부러져 있었다.

"우리 아들을 경찰에는 절대로 연락하지 말아 주세요."

황급히 병원으로 가기 전에 피와 눈물로 얼굴이 뒤범벅이 된 어머니의 말 한마디였다. 안타까운 모성에 가슴이 아팠지만 과연 그것이 아들을 위하는 일일까? 참으로 한심스러운 일이 아닐 수 없었다. 그 아들은 어릴 때부터 부모를 때리기 시작했다고 한다. 부모가 뭐라고 이야기하면 아들은 부모의 뺨을 "철썩"하고 때렸다. 그러면 엄마는 이를 귀엽다고 그냥 웃어 넘겼다. 그것이 이제 습관적으로 부모를 때리는 상습범으로 만들어 놓았다. 더욱 한심한 것은 이를 보고 아무 말 없이 바라보는 아버지의 처진 어깨였다. 너무 힘이 자라 버린 아들의 기세에 기가 죽어 말 한마디, 눈 한번 크게 뜨지 못하고 돌아서 있는 아버지의 심정은 아마 늘어진 어깨보다 더 처져 있는 마음으로 한없이 무거웠을 것이다.

바로 어릴 때부터 아들에게 적절한 체벌을 가했다면 이런 결과까지 가는 것을 막을 수 있었을 것이다. 물론 다 자라난 이 아들에게 체벌은 오히려 역효과를 가져올 수도 있다. 인격 형성이 어느 정도 굳어진 상태에서 체벌은 아들에게 큰 쇼크를 줄 수가 있다. 이를 통해 더욱 난폭해질 수 있기 때문에 가능한 한 삼가야 한다. 만약 이러한 케이스에 체벌을 가한다면 움직일 수 없을 정도의 신체적 정신적 대가를 완벽히 지불하여 마무리지어야 한다. 만일 어설프게 몇 대 때리고 넘어갈 것 같으면 차라리 시작하지 않는 것보다 못한 결과를 가져올 수 있다. 그렇기 때문에 어릴 적 부모의 품에 자녀가 있을 때 다스리는 권면의 말이나 방향을 제시해 줄 수 있는 훈계와 어떤 행동 잘못의 결과에 대하여 응당한 대가인 체벌이 적절히 조화가 되어야 한다.

무슨 일이든지 적절한 때가 있다. 어릴 때 아들이 생각하는 방향이나 품성 교육을 잘못 해 주었기 때문에 이러한 결과를 가져올 수밖에 없었던 것이다. 그러므로 훈계와 체벌이 적당한 시점에서 적당히 접목되어 정당한 이유와 함께 가해졌을 때, 자녀들에게는 반항하지 못하고 자신들의 행동에 대한 잘못을 기억시킬 수 있으며 옳고 그른 것을 판단하는 데 도움을 줄 수 있다. 또한 자신이 그 체벌을 통해 고통과 아픔을 받아 보았기 때문에 다른 이들이 겪는 아픔과 상처를 좀 더 이해할 수 있는 폭이 넓어져 자신이 교금 손해 보는 것은 쉽게 받아들일 수 있게 된다.

그러나 가장 중요한 것은 자신이 어떤 잘못을 저질렀을 경우 그에 해당하는 대가가 반드시 따르며 이를 피할 수 없다는 것을 인식시켜 주는 것이다. 그러므로 성장하여 사회에서 죄의 대가로 교도소에 간다거나 혹은 어떤 특정한 기관에서 특수 교육을 받는 일종의 사회가 주는 체벌에 두려움을 느끼게 된다.

그런데 요즘 청소년들은 바로 이러한 두려움을 모른다는 것이 청소년 범죄와 깊이 연결이 된다. 열여섯 살 된 여자아이가 가출을 하여 길거리에 서 있다가 잡혀 온 적이 있다. 이 아이에게 마지막 단계는 몸을 팔게 되고, 위험을 겪을 수 있으며, 결국은 갈 곳이 감옥밖에 없다고 설명했다. 나의 말을 들은 그 소녀는 내게 물었다.

"그래서 뭐요?"

단순하고 맥 빠지는 말이었다. 자신이 한 일에 대한 책임이나 대가를 받아 본 적이 없어서 잘못의 결과로 받을 수 있는 체벌을 상상할 수 없기 때문이었다. 이것과 유사한 결과들이 우리 한인 청소년들 사이에 참으로 많이 나타나 있다. 이런 현상은 우리 부모들이 자녀들을 초달하지 못했던 결과이다. 이 결과로 다른 형태의 체벌을 부모들이 대신 받고 있지 않나 생각해 보아야 할 것이다. 자녀에게 자신들의 행동에 대가를 지불함으로써 자녀들이 다시 한 번 스스로를 돌이켜 생각해 보는 습관이 길러질 수 있도록 사랑의 회초리를 아끼지 말아야 할 것이다.

착한 아이가 나쁜 친구 때문에

한인 타운에서 생활하는 이들은 이제 올림픽 거리에서 간간이 들려오는 총성에 익숙해졌을 것이다. 잊어버릴 때쯤이면 새로운 사건으로 한인 타운에 총성뿐만이 아니라 가슴이 철렁 내려앉는 소리까지도 귓전을 크게 울린다.

며칠 전에도 가슴 아픈 사건이 있었다. 그곳에 있었던 청소년들 대부분과 상당히 가까운 사이였던 까닭에 그 소식을 듣고 놀란 가슴을 가눌 수가 없었다. 우리 자녀가 그런 일을 당하지 않고 마약, 알코올, 범죄에 연관되어 있지 않다고 생각되거나, 우리와는 상관없는 일이니까 관심조차 두지 않았기 때문에 이런 일들이 지속적으로 일어나고 있는 것은 아닐까?

한 달 전쯤 학부형에게서 전화 상담이 왔다. 그분은 열세 살 된 아들이 너무나 착한 아이인데 친구들 때문에 집에 늦게 들어오고, 최근에는 담배를 배운 것 같아서 가슴이 탄다고 걱정을 했다. 마약 하는 친구가 약물을 팔면서 아들에게 운반을 부탁하는 것 같나는 것이다. 그러나 자신의 아들은 절대로 그런 종류의 아이가 아니라 착한 아이라는 것을 나에게 주입시키려고 노력하는 것 같았다. 그러나 그럴수록 내 느낌에는 약물을 심하게 하는 학생이라는 확신을 지울 수가 없었다. 아무리 생각해도 문제가 있는 것 같으니 더 늦기 전에 아들을 만나게 해 달라고 그 엄마에게 부탁을 했다. 그 엄마는 기분이 상당히 나빴는지 불쾌하게 전화를 끊었다.

그러나 불과 며칠이 지나지 않아 급하게 연락이 왔다. 당장 아들을 데리고 오겠다는 것이었다. 새벽같이 비행기를 타고 급하게 온 엄마의 얼굴은 사색이 되어 있었다. 아들의 눈의 주위는 검게 그늘이 져 있었고 눈동자는 초점을 잃은 채 한쪽으로 몰려 사시가 되어 있었다. 나는 직감적으로 요즘 청소년들 사이에서 유행하는 엑스터시를 심하게 사용하고 있다는 것을 알았다. 상담을 통해 그 아이는 열 살 때부터 담배를 피우기 시작했고, 약을 사용한 지 2년이 넘었으며, 보통 한 알씩 먹는 약을 3-4개씩 한꺼번에 먹어서 눈까지 돌아갔다는 것을 알게 되었다. 생각했던 것보다 문제가 심각했기 때문에 그 엄마에게 아들을 우리 선교회에 맡길 것을 권유했다. 엄마도 분명히 잘못되어 있다는 것을 알았을 터인데도 자신의 아들과 약물은 상관없는 일이라고 끝까지 우겼다. 아들이 계속해서 학교에 다녀야 하고, 이곳은 나쁜 사람들이 많아서 아들이 물들 것 같다면서 펄쩍 뛰었다.

"착한 사람은 마약 안 합니다. 착한 사람은 도둑질 안 합니다."

나는 이렇게 말할 수밖에 없었다. 많은 부모들은 자신의 자녀는 절대로 나쁜 아이들이 아니라고 생각한다. 그리고 자기 자녀가 잘못됐다기보다 모든 것을 친구들의 탓으로 돌린다. 그러나 옛 어른들이 사용하시던 말씀 중에 유유상종이라는 말이 있다. 같은 이들끼리 어울린다는 것이다. 바로 누구 때문이 아니라 자신이 좋으니까 하는 것이다. 다행히 부모들 중에는 자신의 자녀는 그런 것에 관심이 없다거나, 남이 그런 일을 당한다 하더라도 "안됐다."는 정도의 말 한 마디로 끝내 버리는 이들도 있었다. 우리의 자녀가 항상 범행의 대상이 될 수 있다는 것을 염두에 두어야 한다. 그렇기 때문에 우리 아이만 나쁜 일과 상관이 없으면 된다는 것이 아니라 모든 청소년들이 바로 우리들의 아들이요 딸임을 기억해야 한다.

'내 자녀, 내 것만 잘되면 된다.'

이기적인 마음들이 내가 좋으면 갖고, 뺏고, 무엇이든지 하고, 내가 싫으면 때리고 총 쏘고 죽이는 삭막한 세상을 만든 것은 아닐까!

한인 부모들은 좋은 학교로 진학하고, 공부를 잘하고, 나중에 의사, 변호사, 박사가 되는 것이 최고라고 자녀들에게 주입시키려고 한다. 그 나머지 행동이야 신발을 신고 뛰어 들어가든, 자기 물건을 정리하지 않든, 웃어른을 보고 제대로 인사를 안 하든 전혀 상관하지 않는다. 자녀의 반듯한 일들을 자랑하는 이들은 거의 보지 못했다.

"우리 아들은 이번에 하버드를 갔어. UCLA 장학생으로 갔어."

자식에 대해 입에 침이 마르도록 자랑하고 다닌다. 과연 공부만 잘해서 인간답지 못하게 자라난 아이들이 사회 곳곳에서 중요한 자리를 차지한다면 앞으로 우리의 미래는 어떻게 될 것인가? 어떤 부모들은 자녀들이 고등학교 졸업장을 받지 못하게 되는 것을 너무나 두려워한다. 문제아들만 다니는 학교라도 다니게 하여 졸업장을 받게 하려고 한다. 그러나 한 가지 명심해야 할 것은 일반 학교에서 공부하지 않은 아이가 다른 학교를 간다고 공부를 잘하지는 않는다는 것이다. 즉 여기에는 더 큰 유혹들이 많다는 것을 염두에 두어야 한다. 학교 졸업장을 주기 위해 세워진 특수학교는 여러 학교에서 문제가 있는 아이들이 다 모여 있는 곳이다. 가지각색의 문제아들이 그곳에서 갱을 조직하고 범죄를 모의하며 더 나쁜 일들을 저지른다. 졸업장은 손에 쥐고 나올 수 있을지 모르나 더욱 심각한 문제를 일으킬 수 있는 가능성이 있다.

우리 부모들은 자녀들에게 반드시 가르쳐야 할 것을 먼저 가르쳐야 한다. 윤리와 도덕을 가르치고, 부모를 존경하거나 어른을 공경하는 법을 가르쳐야 한다. 공부는 못해도 먼저 참다운 인간이 될 때 한인 타운의 총성은 사라지고 우리의 가슴이 철렁 내려앉는 소리도 안 들리는 날이 오게 될 것이다.

사람 잡는 졸업장

한인 대학생이 졸업을 할 수 없게 되자 부모에 대한 미안함과 죄책감 때문에 모텔 방에서 자살을 했다. 아들의 졸업식에 참석한 부모는 아들의 모습이 보이지 않자 이상하게 생각하다 아들의 친구로부터 소식을 듣고 허둥지둥 이미 싸늘해진 아들에게 달려갔다. 이 소식은 모든 부모의 가슴을 아프게 했다. 과연 자녀의 졸업이 부모에게 어떠한 의미가 있기에 견딜 수 없어 자살까지 해야만 했을까?

매년 졸업 시즌이 되면 모든 것이 들뜨는 분위기가 된다. 아이들은 방학, 졸업으로 그렇다고 하지만 부모들까지 덩달아 우리 아이가 어느 대학에 간다고 신나서 들뜨기도 한다. 그러나 우수한 성적으로 좋은 학교에 진학을 앞둔 이들이나 좋은 직장에 들어가는 이들도 많이 있겠지만, 사춘기를 심하게 겪어 잘못된 길로 빠지거나 아니면 자녀의 노력에는 상관없이 남들보다 뒤떨어져서 부모의 기대에 부응하지 못한 자녀들이 더욱 많은 것도 사실이다.

몇 개월 전 열일곱 살 된 R군이 부모와 함께 선교회를 방문했다. 청소년기에 한참을 방황하다가 고등학교 졸업을 하려 하니 학점이 턱없이 모자라 OOO기관 학교에서 한 학점당 50불씩 합계 2,500불을 지불하고 졸업장을 받게 해 달고 자녀가 조르는데, 어떻게 하면 좋겠는지 도무지 판단이 서지 않는다는 것이다.

해마다 생각보다 많은 한인 청소년들이 이러한 방법을 통해 졸업한다. 아이가 초등학교나 중학교 때까지는 공부를 아주 잘했었는데 점점 성적이 떨어지고, 학교에 가기 싫어하고, 때로는 약물이나 갱에 가담하게 된다. 그러나 이러한 상황에서도 대부분의 부모들은 자녀들을 붙들고 절규하곤 한다.

'그래도 학교는 다녀야 하지 않겠는가?'

'고등학교는 어떻게 하든 졸업을 해야 하지 않겠는가?'

학교의 개념이 우리 한인 부모들에게는 거의 신념에 가깝다. 또한 다니지도 않는 학교를 잘 다니고 있다고 주변 사람들의 눈을 의식하여 속이기도 한다. 과연 이렇게 잘못된 생활과 문화 속에 빠져 있는 우리 자녀들에게 학교의 졸업이 얼마나 큰 도움이 되겠는가? 바로 이처럼 잘못된 부모의 인식 때문에 조금만 공부를 잘하면 착한 자녀로 여기고, 상을 받거나 올A를 받고 좋은 학교로 진학하면 부모에게 큰 일이라도 해 준 것처럼 으스대고, 큰소리친다. 자녀들이 공부하는 것이 마치 부모를 위해 하는 것처럼 착각하게 만든다. 지식이나 학벌이 인간을 만드는 것은 결코 아니다. 지식이 쌓이기 전에 먼저 한 인간으로서의 인격이 성숙해야 한다. 머리만 좋고 지식만 가득 차 있는 이들이 만일 잘못된 인간성과 가치관을 갖고 있다면 이 세상은 더욱더 악하고, 지능적인 범죄의 소굴로 타락하게 될 것이다. 또한 자신은 전혀 노력하지 않고 물질이나 권력, 혹은 그 밖에 다른 것으로 원하는 것을 채우는 방법을 사회에 첫발을 딛기 전부터 배운다면, 앞으로도 부당한 방법으로 자신의 필요와 욕심을 채우는 데 점점 익숙해질 수밖에 없게 된다. 이곳 미국은 한국과는 달리 나이에 상관없이 자신이 하고자 하면 얼마든지 공부할 수 있는 다양한 기회들이 있다. 반드시 학교를 제 나이에 졸업해야만 한다는 생각은 버려야만 한다. 우리 부모들이 자녀들에게 반드시 가르치고 인식시켜야 할 것은 정당한 방법과 최선을 다하는 모습이다.

R군의 부모는 이러한 대화를 통해 R군이 졸업을 1년 늦게 하더라도 정상적인 방법으로 자신의 노력에 의해서 졸업을 할 수 있는 것을 선택했다. 물론 R군이 졸업을 못 할 수 있는 가능성도 있다. 그러나 졸업을 하든 못 하든 이것은 R군의 몫으로 남기기로 했다. 물론 R군의 반발도 있었고 다른 이들에게 부끄럽게 생각되는 것도 있었지만 이 모든 것들이 자녀의 올바른 교육에 우선하지 않는다고 생각했기 때문이다.

1등은 한 사람밖에 할 수 없다는 사실을 우리 부모들은 꼭 기억해야 한다. 또한 그 단 한 명이 내 자녀야만 한다는 생각을 버려야만 한다. 졸업은 끝이 아닌 새로운 생활의 시작이다. 이 시작이 올바른 선택이어야 앞으로의 생활이 보람 있고 정당할 수 있다는 것을 기억하기 바란다. 우리의 자녀를 과학자나 정치인, 돈 많이 버는 경제인, 또는 학자로 성공시키는 것이 중요한 것이 아니라, 이 사회에서 반드시 쓸모 있는 건전하고 정직한 사회인으로 성장시키는 것이 더욱 중요하다는 것을 인식하기 바란다.

비정한 아버지

몇 주 전 선교회에서 2년 정도를 함께 생활했던 K가 선교회를 떠난 지 6개월도 되지 않아 불쑥 나타났다. 이제 열여덟 살이 되어 훨씬 더 남자다워진 모습이었지만, 얼굴은 2년 전 약과 술에 온통 찌들어 있을 때보다도 삐쩍 말라 있었고, 눈빛은 살기가 돌고 있었다. 녀석의 아버지가 몇 개월 전 다른 주에서 사업을 시작했는데, K의 도움이 필요하다며 K를 무작정 데려갔었다. K의 상태가 호전되기는 했지만 많은 치료와 지속적인 보살핌이 계속해서 필요했기 때문에 아직은 데려갈 때가 아님을 아버지에게 거듭 설명했었다. 그러나 아버지는 전혀 아랑곳하지 않고 당신의 자식이니 데려가겠다고 고집을 부려 더 이상 할 말이 없어 K를 보내야 했다.

그때 K를 보내지 말아야 했었다. 그 녀석은 그곳에 가자마자 집안의 생계를 도맡아 책임져야만 했다. 아버지는 알코올과 도박에 빠져 사업은 고사하고, 당장에 먹을 음식조차도 살 수 없었다.

어릴 때 어디론가 떠나 버려 지금까지 소식을 알 수 없는 엄마를 찾고 또 찾다가 정신이 이상해진 동생, 이들이 불쌍해서 자신의 생활보호자로 지금까지 돌보아 주는 할머니, 이 세 식구가 당장에 길거리로 나앉게 되어 있는 상황이었다.

급한 대로 K는 전화회사에 아르바이트 자리를 구하여 다니기 시작했다. 그러나 기본급으로는 도저히 밀려 있는 빚을 갚고 동시에 생활을 할 수가 없었다. 할 수 없이 궁리 끝에 예전에 관계하던 약장사를 찾아갔고, 약을 받아다가 팔기 시작했다. 금방 돈을 만들 수가 있었고, 동생을 돌볼 수가 있었다. 그렇지만 언제까지 안전할 수가 있었겠는가? 결국 경찰에 잡혔고, 두어 달을 교도소에서 살다가 그 동안 모아 놓은 돈으로 보석금을 내고 간신히 나왔다. 두 달 동안 다시 집은 풍비박산이 나 있었다. 아파트 값은 다시 밀려 있었고, 냉장고에는 먹을 것이 하나도 남아 있지 않았다. 아버지는 여전히 술과 노름으로 제정신이 아니었고, 할머니만 방구석에 앉아 한숨과 눈물만 흘리고 있을 뿐이었다.

K는 곰곰이 생각했다고 한다. 배운 것이 있는 것도 아니고, 기술이 있는 것도 아니고, 이미 교도소에서 형량을 받을 날을 기다리고 있는 자기가 도대체 무엇을 할 수 있겠는가! 자신은 이미 엄마가 자기를 버렸을 때 이미 세상에서 버림 받은 몸이었다.

'나만 망가지면 되지, 이 추운 날 제정신이 아닌 동생은 어디에 가서 살아야 한단 말인가?'

이런 생각이 들자 전에 다니던 전화회사의 금고가 머리를 스치고 지나갔다. 결국 사건을 저지르고, 그 돈을 할머니와 그래도 핏줄이라고 아버지에게 주고는 K는 LA로 도망을 왔다. 매우 심각해서 분명히 추방당하는 케이스였다. 나는 화가 나서 견딜 수 없을 것 같았다. 아버지가 자식이 그 큰돈을 줄 때는 분명 옳지 못한 일을 했다는 것을 알면서도 어떻게 그 돈을 받을 수 있는가! 나는 K에게 더 이상 도망 다니지 말라고 권고했다. 자신의 죄 값은 어떠한 결과를 가져온다 해도 반드시 치러야 하며, 환경이나 처해진 상황 때문에 죄가 정당화가 될 수 없음을 설명하였다. K는 이 말에 수긍을 하고 자신의 죄 값을 받으러 떠났다. 너무나 안타깝고, 슬픈 마음뿐이다. 그러나 더욱 내 마음을 아프게 하는 것은 버림받는데 익숙해 있는 K의 가슴속 깊이 보고 싶어도 보지 못하고, 가족의 사랑을 느끼고 싶어도 느낄 수 없이 멀어진 아버지와 어머니를 향한 간절한 그리움이 미움으로, 증오로 바뀌고 있다는 사실이다.

아빠, 엄마 제발 밀어붙이지 좀 마세요

짙은 눈 화장에 속옷이 훤히 들여다보이는 것은 기본이고, 가슴을 반쯤 드러내 놓고 선교회를 휘젓고 다녔던 그 여자아이는 당시 열다섯 살이었다. 그 어린 나이에도 불구하고 길거리에서 몸을 팔며, 약을 하면서 자살까지 시도했던 참으로 화려한 인생 경력을 가진 그 아이를 돌이키기 위해 참으로 많은 기도와 노력이 필요했다. 툭하면 선교회에서 머리끄덩이를 잡고 싸움을 벌였고, 아무 말 없이 뛰쳐나가 잡으러 간 적도 한두 번이 아니었다. 성격도 매우 이상해서 자기에게 잘해 주려고 하면 할수록 더욱 거칠어지곤 했다. 그러나 그럴 때마다 혼내고, 또 어루만지며, 사랑해 주고, 기도해 주면서 어려움을 함께 겪은 몇 년 사이에 이 아이는 정말 많이 변화되었다. 이 아이의 과거를 모르는 다른 이들이 보면 아무것도 알지 못하는 순진하고, 깜찍한 예비 숙녀로 도저히 아픈 과거와 상처가 있다고는 상상하지 못할 정도로 밝고 환해졌었다.

그러나 집으로 간다고 신나게 선교회 문을 나서는 그날 걱정이 앞섰다. 부모들이 처음 그 아이를 선교회에 데려왔을 때는 자신들의 딸이 약만 하지 않는다면 소원이 없겠노라고 말했다. 선교회에서 시키는 일이 있다면, 딸을 위해서 무슨 일이든지 다 하겠다고 매달리던 부모들이었다. 그러나 아이가 어느 정도 선교회에 적응할 무렵부터는 부모의 발걸음은 딱 끊어지고, 전화조차도 하지 않았다. 나눔선교회에서는 부모들을 위해서 매주 토요일마다 세미나를 진행하고 있다. 자녀가 많이 회복되고 좋아져서 집으로 돌아갔을 때 부모가 어떻게 해야 하는지를 구체적으로 교육하는 프로그램으로서 부모님들은 반드시 참여해야만 한다. 자녀들이 문제가 생겼다는 것은 부모의 지도 방법이 자녀와 맞지 않았기 때문이기에 이를 조정할 수 있는 방법과 대화의 기술을 습득해서 자녀가 좋아졌을 때 똑같은 문제가 반복해서 일어나지 않도록 예방하는 차원에서도 그 중요성이 매우 크다. 그러나 이 여자아이의 부모는 단 한 번도 세미나에 참석한 적이 없을 뿐더러 자녀가 하루아침에 변화되지 않는다고 불평만 늘어놓았다.

이 아이가 집으로 돌아간 지 얼마 되지 않아 걱정과 우려가 현실로 나타났다. 담배도 끊었었는데 다시 문제를 다시 일으키고 있다는 소문이 들려오기 시작했다. 몇 번을 집으로 부모에게 전화를 해 보았지만 부모는 아무 문제가 없다고 전화를 따돌리며, 숨기려고만 해서 더 이상 관여할 수 없었다. 시간은 계속 흐르고, 숨겨진 문제는 더욱더 커지고 있었다.

그러던 어느 날 그 아이와 어머니가 울며불며 선교회를 다시 찾아왔다.

"어떻게 이럴 수가 있습니까? 어떻게 우리 아이에게 이런 일이 일어날 수 있습니까? 우리 아이가 임신을 했는데, 이제 어떻게 했으면 좋겠습니까?"

선교회에서 잘 있었던 아이가 왜 가정으로 돌아가면 문제가 되는 것일까? 선교회가 할 수 있는 일은 한계가 있다. 그 아이가 요조숙녀였던 것도 아니고, 부모가 단 한 번 세미나에 참석했던 것도 아니었는데, 어떻게 부모와 자녀와의 문제가 근본적인 해결이 될 수가 있겠는가? 그 아이는 울면서 말했다.

"처음에는 정말 잘해 보려고 했어요. 그런데 부모님은 옛날에 나한테 하는 것처럼 똑같이 소리 지르고, 잔소리하고, 욕하는 것이에요. 처음보다 내가 많이 잘하니까 더 잘하라고 계속 밀어붙이는데 미칠 것 같았어요. 그래서 위로받으려고 선교회에 매주 오려고 했는데, 아빠, 엄마가 창피하게 왜 선교회에 가냐고 막았어요. 그래서 남자친구를 사귀었는데. 목사님! 잘못했어요."

불쌍한 그 아이를 나는 아무 말 없이 안아주었다. 부모님들은 많은 착각을 한다. 길거리에서까지 생활했던 그 아이가 잘해 보려고 노력하는 것을 칭찬하고, 더욱 힘을 주어도 될까 말까 한 상황에서 그 아이에게 심한 채찍은 이 아이를 추운 밖으로 더욱더 몰아내는 결과를 가져오게 한 것이다. 부모님! 자기 자녀에게 지나친 기대는 자녀를 너무너무 힘들게 한다는 사실을 꼭 기억하시길 바랍니다.

난쟁이가 쏘아 올린 작은 공

"사람들은 사랑이 없는 욕망만 갖고 있습니다. 그래서 단 한 사람도 남을 위해 눈물을 흘릴 줄 모릅니다. 이런 사람들만 사는 땅은 죽은 땅입니다."

조세희의 소설 『난쟁이가 쏘아 올린 작은 공』에서 나오는 말이다. 이러한 비애 때문인지 난쟁이는 벽돌공장의 굴뚝 위에서 희망을 가득 담은 종이비행기와 함께 추락하고 말았다. 마치 20대 한창의 나이에 세상으로부터 소외당하고, 외면당하여, 그래서 너무나 급하게 떠나 버린 D군을 대변하는 것처럼 말이다. D군의 장례식장에서 마지막 인사를 하며 뇌까렸다.

"세상에 그렇게도 너를 사랑하고, 너를 위해 눈물 흘려 줄 단 한 사람이 없었니?"

D군은 아무런 말도 하지 않고 그저 묵묵히 누워 있었다. 그러나 나의 가슴에는 D군의 울부짖음과 분노가 가득히 들려오고 있

었다. D를 처음 만난 지 거의 2년 정도 되었나 보다. 유난히 말수가 적고, 선교회에서도 친구가 적어서 무척이나 외로움을 탔다. 그는 아무도 자신을 사랑하지 않는다고 생각했으며, 그 누구도 자신에게 관심이 없다고 자괴하고 있었다. 심지어 자신은 부모에게까지 버림받아 이젠 슬퍼할 기력조차도 없다고 했다. 누군가엔가 자신의 속내를 드러내 놓고 떠들어대고 싶지만, 아무도 들어주는 사람이 없어서 세상이 철저히 자신을 무시하고 있다고 믿었다.

D군은 야구를 함께 해 줄 수 있는 아빠를 그리워했고, 낚싯대를 드리고 인생을 이야기하고 싶은 아버지를 원했었다. 그러나 D에겐 술과 담배와 도박으로 허우적거리는 이상한 아버지의 가면을 쓴 어떤 아저씨와 다른 남자의 아내가 되어 버린 엄마의 이름표를 단 아줌마가 있었을 뿐이었다. 주체할 수 없는 외로움과 고독을 야구로 풀어 보려고 했지만 불행하게도 큰 사고를 당해 두 번 다시 그라운드에 설 수 없게 되었다. 이로 인한 고통과 좌절은 D군에게 마약이라는 유혹을 뿌리칠 수 있는 기력까지 송두리째 빼앗아갔다. 마약중독자라는 문제아가 되어 선교회 문턱을 넘어선 지 1년 하고 얼마 안 되었던 것 같다. 그리스도만이 오직 D에게 사랑을 줄 수 있는 분이심을 도저히 인정할 수 없다며 강한 반대를 무릅쓰고 밖으로 나가겠다고 우겨댔다. 세상이 자신을 받아줄 것이라는 기대감과 함께 무모한 도전을 다시 시작한 것이다. 마치 난쟁이가 희망의 종이비행기를 굴뚝에서 계속해서 날린 것처럼 말이다. D군의 무모한 몸부림은 계속되었다. 열심히 세상을 향해 희망이라는 낚싯대를 던지고, 또 던져 보았다.

그러나 행복이라는 너석은 D군 곁을 요리조리 피해 가며, 절대로 잡혀 주질 않았다. 분명 참지 못하고, 자포자기할 수 있는 충분한 성품과 환경을 갖고 있었기 때문에 무슨 일인가 D에게 생길 것이라는 것은 예감했지만, 이렇듯 빨리 엄청난 비극을 초래할 줄은 전혀 예상치 못했었다. 이러한 사실은 나를 너무나 슬프게 했다. 아니 비참하게 했다. 지금 사역을 온전히 감당하고 있는 것인지 깊은 회의가 일었다. 나조차 작은 난쟁이가 되어 가고 있음을 느꼈다.

'내가 조금만 더 사랑했더라면, 내가 조금만 더 관심을 가졌더라면, 조금만 더, 조금만 더 ….'

가슴 저린 후회와 아픔이 뜨거운 눈물이 되어 가슴속 깊이 흘렀다. 가슴이 아팠다. 목이 타들어 가고, 입술이 말랐다. 아무것도 할 수 없는 자신이 너무나 부끄러웠다. 그러나 D군이 쏘아 올린 작은 공은 아직도 떨어지지 않고 있다는 사실을 깨달았다.

"그래, 내가 이래선 안 되지, 세상에는 온통 사랑을 받고, 관심을 받고 싶은 이들뿐이다. 내가 할 수 있는 일은 제2의, 제3의 D군과 같은 일이 생기지 않도록 하는 거야."

세상에 부러울 것이 없을 것 같던 현대그룹의 총수가 D군이 세상을 떠난 그 다음날 똑같은 방법으로 자살했다. 무엇 때문이었을까! 주변을 돌아보자. 주변에 관심을 갖자. 그리고 사랑하기 힘들지만 사랑하자. 우리의 도움과 우리의 사랑의 말 한마디를 그리워하는 어딘가 있을 그들을 위해서 말이다.

자기 중심의 끝없는 탈선

교내 폭력이 총기 사건으로 그 강도가 극에 달하면서 대부분의 학부모들은 이렇게 걱정할 것이다.

"무서워서 어떻게 우리 자녀들을 학교에 보낼 수 있겠는가?"

조금 한숨을 돌리려면 어김없이 계속해서 터지는 청소년 총기 사건은 이제 TV나 신문에서 간간이 볼 수 있는 다른 이들의 이야기가 아닌 바로 우리 자녀들의 이야기이다.

나는 상담하는 청소년들의 눈빛에서 섬뜩한 살기를 느낄 때가 종종 있다. 막상 그 아이들을 알게 되면 순진하고 여린 마음을 가졌다는 것을 바로 느낄 수 있지만 어떻게 그런 아이들의 모습에 또 다른 모습이 투영될 수 있을까? 일주일이면 한두 번 이상 범죄에 연루되어 심각한 문제를 안고 있는 이들을 돕기 위하여 법정에 간다. 그때마다 그들을 아는 사람들은 이렇게 말한다.

"그 아이가 그런 일을 할 줄이야. 정말 착한 아이였어요. 공부도 잘했었는데."

그렇다면 왜 그런 아이가 강도짓을 하고 도둑질을 하며 약을 하고 사람을 죽이기도 하는가? 그 이유는 절제할 수 있는 능력을 상실했기 때문이다. 물론 다 그렇지는 않겠지만 대부분 청소년들의 감정은 단순하고 극단적이며 즉흥적이다. 첫눈에 상대가 마음에 들면 쉽게 육체적 교제에 들어가고, 갖고 싶은 것이 있으면 서슴지 않고 훔친다. 상대가 싫으면 몰매를 때리기도 하고 왕따를 시키기도 한다. 심지어는 죽이기도 한다. 자신이 하고 싶은 대로 표현하고 행동하는 데 너무나 익숙해 있기 때문이다. 이 익숙함은 어려서부터 연습되어 있다. 바로 우리 부모들이 자녀들에게 풍족한 삶을 주고 싶은 마음에서 자녀가 원하는 것, 필요한 것이면 충분히 공급해 주기 때문이다. 이런 습관에 길들여졌기 때문에 우리 자녀들은 조금만 부족해도, 조금만 자기 뜻에 맞지 않아도 견디지 못한다. 견딜 수 없는 감정이 절제되지 못하고 분노로 일어나며 이 분노가 극단적 한계의 잠금장치를 풀어헤쳐 버린다.

그뿐인가! 어릴 때부터 많은 지식을 전달해 주려는 부모들의 절대적 노력으로 아이들의 순수함과 깨끗함은 점차로 고갈되어 버린다. 동정과 사랑보다는 계산적이고 이기적으로 변하여 나만 잘되면 되고, 나만 뛰어나면 되며, 누구보다 내가 잘나야 된다며 자기만족만 채우고자 하는 자기 중심의 삶이 은연 중 자리를 잡게 된다. '자기 중심의 삶은 오직 내가 관심의 초점이 되어야 하며 집중 받아야 한다는 욕망이다. 이러한 것들이 좌절될 때 원망과 미움이 꿈틀거리고 마약, 탈선, 갱의 가입으로 이어지게 되며 결국 잘못된 가치관이 성장하게 된다. 잘못된 가치관은 자신은 무엇을 하든 정당하다는 착각에 빠져 죄에 둔감하게 된다. 심한 경우에는 오히려 죄악을 저지르는 것이 멋있는 선망의 대상이 되어 각종 범죄, 더 나아가 살인까지도 이어지게 된다.

총기 사건도 갈피를 잡지 못하고 인격이 형성되기도 전에 '자기중심주의' '풍요로운 물질주의'가 낳은 결과이다. 이런 잘못된 결과들이 총기 사건만으로 매듭지어지는 것은 결코 아닐 것이다. 앞으로 더욱 엽기적 사건들이 이어져 나타날 때 과연 우리들은 어떻게 대처해야 하겠는가? 분명 사고를 치고 문제를 일으키는 아이들도 그 누군가의 자녀들일 것이다. 그렇다면 우리 모두가 먼저 내 자녀들에게 공부 잘하고 돈 잘 버는 것보다 믿음을 알고 사랑을 실천할 수 있는 참된 도리를 가르쳐야만 할 것이다. "너희가 진리를 알지니 진리가 너희를 자유케 하리라"는 그 진리가 오늘 이 시대가 그렇게 절실히 요구하는 사랑이 아닌가 싶다. 이제는 겨누어진 총구에 사랑의 총알이 장전될 수 있도록 하자.

이상한 나라의 사오정

사오정이라는 별명을 가진 그 친구가 나눔선교회의 한 식구가 된 것은 얼마 전이다. 보통 여자보다도 작은 체구에 마음도 정말 여리기만 했다. 이제 겨우 열여섯 살을 넘긴 여자아이의 호통에 닭의 똥 같은 눈물을 뚝뚝 흘리며, 서러워하던 그 사오정은 꽁지 빠진 암탉마냥 꼬리를 내리고 여기저기 눈치만 보고 있었다.

이제 막 20대 초반이 된 사오정은 어릴 때부터 마약을 시작했다. 사고를 쳐대자 이를 보다 못한 부모는 사오정이 스님이 되면 약물을 하지 않을 수 있으리라는 기대감으로 한국의 제법 큰 절로 어린 사오정을 떠나보냈다. 스님이라도 만들면 그가 약을 하지 않을 것이라는 생각에서 원치 않았던 사오정의 고생스런 행자 생활은 시작되었다. 그 후 사오정은 6년간이나 절에서 생활하며, 목탁 두드리는 법도 배웠고, 염불 외우는 것도 배웠다. 허구한 날 말썽을 피다가 1,000번 절하는 벌을 한두 번 받은 것이 아니었다. 여자도 보고 싶고, 고기도 없는 절의 밥이 싫다고 어느 날 절에 시주로 들어온 꽤 많은 돈을 훔쳐 줄행랑을 쳤다. 한동안은 눌려 있던 스트레스를 마음껏 해결하고 다녔다. 그러나 결국은 잡혔으며, 한국 교도소에 수감되어 있다가 미국 시민권자였던 탓에 미국으로 추방당해 온 희한한 케이스였다.

그 사오정이 LA에 들어오자마자 또다시 약물을 복용했다. 할 수 없이 궁여지책으로 찾아온 곳이 바로 나눔선교회였다. 하도 매달리는 통에 밀려 있는 순서를 무시하고 어쩔 수 없이 특차 선발된 그 사오정이 필요한 물건이 있어 시장을 갔다가 덩치 큰 웬 아저씨와 마주쳤고, 당황해했다.

"야, 이 자식 너 어떻게 된 거냐? 왜 운동 안 나와?"

"저, 나눔선교회에 있는데요. 사실은 저 마약 했거든요."

"뭐? 너 스님 아니었냐?"

"저 며칠 전부터 크리스천이 됐는데요."

이렇게 뒤죽박죽되어 있는 어수선한 사오정이 선교회에 들어온 이후로 종잡을 수 없는 일들이 일어나기 시작했다. 목탁 대신 십자가를 두드리며 사람들을 모아 놓고, 기도한다고 염불을 외지 않나, 식사 때면 여자들에게 "보살님! 공양하세요."하며 합장을 하지 않나? 나물과 채소는 다른 사람 앞에 쓱 밀어내고 자기 앞에는 고기를 수북이 쌓아 두며 멋쩍은 듯 이제 크리스천이 되었으니 앞으로는 고기만 먹어야 된다나! 며칠 전에는 부처님 오신 날에 절에 가서 자신보다 잘하는 이가 없기에 바라춤을 추어야 한다며 외출증을 끊어 달라고 사람을 들들 볶아댔다. 그는 자신이 필요한 내모 신앙을 방패로 삼고 있나.

사오정의 부모는 물론 불교신자이다. 대부분의 부모들은 자신들이 믿는 종교를 자녀들에게 강압적으로 들이대곤 한다. 신앙은 부모의 강압으로 이루어지는 것도 부모의 원대로 되는 것도 아니다. 신앙은 바로 스스로 결정하고 진심으로 마음으로부터 받아들여져야 할 가장 중요한 것 중에 하나이다. 이것도 저것도 아닌 복잡해진 사오정이 빠른 시일 내에 자신의 믿음과 신앙을 정립하기를 간절히 바라지만 많은 시간과 어려움과 고통이 따를 것이다. 자녀의 모든 것을 부모 마음대로 하기를 원하지만 자녀는 품안의 자식이며, 무릎 위의 자식일 뿐이다. 부모는 자녀가 자기와는 다른 인격임을 인정해야 한다. 자기와 다르다고 해서 결코 자녀가 잘못되었다고 틀렸다고 생각하며 불안해해서는 안 된다. 자녀의 어떠한 선택이든 올바른 길로 도와주며 인도하는 것은 귀한 일이다. 갈 길을 미리 정하여 반드시 그 길로만 인도하는 것은 자녀의 인격을 무시하는 일임을 생각해 보아야 할 것이다.

쓰·러·진·청·소·년·들·의·삶·에·다·가·가·는·사·랑·의·치·유·와·희·망·에·피·소·드

6장 나눔선교회에서 답을 찾았어요

Gangster of God

- 쇼윈도 속의 내 딸-정명진
- 이혼의 아픔을 치료하신 하나님-리사 한
- 목사님 전상서-케이 엄마

쇼윈도 속의 내 딸

정명진

오늘 출근길에는 정말 아내와 한 마디 말 없이 운전만 했다. 서로 각각 무슨 생각들이 그리 깊었을까? 아마 오늘 아침 산책길에서 또 커피를 마시며 나누었던 얘기 탓이 아닐까? 아내는 아니었을지라도 나만큼은 그 생각에 빠져 운전했다. 결혼 생활 20년에 우리가 참으로 많이 변했다는 얘기를 했다.

지난날을 잠시 돌아본다. 철없던 결혼 전 그리고 역시 철없던 결혼 생활 20년을 합쳐 50년이 눈앞에 두고 있다. 이제 얼마나 인생을 살지 알 수는 없지만 삶이 무엇인지를 깨닫고 살다 하나님 앞에 서고 싶다. 그렇다. 만약 인생이 3회전이라면 2회전이 끝나고 이제 마지막회를 시작하는 셈이다. 지금 우리 가정에는 우리의 후반부 인생을 판가름할 큰딸의 문제가 몇 년째 계속되고 있다. 그 아이는 지금 전과기록이 올라가지 않는다는 조건으로 1년의 형을 받고 지금 8개월째 LA구치소에 복역 중이다.

아침에 아내가 차를 마시며 쇼윈도 안의 마네킹을 보다가 갑자기 말했다.

"하나님께서 딸을 통해 우리를 철들게 하시려는 것치고는 너무 가혹해요."

아마 아내는 쇼윈도에 있는 마네킹을 보고 구치소의 딸을 생각하며 가슴이 북받쳐 올랐나 보다. 그래서 차 안에서 나의 머릿속은 내내 꼬리를 물며 인생 후반부를 위한 하나님의 계획을 더듬었다. 하나님이 결코 우리의 삶을 좌절시키실 분이 아니시라면 우리에게는 희망이 있다는 생각 속에 참으로 조심스럽게 꾸려가야 할 앞으로의 인생을 생각했다.

우리는 결혼하자마자 곧 예쁜 첫딸을 낳았다. 맏아들처럼 키우겠다고 남자아이 모자도 씌우고 꾸지람도 더 호되게 하고 매까지 들어 가며 엄하게 가정교육을 시켰다. 그러다 그 아이가 중학교 2학년 때부턴가 자신의 분노를 터뜨리기 시작했다. 가지 말라 하면 왜 갈 수 없느냐 따졌다. 그럴수록 나는 화를 더 냈고 더 엄하게 했다. 고등학교를 시작하면서는 엄마 아빠에게 숨기는 것이 많아졌다. 전혀 화장이라고는 모른다고 생각했던 딸이 화장을 하고 거리를 활보한다는 것을 듣게 되었고, 부모인 우리가 알 수 없는 사실을 주위 사람을 통해 알게 되는 경우가 더 많았다. 딸이 의논 없이 일을 먼저 저지르고 어쩔 수 없이 부모가 인정해야만 하는 사건들이 거듭되었다. 때론 깊은 산에 데려가 으름장도 놓았고 달래도 보았다.

지난 3월이었다. 집의 문을 두드리는 소리 치고는 거친 노크소리가 들렸다.

"누구냐?"

"경찰이요."

우리는 겁에 질려 문을 열었다. 큰 개 한 마리와 5,6명의 경찰이 들이닥쳤다. 열여섯 살 된 작은 딸아이와 아내와 함께 모처럼 오붓하게 TV를 보고 있을 때였다. 손을 머리에 얹어 누구 하나 움직일 수 없도록 하고, 경찰은 가택 수색 영장을 내보이며 침실 옷장에서부터 서랍 하나하나까지 아래 위층을 샅샅이 뒤졌다. 1시간쯤 흘렀을까. 수색은 끝났고 찾으려고 한 것이 없었는지 우리에게 질문했다.

"당신의 큰딸이 마약을 하거나 가지고 있는 것을 본 적이 있습니까?"

우리는 금시초문이라 답했고, 그들은 큰딸아이가 마약 운반 사건에 연루되어 경찰서에 잡혀 있다고 알려 주고는 떠났다. 참으로 기가 찼다. 우리는 우선 아는 변호사에게 전화를 했다. 그날 밤 변호사의 지시대로 보석금 회사를 불러 아이를 보석하여 집으로 데리고 왔다.

변호사는 이런 마약 운반건은 단순히 마약하는 친구의 심부름이라도 중범에 속한다는 의견이었다. 그리고 아이의 마약 사용 여부에 상관없이 빨리 마약재활원에 수용시켜 놓고, 스스로 마약을 끊기 위해 재활원을 택했다는 내용을 법정에 호소하여 최대한 정상을 참작 받아야 한다고 조언해 주었다. 만약 실형을 받게 되면 영주권자이기 때문에 추방을 면하기 어렵다고 했다.

당시 나는 우리 아이가 성실하게 학교생활을 하지 않았다는 사실은 인정하지만 마약을 한다는 사실을 정말 인정하고 싶지 않았다. 이것은 말도 안 되고 있을 수 없는 일이었다. 영화에서 보았던 비참한 아편쟁이의 모습이 우리 아이에게 일어나리라는 생각은 상상조차 할 수 없었다.

그날 밤 아이에게 물었다. 자기는 친구의 심부름만 했지 마약은 한 적도 없다고 완강히 부인했다. 그 말이 나오기를 기다렸고 나는 안심했다. 그러나 변호사의 조언대로 법원 문제를 위해서라도 일단 재활원에 넣어 놓아야 했다. 재소자선교회를 운영하시는 목사님을 소개받아 롱비치(Long Beach)에 있는 '틴 챌린저'(Teen Challenger)라는 청소년 크리스천 재활원을 찾았다. 자신이 마약을 한 것을 인정하고 이제는 끊기 위해 재활원을 찾았다고 고백을 확인 받는 인터뷰를 했고, 아이는 그 자리에서 이런 곳에 들어가야 할 이유가 없다고 거부했다. 우리 부부는 사정사정했다. 겨우 건강진단서를 받아 다음날 들어오라는 허락을 받았다. 그리고 재활원 수용 중에는 법원에 데리고 갈 수 없으므로 법원 문제가 있다면 문제가 다 해결된 다음 데리고 오라고 했다. 그러나 우리를 안내했던 목사님은 일단 넣어 놓고 그때 가서 사정하자고 했다. 그 다음날 병원에 가서 건강 진단을 받았다. 마약이 나올까 하고 가슴 조였었는데 천만 다행히 아무 이상이 없다는 결과를 받았다.

'설마! 내 딸이 그럴 리가 없지.'

나는 안심했다. 그러고는 어떻게 하든 법원 문제만 잘 해결되기를 바랐다. 그날 밤 아이는 잠시 다녀올 데가 있다며 차를 타고 나갔다. 그러니 이이는 집에 들어오기 않았고, 새벽 6시쯤 집 근처

병원에서 전화가 왔다. 아이가 교통사고로 병원에 입원해 있다는 것이다. 달려가 보니 아이는 의식을 잃은 듯했다. 의사가 말했다.

"심하게 다친 데는 없습니다. 부서진 차에 비하면 기적입니다."

차를 보관해 둔 곳을 가 보니 정말 형편없이 망가져 있었다. 숨이 붙어 있는 게 기적이었다. 그때서야 우리를 키우신 부모님들의 심정이 다시 한 번 십분 이해되었다. 그러면서 불현듯 부모님이 보고 싶었다. 그리고 너무나 죄송스러웠다.

결국 아이는 '틴 챌린저'에는 들어가지 못했다. 그리고 법정 심사는 두 주 후로 다가오고 있었다. 이를 기다리던 아이가 무척이나 답답했는지, 차도 없이 밖으로 나갔다. 그러나 그날 밤 12시가 넘도록 돌아오지 않는 아이를 기다리다가 전화 한 통을 받았다. 경찰서라는 것이다. 아이가 마약 소지 혐의로 다시 잡혔다는 것이다. 아무런 말도 할 수 없었다. 절망이었다. 숨쉰다는 것이 고통이었다. 그러나 그 생각 자체도 사치였다. 마음의 여유가 없었다. 급히 변호사에게 연락을 했고 꼭 재활원을 들어가겠다는 약속을 하고 보석을 시켜 주라는 것이다. 전화로 약속하고 보석금을 내고 집으로 데리고 왔다.

※

다음날 변호사는 나눔선교회라는 재활원을 소개시켜 주었다. 나눔선교회에서 사역하시는 한영호 목사님은 자신이 오래된 마약에서 벗어나 목사님이 되어 자신과 같은 이들을 위해 사역하기 때문에 아이를 보면 마약을 하는지 금방 알 수 있다고 했다. 상담을 마친 후 한 목사님은 아이가 마약을 꽤 한 것 같다고 했다. 믿을 수 없어서 다시 물었다. 그러자 목사님께서 책 한 권을 주셨다. 제 목은 『선물』이고 7년간 400명의 문제청소년들을 배출시키며 경험했던 상담사례집이자 마약에 관한 정보지였다. 그날 밤 그 책을 읽고서야 내가 알고 있었던 마약이 그런 것이 아니라 이미 청소년들에게 깊이 아주 다양한 종류로 보급되어 있다는 것을 알게 되었다. 마약의 증상은 너무나 다양해 마약을 한 후의 증상 중에는 마약을 한 사람 같지 않게 천연스러우면서도, 적당히 하면 공부도 하고 음악도 듣고, 그림도 그리고 연주도 하고 마치 정상인과 거의 다를 바 없이 행동할 수도 있다는 것이었다. 정말 마약에 대해서 알고 관찰하지 않으면 전혀 알 수 없는 증상이 나타나므로 부모들이 확인하기가 힘들기 때문에 더 큰 문제라는 것이었다.

그때서야 아이에게 이상했던 점이 있었음을 기억해 낼 수 있었다. 아이를 다그쳤다. 교통사고 때 혈액 검사에서 마약이 나왔었다고 거짓 으름장을 놓았다. 하루 밤을 꼬박 새며 다그친 끝에 결국 아이는 모든 것을 털어놓았다. 다음날 아이는 나눔선교회로 들어가게 되었고 마침내 법정 심리하는 날이 되었다. 처음에는 아이만 체포되었지만 나중에는 아이에게 소포 심부름을 시킨 아이가 다른 범죄로 체포되어 5년형을 받는 바람에 그 아이의 형량이 큰 관계로 우리 아이에게 가볍게 줄 수 없다고 검사 측은 주장했다. 한 달에 한두 번씩 변호사와 함께 법정에 나갔다. 사업도 뒤로 할 수밖에 없었다.

7개월 정도 법정 싸움을 하는 동안 아이는 나눔선교회에서 하나님 말씀 훈련을 받았다. 하나님의 말씀으로 하루 일과를 보내는 나눔선교회의 생활 속에서 아이는 몰라보게 변해 갔다. 하나님을 부인하고 엉뚱한 소리만 하던 아이가 기도를 하고 하나님의 응답을 간절히 기다리며 자신의 미래를 찾기 위해 안간힘을 쓰고 있었다. 참으로 신기한 일이었고 기적이었다. 하루 종일 성경을 쓰고, 읽고, 예배드리고 기도하고 일기를 쓰는 일과를 어떻게 견딜까? 우리도 이해하기 힘든 성경이 어떻게 이 아이들의 머리에 들어갔을까? 똑같은 일과에 협소하고 부족한 시설 속에서 어떻게 자고 견딜까? 자기 방 청소도 잘 안 하던 아이가 어떻게 매일 선교회에서 청소하고 설거지하고 화장실 치울까? 그렇다고 다른 재활원처럼 강제성을 띠는 것도 아니고, 아무도 선교회 내부 구조를 모르고는 이해할 수 없는 일이었다.

검사 측과 합의를 볼 수 있는 마지막 법정 심리가 있었다. 검사 측은 형을 살고 추방밖에는 달리 길이 없다는 주장을 내놓았고 우리 변호사도 별다른 길이 없다며 아이를 설득했다. 이 제의를 듣고 아이는 이렇게 말했다.

"아빠 엄마, 하나님께 계속 기도했었는데 아무래도 하나님은 내가 지은 죄만큼 벌을 모두 다 받기를 원하시나 봐요. 더 이상의 법정 싸움은 안 할래요. 그리고 그냥 모든 벌을 받아들여야 할 것 같아요."

그 순간을 나는 딸의 이 고백을 오랫동안 기다려 왔던 사람처럼 '죄를 돌이키면 죄를 사하시는 하나님의 약속'을 기억하며 지금이 하나님께서 준비하신 때라는 감동이 와 닿았다. 지난 7개월간 정말 최선을 다해 주셨던 변호사였지만 즉시 한 목사님께서 추천하셨던 변호사로 바꾸었다. 그리고 다시 법정 싸움을 시작했다. 결국 아이에게 범죄 기록을 남기지 않는다는 조건으로 LA구치소에서 1년 동안 죄의 대가를 받기로 합의를 보았다. 정말 기적 같은 법정 케이스라고 모두 입을 모았다.

＊

오늘 아침 바로 이 아이를 사용하셔서 우리 부부의 새로운 삶을 시작하게 하신 하나님께 감사드리며, 각각 앞으로의 시간을 놓고 긴 묵상의 시간을 차 안에서 보내게 된 것 아닌가 싶다. 아이의 문제가 시작되면서 우리의 부산하기만 했던 아침 시간을 산책과 대화로, 우리의 아침 식사도 차와 대화의 시간으로 바꾸어 놓으신 하나님. 누구 한 사람만 아팠던 것이 아니라 온 식구가 함께 아파했던 긴 시간이었다. 이 문제를 처음 당했을 때, 우리 부부는 서로 때문이라며 잘못을 꼬집어 소리를 지르고 싸웠었

■ 강의하는 김영일 목사

다. 결혼 20년을 싸우며 살아왔으면서도 또 싸웠다. 결혼의 시작이 잘못 되었다고 이혼까지 외쳐대며 서로의 잘못만을 탓하며 죽어라 하고 싸웠다. 그러던 그 싸움이 어느 날부터 없어져 버렸다.

아이의 문제로 가족 모두가 하나님의 경고를 깨달은 것일까? 순식간에 집안의 분위기가 바뀌었다. 특히 나눔선교회의 가정 세

미나는 우리 가정의 변화에 정말 큰 역할을 했다. 김영일 목사님의 가정이 파괴되고 아이들이 파괴되는 핵심의 이유를 풀어 나가는 성경 세미나와, 한영호 목사님의 문제 청소년과 가정을 주제로 한 세미나는 정말 감동적이었다. 세미나에 참가하면서 우리 가정의 문제를 깨달았고 우리는 누가 먼저라 할 것 없이 서로의 잘못을 인정하며 머리를 맞대고 문제를 풀어 가는 새 가정이 되었다.

그래서 나는 나와 아내의 문제를 하나님께서 보시다 못해 큰아이를 사용하셨다고 서슴없이 간증한다. 그래서 아이를 면회 갈 때마다 용서를 구했다. 부모의 잘못된 가정생활 때문에 네가 너무 큰 고통을 받게 되어 미안하다고 고백한다. 그때마다 딸아이는 그렇지 않다고 손을 내저으며 부인한다. 엄마 아빠는 정말 최선을 다하셨다고, 나쁜 길은 자신의 선택이었지 부모에게 무슨 죄가 있냐고. 그렇게도 서로에게 원망과 불평으로 꽉 차 있던 원수 같던 관계가 어느 날 이렇게 되어 버린 것이다. 아무도 이 일을 위해 노력도 하지 않았음에도 불구하고 말이다.

아! 하나님 감사합니다. 나를 지으시고 내 아내를 지으실 때 하나님께서는 큰 소망으로 지으셨을 텐데 그 뜻을 깨닫지 못하고 내 뜻대로 살았음을 용서해 주세요. 우리 부부를 하나로 만드신 분이 하나님이신데, 우리는 서로를 선택한 줄만 알고 싸울 때마다 우리의 선택을 불평했음을 용서하세요. 귀한 자녀 주실 때 이 자녀들에게 두신 소망이 있으셨을 텐데, 그 소망과는 상관없이 내 뜻대로 세상의 방식을 따르다 아이도, 가정도 시리도록 아프게 한 것을 정말 용서해 주세요. 미련하게 살다가 모든 것이 다 바닥이 났지만 그래도 조금만 더 시간 주시면 하나님의 뜻대로 가정을 꾸려

보겠습니다. 주님. 다시 한 번의 기회를 허락해 주시길 빕니다.

＊

사실 큰딸아이는 고등학교 3년을 힘들게 졸업한 아이다. 특히 고 1학년 때는 학교 수업 일수를 겨우 채웠고 매번 학교를 찾아가 아팠다고 거짓말하며 고 2학년으로 진학했다. 2학년 한 해는 어찌 된 판인지 계속 All-A를 받다가 가까스로 대학을 간 셈이다. 고 3학년 때 소지품 속에서 통바지, 성냥 등이 발견되면서 담배를 피운다는 것을 알았지만 대학만 가면 나아지겠지 하는 생각에 졸업만을 기다렸다. 그리고 칼 스테이트(Cal State)에 원서를 내고 입학했다. 거리가 멀어 기숙사에 넣기로 했다가 기숙사에 통보를 늦게 하는 바람에 자리가 없어 학교 부근에 하숙을 시켰다.

첫 학기는 어른이 된 것처럼 성숙한 모습을 보이기에 이제 좀 철이 들었다는 생각을 했다. 성적표를 받아 보니 예상했던 것보다 괜찮았다. 2학기에는 학교 친구들이랑 자주 집으로 들러서 짐을 챙겨 가곤 했다. 그러다가 차를 구입하겠다기에 주말에 아빠랑 차를 함께 쓰자며 조금만 기다리자고 했다.

어느 날 친구 차가 있는데 3천 불이니 자기가 일을 해 돈을 벌어 구입하겠다며 그 후에 더 이상 차 얘긴 없었다. 우리 부부는 자기가 어디서 3천 불을 벌어 차를 사겠나 하고 집에서 학교를 다니게 되면 중고차 한 대를 사 줄 생각이었다.

그리고 1학년 2학기 성적은 아주 형편이 없었고 한 과목은 아예 낙제를 했다. 학업에 적응하지 못하고 있다는 짐작을 했다. 그리고 빙빙을 했고 어느 날 아이는 스포츠 카 한 대를 뽑고 집으로 왔다. 어렸을 때부터 종종 우리를 깜짝 놀라게 했고, 성격이 외향적이라 집에서 노는 시간보다 이웃집 친구랑 노는 시간이 훨씬 많았던 아이였다. 혼자 친구랑 교회를 다녔고, 결국 그 아이의 인도로 우리 부부가 교회에 출석하기 시작했다.

중학교 말쯤부터 이 아이를 키우며 우리 부부는 의견 차이로 정말 지겹도록 싸웠다. 아이가 늦게 들어오거나 이상한 행동을 발견할 때마다 우리 부부는 서로의 교육 방식을 탓하며 싸웠다.

작은아이는 큰아이 문제로 집안이 뒤집어질 때마다 불안해했고 눈물을 흘리며 자기 방에 꼭꼭 틀어박혀 버렸다. 그래서인지 작은아이는 무척이나 내성적이다. 다행히 자신의 일을 꾸준히 잘 해내고 있지만 이런 식의 우리 가정환경이 작은아이를 너무 소심하게 만든 것이 아닌가 걱정된다.

지금 큰아이는 구치소에 있지만 우리 부부는 나눔의 세미나에 매주 참석한다. 두 가지 이유 때문이다. 첫째는 아이가 출감한 후에 말씀 훈련을 받을 곳이 나눔선교회뿐이기 때문이다. 어떤 교회도 마약 문제에 관해 준비가 되어 있지 않고, 또 마약 경험자에 대한 이해와 이들을 향한 하나님의 소망이 무엇인가에 대해 준비가 되어 있지 못하기 때문이다. 둘째는 아이의 문제를 아이의 문제로만 보지 않고 가정의 문제를 함께 다루며, 시간을 두고 서서히 양쪽의 변화가 다시 어느 시점에서 만날 때까지 다양한 세미나와 프로그램을 운영하고 있는 곳이 바로 나눔선교회이기 때문이다. 드림센터(Dream Center)나 틴 챌린저의 경우도 아이의 문제만을 다루지 부모와 가정의 문제를 다루지 않는다는 점에서, 우리같이 아픔을 겪는 가정의 경우는 아이와 가정 전체가 회복의 기회를 가질 수 있는 가장 적합한 장소라고 판단했기 때문이다. 그리고 나눔선교회에 참여한 이후 가진 또 하나의 매력은, 이 나눔선교회의 사역이 험하고 이기적인 시대에 방황하는 청소년과 파괴되어 가는 가정들을 위하여 얼마나 필요한 사역인지 깨달았기 때문이다.

아버지학교에도 가 보았고, 부부 세미나나 가정 세미나에도 가 보았다. 그런 세미나마다 원칙과 이론과 충격요법은 가득하지만 문제 청소년과 문제 가정들의 만남의 계기를 제공하진 못했다. 아마 하려고 해도 할 수가 없었을 것이다. 그 기관들도 그 나름대로 필요하고, 중요한 역할을 담당하고 있지만, 더 많은 교회와 선교단체가 나눔선교회처럼 이 시대에 걸맞은 관심과 배려로 사랑과 치료의 대상이 되는 소외된 사람들을 위해 실제적으로 현장 속에서 일해야 한다고 생각한다.

이혼의 아픔을 치료하신 하나님

리사 한

먼저 나에게 나눔선교회를 알게 해 주신 하나님께 감사를 드린다. 나는 나눔선교회를 통해 주님을 확실히 만나게 되었다. 나눔선교회를 알게 된 지도 어느새 일 년이 되었다. 지난 일 년을 돌이켜볼 때 그 감사한 마음은 나를 더욱 겸손하게 만든다. 만일 나눔선교회를 몰랐더라면 하나님을 알지 못하고, 그저 보이는 신앙생활에 치중하며 살았을 것이다.

나에게 열두 살 난 사랑하는 아들도 있었지만, 불행하게도 18년 동안이나 생사고락을 함께하던 남편과 이혼할 수밖에 없었다. 열두 살이란 가장 예민하고 힘든 나이에 엄마와 아빠의 이혼은 아이에게 무척이나 큰 충격이었을 것이다.

나는 모두가 부러워할 정도로 행복한 결혼 생활을 했다. 한국인과 미국인 사이에서 태어난 남편은 잘 생기고, 좋은 매너에 무엇보다 나를 지극히 사랑해 주었던 사람이었다. 그렇기 때문에 남편이 나를 배신한다는 것은 생각조차도 할 수 없었고, 당연히 결혼

하나님의 갬

이란 죽을 때까지 함께 사는 것이라고 믿고 있었다.

아들이 유치원을 다닐 때 나는 주위의 한국 엄마들을 여러 명 알게 되었다. 미국 온 지 30년이 지났지만 나의 삶은 너무나 단순했었다. 그러다가 한국 엄마들과의 교제는 고향의 정을 느끼게 되었고, 대부분이 나보다 나이들이 어려서 내가 언니처럼 그들을 감싸주고, 사랑해 주어야겠다고 언제나 생각하고 있었다. 그래서 엄마들의 생일을 하나하나 기억하여 정성어린 선물을 했고, 그들이 어려운 일을 당하면 발 벗고 나서서 도움을 주려고 노력했었다.

특별히 그들 중에 자녀를 넷을 둔 엄마가 있었다. 그 엄마는 유난히 나를 따랐다. 그 엄마는 노는 것을 좋아하여 도박을 하고, 술을 잘 먹었으며, 춤도 추러 다니고, 쇼핑도 자주 다니곤 했다. 점점 이런 생활이 지나쳐 중독의 단계로 접어들면서는 집안일도 다 팽개치고, 아이들도 돌보지 않은 채 별별 일을 다 벌이고 다니기 시작했다. 사람들은 그 엄마를 향해 공주병이니, 도박 중독자니, 술 중독자라고 손가락질했다. 이런 모습을 지켜보던 나는 그 엄마를 바른 길로 인도하고 싶었다.

'나와 함께 시간을 보내다 보면 그런 일들을 더 이상은 하지 않겠지.'

이런 나의 바람은 엄청난 충격으로 다가왔다. 나도 모르는 사이에 하늘같이 믿었던 나의 남편과 그 엄마가 바람이 난 것이다. 처음에 나의 남편은 그 여자의 유혹 때문이었다고, 딱 한 번만 용서해 달라고 눈물로 빌고 또 빌었다. 나는 그를 용서했다.

'두 가정이 다 깨지는 비극보다는 나 하나만 참으면 되니까.'

그렇게 생각했고, 올바른 선택이었다고 믿었다. 그러나 그 엄마는 3개월이 지난 어느 날부터 다시 남편을 불러내기 시작했고, 한국 여자는 남편이 바람을 피워도 결코 이혼하지 않을 것이라며, 남편을 안심시켰다. 심지어는 나와 남편과의 관계를 이간질까지 했다. 나는 또다시 그들의 만남을 목격했다. 가슴의 상처와 배신감으로 치를 떨었지만, 무엇보다도 사랑하는 아들이 걱정되었기 때문에 다시 용서했다. 그러나 세 번째로 남편이 이상한 것을 발견하고는 사설탐정을 고용해서 조사를 했다. 언니는 사설탐정을 쓰기 전에 그냥 용서하고 사는 것이 어떻겠냐며 나를 설득했지만, 이미 나의 마음은 남편을 신뢰할 수 없었다. 물론 아들을 생각하면 모른 체하고 싶어서 한 달 반을 지냈다. 그러나 지옥이 따로 없었다. 내가 가졌던 모든 것, 즉 가정과 남편, 물질을 부러워했던 그 엄마는 하루아침에 나의 모든 것을 다 훔쳐 갔다. 나는 실망과 아픔, 그리고 고통의 늪에서 허우적거려야 했다. 무엇보다도 가장 믿고, 아끼고, 사랑했던 이들로부터의 배신은 그 무엇과도 비교할 수가 없었다.

2년의 법정싸움을 통하여 이혼이 되었고, 드디어 그 엄마는 그렇게도 갖고 싶어했던 나의 모든 것, 내가 자던 방, 내가 가족의 음식을 준비하던 부엌, 내 남편을 가져갔다. 내가 그 엄마를 얼마나 사랑해 주었는데 …. 그 결과가 나 대신 나의 자리에 앉아 안방 주인이 되는 것이라니. 이 모든 것을 이해하기엔 내겐 너무 벅찼다. 그러나 나는 지금 기도한다. 남편은 이미 용서했고, 이제 그녀를 용서할 수 있도록 기도하고 있다. 하나님의 도움이 너무나 필요했다.

믿었던 엄마 아빠가 헤어지는 것을 보고, 엄마의 친구가 아빠와 함께 사는 것을 보고 아들은 친구들과 어울리기 시작했다. 이상한 음악을 듣고, PC방에 다니며, 담배를 피우기 시작하고, 누군가는 마약을 한다고 하기도 했다. 두 사람의 문제도 견딜 수 없었는데 그로 인하여 방황하는 아들의 모습은 내게 너무나 힘들고 아팠다. 이혼의 상처와 배신의 아픔, 아들의 방황, 너무나 모든 것이 뼈저리게 고통스러웠다.

이제 이혼 3년째다. 아직도 혼자라는 것이 실감나지 않는다. 남편에게 지나치게 의존하다가 하루아침에 고아가 되어 버린 기분이다. 불안하고 무서웠다. 한국 교민 사회에서 이혼녀에 대한 곱지 않은 시선 때문에 교회도 미국 교회로 옮겼다. 그러나 내 마음과 형편을 헤아려 주는 교회는 없었다. 정말 외로웠다. 그러던 중 아들 문제로 인하여 나눔선교회를 찾게 되었다. 처음 나눔선교회에 방문하고 빈약한 시설과 많은 아이들이 그곳에서 지내는 것을 보고 집에 돌아와 한참을 울었다. 눈이 통통 붓도록 울고 또 울었다.

'세상에 이런 곳도 있구나.'

나는 나눔선교회를 더 많이 알고 싶었고, 자주 그곳 아이들의 엄마들과 이야기를 나누고 싶었다. 김 목사님은 두 어머니를 소개해 주셨다. 그분들은 나를 따뜻하게 대해 주었으며, 자신들의 경험을 이야기해 주었다.

나눔선교회엔 두 목사님이 계시다. 김 목사님은 아이들을 자신의 몸처럼 챙겨 주시고, 사랑과 질서를 잡아 주신다. 나눔선교회에서 주무실 때는 거의 밤을 새우다시피 하시며 잠자는 아이들의 머리에 하나하나 손을 얹고 기도해 주시다가 새벽녘에야 잠이 드신다. 그래서인지 김 목사님은 몸이 약하시다. 건강이 염려되이

늘 목사님께 건강 주시기를 기도하고 있다. 한 목사님은 나눔에 와서 처음 만났던 분이시다. 초면이었는데도 한 시간 이상 충분한 사랑의 위로로 시간을 갖고 대화를 나누어 주셨다. 내게는 더없이 갈급하고 힘든 시간에 도움을 받았던 잊지 못할 분이시다. 한 목사님은 또한 아이들이 겪었던 일들을 직접 경험하셨기 때문에 더더욱 아이들과 친밀하게 접근하고 그들의 큰 주춧돌이 되고, 힘이 되어 하나님의 말씀을 전하고 계시는 친구 같은 분이시다. 이 두 분의 희생이 있어서인지, 나눔선교회의 그 거친 아이들은 두 분 목사님을 존경하며, 참으로 잘 따른다. 목사님들의 진실이 아이들의 마음을 움직이고 있다.

한편으로 감사하고, 죄송한 것은 두 목사님들의 가족들이다. 가족들의 희생이 없었다면 지금의 나눔선교회는 없었을 것이다. 거의 매일을 선교회에서 주무시는 목사님들을 하나님 일에 헌신할 수 있도록 돕는 것이 얼마나 힘들까 생각하면 다시 한 번 두 목사님의 가족들에게 미안하고, 존경스러운 마음뿐이다. 그리고 몸을 아끼지 아니하고 수고하시는 전도사님들과 봉사자들을 생각하면 하나님의 힘이 아니면 도저히 있을 수 없는 일임을 느끼고 감사하고 감동 받기도 한다.

✳

나눔선교회는 목사님 이하 모든 봉사자들이 자원봉사로 거의 이루어진다. 우리 부모들은 매번 모일 때마다 목사님과 수고하시는 모든 분께 진심으로 감사하지만, 부모들 중에는 자녀를 맡기고, 돌아보지 않는 이들도 있다. 물론 사정이 있겠지만, 자신이 못

키우는 자식을 맡아 교육하는 목사님들의 사랑을 당연하게만 생각하는 것이 참으로 안타깝기만 하다. 이렇게 두 목사님의 말씀으로 주님의 말씀을 깨닫고, 올바른 신앙인으로 모든 유혹을 물리칠 수 있는 신앙인이 되기까지 밤낮을 가리지 않고, 부모님들과의 상담으로 종종 식사조차도 거르는 모습을 바라보며, 가족, 인생, 식사, 잠, 이 모든 것을 하나님께 바친 목사님들께 고개가 숙여질 뿐이다.

매주 토요일이면 부모 세미나가 있고, 주일 오후면 성경공부반이 있다. 그 동안 무지했던 자녀와의 관계를 회복시켜 주는 시간이다. 자녀가 변하여 집으로 돌아갔을 때 부모 또한 그 자녀를 받아들일 준비를 시키는 과정이다. 만일 부모가 변하지 않았을 때는 똑같은 문제가 발생할 수밖에 없기 때문에 반드시 부모들의 교육을 강조하고 있다.

나의 아들은 나눔에 와 있지는 않다. 그러나 1년간 나눔선교회에 다니고 봉사하며 기도하며 배운 많은 것들을 지금은 떨어져 사는 아들에게 이메일을 통해 전해 준다. 가끔 아들은 나를 따라 주일 예배를 나눔선교회에 와서 함께 드리기도 한다. 그럴 때면 모든 엄마들이 특별한 사랑으로 아들을 사랑해 준다. 이렇게 아름다운 사랑의 역사가 매일 일어나는 나눔선교회에 더 많은 주님의 기적이 이루어지도록 기도한다.

이제 나눔선교회는 너무 비좁아 더 이상 아이들을 수용할 수가 없게 되었다. 그래서 우린 그 문제로 기도하고 있다. 이곳에 온 아이들의 부모님에게 목사님들은 단 한 번도 후원금을 내라고 하신 적이 없다. 기도하는 가운데 함께 굶은 적도 있고, 추운 겨울에 진기가 끊어진 적도 있었다. 하지만 이런 것에는 전혀 아랑곳하지 않고 아이들의 변화된 삶의 기적이 일어나는 일에 최선을 다하고 있다.

한인 사회에 마약과 도박, 갱, 술, 이민 사회에서 일어나는 수없이 많은 탈선들, 깨진 가정들로 인하여 방황하는 청소년들이 갈 곳이 필요하다. 비록 나의 아들이 이곳에서 생활하지 않지만 나눔선교회는 내가 주님과 함께 걸을 곳이라 생각한다. 이곳에서 나는 많은 상처를 치유 받고, 위로 받았으며, 앞으로도 나 이외에 더 많은 사람들이 그렇게 될 것이기 때문이다. 하나님의 뜻이 있어 8년 전 이 한인 타운에 나눔선교회를 세우셨는데, 우리는 앞으로 나눔선교회의 더 큰 사역들의 동역자가 되어 주님의 귀한 영혼들을 더 많이 구하게 되기를 간절히 기도드린다. 다시금 두 분 목사님들과 나눔선교회의 모든 봉사자들, 그리고 주님께 감사와 영광을 올린다. 할렐루야!!

목사님 전상서

그레이스 리

 목사님 안녕하셔요?

늘 자식을 맡겨 놓고도 제대로 인사도 못하고 있는 케이 엄마입니다. 한해를 보내며 두 분 목사님께 무어라 감사의 말씀을 올려야할지 그저 많은 생각들이 오갑니다. 처음 방송을 통해 나눔선교회에 관한 이야기를 들으며 전 제 귀를 의심했습니다. 이미 미국 기관에 아들을 보내 실패한 경험이 있었기에 더 이상 아들을 변화시킬 수 있는 기관이 없을 것이라 생각하면서 절망에 빠져 있었기 때문이지요.

아침마다 하이킹을 가고 돌아와 큐티를 하며 성경 공부와 저녁 예배를 드리는 하루 일과는 보수적인 크리스천 사립학교보다도 더 짜임새가 있었습니다.

그러나 아들은 당시 어떤 법적인 제재가 없는 상황이라 자진해서 나눔선교회로 가는 것은 요원한 일이었습니다. 나눔선교회로 인해 제 마음 가운데는 새로운 기도의 제목이 생겼습니다.

"주님! 아들이 변화되어야 합니다. 저렇게 살 수 없습니다. 아들이 나눔선교회에 가서 하나님을 만날 수 있게 되길 원합니다."

LA에 나가게 되면 멀리서나마 저는 나눔선교회의 건물을 선망의 대상을 바라보듯 바라보며 기도했습니다.

✳

어린 나이에 아빠를 사고로 잃게 된 아들은 동네에 사는 싱글 아빠의 자녀를 통해 마리화나를 배우게 되었다고 합니다. 십대 초반의 어린 아들은 엄마가 일하느라 집에 없는 사이에 외로운 아들에게 다가온 친구를 통해 마리화나를 접하게 되었지요. 결국 그것이 그 아이의 인생을 죄악 가운데로 몰아넣는 도구가 되었습니다.

늘 가방에서 돈이 없어졌지만 내가 정신이 없어서 그런가 보다 하는 생각이었습니다. 그것이 결국 아들에게 마약을 할 수 있는 틈을 만들어 주는 계기가 되고 말았습니다.

"나는 언제고 끊을 수 있어요. 약은 별로 하지 않아요."

아들의 자신만만한 태도에 저는 그저 그 말을 믿고 싶었습니다. 어찌 보면 상상도 할 수 없는 현실을 대면할 자신이 없었기 때문이었는지도 모릅니다. 그러다 아들이 학교에서 마약을 팔다 잡히게 되고 청소년 감옥에 가게 되었습니다. 매주 수요일이면 청소년 감옥에 찾아가 한 시간을 기다려 아들을 만났습니다. 부모들이 기다리는 곳으로 아이들은 호명되는 대로 나왔지요. 부모들은 입금된 돈이 있는 카드를 주어 자식들이 자판기를 통해 간식을 사먹도록 합니다.

저 역시도 그 자리에 앉아 아들을 그리워하는 마음으로 아들의 번호가 불려서 나오길 이제나 저제나 하며 바라보았습니다. 아들은 다시는 그런 일에 손을 대지 않겠다고 맹세를 하곤 했습니다. 그런 가운데 모두가 축복하는 열여덟 번째 생일을 아들은 청소년 감옥에서 보내야 했습니다. 아들의 생일날, 열여덟 개의 촛불을 켠 케이크가 아이 앞에 놓였습니다. 생일 축하를 해야 하는 그 자리는 그저 유리벽이 가운데 놓인 채 서로 얼굴만을 바라보며 눈물을 흘려야 하는 눈물의 생일이 되고 말았습니다. 아들은 서럽게 울며 자신의 죄를 후회했습니다.

✵

아들이 나오던 날, 부스스한 아들을 데리고 미장원에 가서 머리를 잘라 주고 점심을 먹으며 마음속에 맺혔던 서러움과 아픔, 그리고 아들이 돌아온 기쁨으로 눈물이 맺혔습니다. 그리고 1년 뒤, 아들은 다시 감옥에 가야 했습니다. 집에 마약을 팔기 위한 모든 기구들이 있었다는군요.

아, 하나님! 내 앞에서 아들이 했던 맹세는 다 거짓이 되었고 아들은 곧바로 감옥으로 들어가고 말았습니다. 사람의 힘으로 하는 맹세로 마약을 끊기에는 마약이란 그렇게 약한 존재가 아니었습니다. 인간의 의지의 문제가 아니라 영적인 문제였습니다. 그때 전 나눔선교회를 알고 있었기 때문에 정신없이 목사님께로 달려가 도움을 청했지요. 나중에 안 일이지만 얼마나 많은 엄마들이 저와 똑같이 마치도 세상이 뒤집어진 것처럼 목사님께 일방적으로 도움을 청하는지요. 마치 세상엔 우리 두 모자만 살아 있는 것 같았으니까요.

목사님! 그날을 기억하세요? 참으로 돌이켜보면 이젠 창피하더군요. 어머니는 그렇게 강하기도 하고 약하기도 한 것 같습니다. 아들이 변화되기 위해 나눔선교회에 꼭 들어와야 한다며 나눔선교회에 들어올 수 있도록 해 달라고 실은 누가복음에 나오는 과부와도 같이 간청했습니다. 이런 제 간절한 모습을 바라보시며 두 분 목사님들은 아주 진실한 모습으로 나의 당황하는 것을 모두 들어주시고 최선의 방법을 함께 찾도록 위로해 주셨습니다. 매일 겪는 일임에도 불구하고 진지하게 상대의 이야기를 들어주고, 지금의 처한 상황에서 눈높이를 같이하여 마음을 같이해 주시는 모습을 통해, 저는 우리 주님이 우리의 연약함을 체휼하시려 육신을 입고 오신 그 사랑을 깨달을 수 있었습니다.

목사님! 어찌 그 당시의 감사한 마음을 말로 표현할까요? 지금도 그때를 회상하면 제 인생에 잊지 못할 큰 사랑의 빚을 진 것을 고백하지 않을 수 없습니다. 아들의 재판을 위해 크리스천 변호사를 소개해 주시고 함께 기도하는 가운데 재판이 시작되었습니다. 아들은 마약을 팔려고 했다는 증거 때문에 중형을 면할 길이 없었습니다. LA부터 먼 길을 나눔에 있는 아들을 데리고 법원까지 아침잠도 설치시고 달려오신 목사님은 긴장된 제게 유머를 잃지 않으며 마음의 평안을 갖도록 해 주셨지요. 드디어 아들은 자신의 유죄를 인정해야 하는 단계가 되었고, 잠시 우린 그 문제를 변호사와 함께 다시 의논을 했지요.

변호사는 증거가 불충분해 어쩌면 무죄로 될 수도 있다고 재판을 계속하겠느냐고 물었습니다. 그러나 목사님도, 변호사도, 저 역시도 한 가지 알고 있는 것이 있었습니다. 아들은 그렇게 무죄로 나오게 되면 반드시 다시 마약 때문에 같은 일이 생길 것이라는 것입니다.

우리는 다시 재판을 하지 않기로 결정을 했습니다. 그것은 아들이 중형을 판정 받게 될 것이라는 것이지요. 마음은 아팠지만 제게 중요한 것은 평생을 감옥을 들락거리는 아들을 만드느니 어린 나이지만 이번 기회에 변화를 위해 결단을 해야 하는 것이었습니다. 아들은 6개월 동안 감옥에서 있다 나오길 원했습니다. 그러나 전 아들에게 1년을 나눔선교회에 가서 생활할 것을 요구했습니다. 1년이란 시간이 아들에게는 짧은 시간이 아니었습니다. 아들은 절대로 그렇게 할 수 없다며 화를 냈고 그러려면 재판을 하는 데까지 해 보겠다고 했지요.

목사님. 그날 그 장면을 기억하고 있으시지요? 제가 아들에게 모자간의 인연을 끊고 다시는 만나지 말자며 제 모든 생활권을 한국으로 옮기고 미국을 떠나겠다는 본의 아닌 협박을 했었지요. 이 마당까지 와서 제게는 솔직히 눈에 보이는 것이 하나도 없었습니다. 늘 반복되는 죄악에 빠진 삶 속에서 언제까지 이런 죄를 반복하며 살아야 할지 암담하기만 했습니다. 제가 울며 아들을 버리겠다고 했을 때 목사님은 말씀하셨지요.

"케이 어머니, 케이를 제게 주십시오. 제가 잘 키우겠습니다."

전 아직도 그날 그 장면을 생각하면 마음이 미어지며 감사와 감격을 억누를 수 없습니다. 세상에 누가 마약 하며 에미에게 반항하는 아들을 대신 키우겠다고 할 사람이 있을지요?

나중에 토요 세미나를 통해 목사님의 간증을 들으며 전 주님의 사랑에 빚을 진 목사님의 마음을 깨달을 수 있었습니다. 아들은 자신의 유죄를 인정하고 나눔선교회에 와서 생활하는 것으로 재판은 끝났지요.

그러나 목사님, '어머니는 강하다'는 말도 맞지만 한편 이렇게 아들이 성인으로 중범 죄인으로 판정을 받고 난 뒤, 실은 한 달 이상이나 저의 눈물은 그치지 않았답니다.

이제 열아홉 살에 '앞으로 저 아이가 어떻게 살아갈까' 하는 생각에 제 마음의 상처가 참으로 컸지요. 돌아보면 제가 무슨 용기로 아들을 그렇게까지 강하게 이끌고 갔는지요. 저같이 소심한 성격에는 어림도 없는데, 이 모든 일에 기도와 용기를 주신 목사님께 감사를 드립니다. 또한 혼자 된 엄마로서 자기 연민에 빠지기보다는 오히려 하나님의 뜻을 바라보게 해 주셔서 얼마나 감사한지요. 이렇게 아들의 변화를 위해 아들이 하나님을 만나야 하기에 나눔선교회에 오게 된 뒤 마음의 충격이 조금 가라앉고 나서 전 토요 세미나에 참석하게 되었지요.

한 목사님의 자녀 교육 세미나와 김 목사님의 성경 공부가 있었습니다. 두 분 목사님은 외모부터 상당히 다른 체질이신데 강의도 역시 아주 다르시더군요. 자녀 교육 세미나는 주로 마약에 대해 무지한 저희들에게 마약에 대한 것과 어떻게 아이들이 마약에 연루되었는가를 알려주셨지요. 돈으로도 살 수 없는 귀한 경험과 목사님의 사역 경험을 통해 전해지는 말씀은 어느 땐 그저 입이 다물어지지 않을 지경이었어요. 이 시간을 통해 마약이 정말 얼마나 원수 같은 존재인지 알게 되었고 이런 마약에 사로잡힌 우리 아이들이 얼마나 거짓말로 부모를 속이는지 그 정체를 알게 해 주었습니다. 목사님의 말씀 중 우리 아이들을 부를 때 '벌구'라 하셔서

'설마' 하고 생각했는데, 돌이켜 생각해 보니 역시 '입만 벌리면 구라를 친다.'는 말씀대로 벌구는 벌구더군요. 그러고 보니 그 아이들의 거짓말에 대한 분별력이 생기도 하는군요. 그리고 이 모든 일들이 과정처럼 지나가야 하는 것으로 받아들이게 되었습니다.

그 뒤에 이어지는 김 목사님의 뛰어난 성경 공부를 듣고 요한복음 3장 16절을 몇 달을 두고두고 음미해도 그 안에서 새로운 진리를 깨닫게 하셨습니다. 틈틈이 저희들의 긴장을 풀어 주시는 상큼한 유머를 통해 두 강의 시간이 모두 웃음에서 웃음으로 행복한 시간이 되었습니다. 밖에서 들으면 어떻게 생각할까 할 정도로 부모님들의 웃음소리가 날이 갈수록 높아져 갔으며, 부모님들이 그 웃음을 통해 눌려 있던 마음들이 치유되는 것을 제 스스로 체험할 수 있었습니다.

교회 안에서 자녀가 마약을 한다면 마치 부모가 시켜서 마약을 하는 것도 아닌데, 부모는 쉬쉬하며 고개를 못 들고 심지어 담임 목사님에게 기도 제목으로 말씀도 못 드리는 경우가 많지요. 그러나 이렇게 모두 모여 마음을 열고 자신의 과거와 현재 그리고 주님이 열어 가실 미래에 대한 이야기를 허심탄회하게 나눌 수 있으니 얼마나 행복한지요.

지난번 부모님 합숙이 있던 때 기억하세요? 아이들이 즉석에서 연극을 하는데, 정말 부모님들은 놀라기도 했지만 마음 한편으로 찡하게 느껴지는 것이 있었어요. 저렇게 착하고 똑똑한 아이들이 마약으로 인해 청소년기를 죄악 속에 살았어야 했다는 사실 때문에 마음이 아팠지요.

그러나 아이들이 변해 가는 모습을 날로 지켜보면서 마치 시냇은 요셉처럼 옥 속에 갇혀 있는 것이라 생각합니다. 비록 지금은 육체의 연약함에 자신이 사로잡혀 있지만 주의 말씀으로 그 영혼이 새로워지고 거듭날 때엔 지금의 모든 고통은 진주를 만들기 위한 주님의 계획이셨음을 알고 주님을 경배하게 될 것입니다.

이민 생활에 바쁘다는 핑계 아래, 언어도 제대로 안 통하고 문화적 갈등도 있는 이민 부모의 입장에서 자녀들이 학교와 친구 사이에 혼자 겪어 가야 하는 일들을 알지 못했습니다.

저희 집만 해도 아빠를 여읜 아이들이 열 번이나 이사를 가야 했던 일은 물론 경제적 부담으로 이리저리 옮긴 면도 있지만, 그때마다 낯선 학교에 낯선 아이들을 대해야 하는 아이들의 심정을 제가 제대로 헤아리지 못했던 것도 사실이지요. 이렇게 이민 1세와 1.5세, 2세 사이의 세대 갈등이 시간이 지나게 되면 안정이 되겠지요. 바로 이런 문제들이 결국은 아이들이 탈선을 하는 원인이 되는 것 같아요.

우리 나눔선교회는 마약이 많이 거래되는 지역 안에 있지요. 나눔선교회가 바닷가에나 산 속에 자리 잡아 아이들이 세상과 단절이 되어야 하지 않느냐고 우리가 물었을 때, 목사님의 답은 정말 저희가 생각하지 못한 답이었지요. 저 아이들 스스로 마약에 이길 힘을 길러야 하기 때문에 산이나 바다로 가면 단절감으로 오는 심리적 불안으로 인해 오히려 역효과일 수 있다구요. LA 한복판에 살면서 아이들이 마음만 먹으면 언제든지 마약을 손에 쥘 수 있습니다. 그러나 주님이 계시고, 자기들을 위해 기도해 주는 부모들이 있기에 그들이 유혹의 손길에서 스스로 벗어날 수 있다는 말씀이셨죠. 그렇습니다. 그래야 다시 죄의 유혹에 빠지는 일이 없게 되겠지요.

일주일에 세 번을 선교회에 가는 것은 먼 거리에 사는 제게는 쉬운 일은 아니었습니다. 그래서 제 마음속에는 내가 아들을 위해 이렇게 열의를 보이는 것을 아들이 깨닫고 죄에서 돌이킬 것을 기대하는 생각이 많이 있었지요. 내가 아들을 위해 나눔선교회에 간다는 생각 말입니다.

　어느 날 아들과 이야기하며 그 아이가 저를 실망시키는 말을 했습니다. 그 순간 제 입에서 나온 말은 제가 이렇게 열심히 널 위해 나눔선교회에 가는데 왜 그것도 몰라주느냐는 것이었지요. 순간 아들은 말했습니다.

　"그러면 오지 마. 안 와도 돼."

　전화를 끊고 전 돌아서서 너무 야속한 아들의 말에 많이 울었습니다. 마음이 많이 상했지요. 그런데 기도하는 가운데 목사님이 하셨던 말씀이 생각났습니다. 부모님이 먼저 변해야 한다구요. 아! 그렇구나. 내가 먼저 변해야 아들이 바뀌는 것이고, 내가 바뀌는 것이 먼저이고 아들은 주님의 몫인데 아직도 내가 주장하고 있던 것을 알게 되었습니다.

　"콩 심은 데 콩 나고 팥 심은 데 팥 난다."

　한 목사님이 가끔 하시는 그 격언은 마음이 아프지만 꼭 명심해야 할 말씀이었지요.

　그날 이후 제가 나눔선교회의 화요 기도 모임, 토요 세미나, 주일 예배, 이렇게 일주일에 세 번 오는 것에 대해 도리어 감사하는 마음을 갖게 되었습니다.

"그래 내가 바뀌어야 해. 네 문제가 아니더라."

어느 날 아들이 전화했을 때 저는 무척 몸이 아픈 상태였습니다. 아들은 엄마의 목소리를 듣고 얼른 좀 쉬라며 오늘은 오지 않아도 된다고 했지요. 그때 저는 아들에게 솔직히 고백했습니다.

"내가 나눔선교회에 가는 것은 너를 위해 가는 것도 있지만 사실은 내가 먼저 바뀌어야 하기 때문에 날 위해 간단다."

순간 아들은 무슨 말인지 못 알아들은 것 같았으나 다음 순간 엄마의 솔직한 말에 마음속에 무엇인가 느낌이 간 것을 알 수 있었지요. 그래요. 목사님. 제가 먼저 바뀌고 준비가 되어야 되지요. 그냥 아이들만 갖다 놓고 네가 바뀌어 나오라고 할 문제는 결코 아닌 것 같습니다.

■ 찬양 인도하는 한영호 목사

며칠 전 화요 기도 모임에 한 목사님께서 기타를 들고 들어와 직접 찬양을 함께 해 주신 것 너무 감사합니다. 저희들의 화요 기도 모임이 날로 가정 회복과 치유의 시간으로 바뀌어 가면서 많은 가정들의 부부가 새롭게 변하는 모습을 봅니다. 얼마나 행복해 보이는지요. 그렇게 가정이 치유되지 않는다면 결코 아이들이 돌아가도 회복이 되지는 못할 것입니다. 문제는 아들이 아니라 나의 문제이고 늘 김 목사님의 말씀과 같이 우리 안에 주님의 생명이신 영생이 있느냐 없느냐의 문제이지요. 나와 주님과의 관계를 바르게 할 때 모든 것은 주님께서 협력하여 자녀들의 문제, 가정의 문제도 아름답게 인도해 주심을 감사드립니다.

목사님! 이제 추운 겨울이 되어 오네요. 늘 사무실에서 불편하게 주무시는 것이 8년째인데 그 감사를 어찌 표현할지요. 아들을 보내고 저는 다스한 침대에서 편하게 마음 놓고 자다 보면 어느새 목사님들이 생각이 납니다. 이 밤에도 아이들의 머리에 손을 얹고 기도하고 계실 목사님들의 모습에 한밤중에 무릎이 꿇어지기도 하지요.

부디 건강하세요. 이 어두워져 가는 한인 사회의 청소년들의 모습을 바라볼 때 저희 부모들도 많은 부담감을 갖고 있습니다. 그러니 목사님들은 그들을 바라보며 얼마나 마음이 아프시겠어요? 한인 사회의 젊은 아이들을 위해서라도 건강하셔야 합니다. 그들이 모두 주님께 돌아올 때까지 말입니다.

또한 앞으로 그런 아이들의 가정에서 무너진 질서와 사랑이 주님 안에서 회복되는 것이 우리 나눔선교회의 부모들의 기도입니다. 주님께서 우리 나눔선교회를 통해 하실 많은 일들이 결국은 우리 한인 사회를 세우는 일이요, 건강하게 이끄는 길이라 생각됩니다.

오늘도 기도 모임이 있는데 어서 준비하고 가야겠네요. 조금 전 아들이 엄마가 올 거냐는 전화를 했어요.

"그럼 가야지. 아들아. 널 위해서보다는 내가 변하기 위해 꼭 가야 한단다."

목사님! 감사합니다. 감사합니다.

케이 엄마 올림

나눔선교회(Nanoom Christian Fellowship)

나눔선교회는 사회에서 나쁜 습관으로 인하여 격리되고, 소외된 이들을 우리는 할 수 없으나, "내게 능력 주시는 자 안에서 능치 못함이 없음"을 믿고 예수 안으로 그들을 인도하기 위한 목적으로 세워져 함께 생활하는 기독교 비영리 단체이다.

1. 재활센터 운영

여러 가지 나쁜 습관(각종 중독, 범죄, 탈선 등)의 문제점을 하나님 말씀을 바탕으로 24시간 함께 생활하며 규칙적인 프로그램과 지속적인 개인상담, 그룹 상담을 통하여 새로운 삶으로 자신감과 가능성을 심어 준다.

A. 청소년(Youth): 보통 18세 미만의 10대 청소년들로 구분한다.
청소년기 보편적으로 일어날 수 있는 일시적 탈선을 바로잡아 주고, 올바른 신앙관과 가치관을 심어 준다. 또한 학업을 지속시켜서 필요한 일반적 지적 수준을 충족시켜 앞으로의 사회생활을 돕는다.
B. 청년(Youth Adult): 18세 이상으로 가정을 갖지 않은 젊은 계층으로 구분한다.
잘못된 인생관과 중독으로부터 자유함을 갖게 하며, 분명한 믿음에 대한 확신으로 삶의 방향을 그리스도인으로 전환시키고, 가치있는 삶으로 유도시킨다. 또한 자신의 재능대로 Job Training의 기회를 Open하여 생활의 안정을 돕는다.
C. 장년(Adult): 가정이 있거나, 가정이 있었던 이들로 구분한다.
중독과 각종 문제로 자신의 인생과 가정을 파괴하였음을 인정하게 하고, 앞으로 회복된 생활의 치유를 꾀한다. 특별히 가족과의 관계회복을 위하여 가정과 화합을 돕는다.

2. 상담

A. 전화 상담: 각종 중독에 관한 간단한 Info.를 제공하고, 당황한 가족이 도움을 받을 수 있도록 Hot-Line를 Open해 놓는다.
B. 만나는 상담: 방문하여 같은 종류의 경험자와 상담으로 문제를 진단하고, 방향을 제시하며, 실질적 도움을 줄 수 있도록 한다.
C. 이메일 상담: 타주, 전화, 만나는 상담이 여의치 않을 때 이메일을 통하여 상담할 수 있으며, 그 지역의 협력단체가 있다면, 도움을 받을 수 있도록 배려한다.

3. 법적 문제 협력

중독으로 인한 범죄, 음주운전, 가정 폭력, 약물 거래, 불법무기 소지 등으로 인한 형사법, 이민법에 재판 경험을 바탕으로 법적인 전문 상담, 추방, 이민국 문제를 실제적으로 협력할 수 있는 방법을 모색하며, Case에 따라서 Court Escort 및 법적 수감생활을 나눔선교회로 이감될 수 있도록 돕는다.

4. 전인교육

그리스도를 주로 영접하고, 믿음으로 유대감을 형성 말씀, 기도, 찬양을 통하여 하나님을 향한 뚜렷한 삶의 목표를 제시하는 것을 바탕으로 아래와 같이 프로그램을 진행시킨다.

A. 치료를 목적으로 하는 정서적 교육: 불안한 가정, 사회, 학교, 신앙생활의 기틀을 잡아 주어 안정시킨다. 정적인 조경, 분위기, 자연 환경에 적응할 수 있도록 돕는다. (예: 캠프, 나무, 꽃 심기, 애완동물 돌보아 주기, 수련회, 가벼운 하이킹 등 자연 친화를 꾀한다.)
B. 특별활동을 통한 중독 대체교육: 문학, 음악, 무용, 미술, 사진, 연극, 영화, 비디오 촬영 등 특별한 취미생활을 길러 주어, 중독의 쾌락적 활동으로 보내 온 대부분의 시간들을 대체시킬 수 있는 보다 생산적인 활동을 길러 준다.
C. 도덕, 윤리, 인격 교육: 각박한 문명 속에서 급속도록 발전하는 통신, 매스컴, 컴퓨터 등의 사용으로 지나친 개인주의의 팽배와 실추된 인간의 존엄성을 상기시킴으로 기본적인 예절과 옳고 그름의 판단력, 삶의 가치의 기준 등을 교육시킨다.
D. 심신단련 교육: 중독으로 피폐해 있는 심신을 회복시키고, 건강한 신체와 건전한 정신을 위하여 체력단련, 정신수련을 계속한다. 매일 하이킹, 태권도, 무용 각종 스포츠 등으로 전문가와 함께 기초부터 수련한다.
E. 주체성, 자존감, 역사관을 고취시킨다: 이민 사회의 독특한 문제점을 제시하고, 민족적 긍지와 정체성 확립을 위한 자료, 홍보, 답사를 통하여 자긍심을 길러 준다.
F. 봉사활동: 도움을 받는 것에서 희생과 봉사의 정신을 심고, 열악한 환경과 복음이 전파되지 않은 민족을 도우며, 한인 사회를 위하여 헌신할 수 있는 기회를 공급한다. 선교지를 방문하고, 실제적으로 선교회에서 배운 다양한 특별활동을 통하여 재 봉사할 수 있도록 하며, 자신들의 문제점을 한인 사회와 타 교회에 널리 알리고 간증한다.

5. 부모교육

A. 가정 근본 문제 치료 교육: 중독인의 가정을 치유하기 위한 근본 원인을 발견하고, 이를 위하여 집중적인 기도와 치료 중심의 세미나를 매주 Open하고, 가정에 쌓여 있던 불안과 아픔들을 위로받을 수 있도록 한다. 아울러 실질적 경험 중심의 꾸준한 상담으로 가정의 화합과, 균열되었던 가족애를 회복시킨다.
B. 예방 차원 교육: 중독의 문제가 직접적으로 가정에 발생하기 전에 미리 사전 지식을 알리고, 가정에 작은 문제가 발생하였다 하더라도 묵인하지 않고, 지혜롭게 해결하는 방법을 찾아 상담하고, 교육한다.
C. 가족 영성회복: 그리스도 중심의 생활과 성령의 움직임에 민감히 순종할 수 있는 참 믿음을 성장시키고, 성숙시켜서 가족 전체의 영적 생활을 위한 쉬지 않는 기도모임을 갖는다.
D. 봉사자 교육: 가정에서 겪었던 아픔을 경험으로 다른 가정을 위로할 수 있는 방법과 기술을 특별 교육시키고, 집중 기도로 무장시킨다.

6. 예방

약물 남용과 각종 중독의 예방과 홍보를 위하여 매해 특정 기간 동안 집중적인 캠페인을 거듭하며, 일반적으로는 약물에 관한 세미나, 간증, 자료와 각종 내용물을 보급하고 계몽한다.